浙江省软科学重点项目（2017C25017）阶段性研究成果之一

浙江省哲学社会科学研究基地规划课题（16JDGH135）阶段性研究成果之一

中非经贸发展丛书

CLUSTER INVESTMENT AND FINANCING
IN CHINA-AFRICA INDUSTRIAL
CAPACITY COOPERATION

# 中非产能合作中的集群式投融资

高连和 著

中国财经出版传媒集团
经济科学出版社
Economic Science Press

## 图书在版编目（CIP）数据

中非产能合作中的集群式投融资/高连和著. —北京：经济科学出版社，2017.2

（中非经贸发展丛书）

ISBN 978-7-5141-7789-3

Ⅰ.①中… Ⅱ.①高… Ⅲ.①区域经济合作-国际合作-研究报告-中国、非洲②对外投资-研究-中国③对外经济关系-融资-研究-中国 Ⅳ.①F125.4②F140.54③F832.6

中国版本图书馆 CIP 数据核字（2017）第 032685 号

责任编辑：周国强
责任校对：杨　海
责任印制：邱　天

**中非产能合作中的集群式投融资**

高连和　著

经济科学出版社出版、发行　新华书店经销
社址：北京市海淀区阜成路甲 28 号　邮编：100142
总编部电话：010-88191217　发行部电话：010-88191522
网址：www.esp.com.cn
电子邮件：esp@esp.com.cn
天猫网店：经济科学出版社旗舰店
网址：http://jjkxcbs.tmall.com
北京密兴印刷有限公司印装
710×1000　16 开　14.25 印张　250000 字
2017 年 2 月第 1 版　2017 年 2 月第 1 次印刷
ISBN 978-7-5141-7789-3　定价：58.00 元
（图书出现印装问题，本社负责调换。电话：010-88191510）
（版权所有　侵权必究　举报电话：010-88191586
电子邮箱：dbts@esp.com.cn）

# 总　序

非洲，这个占全球总陆地面积20.4%、拥有3020万平方公里、总人口达11.55亿的世界第二大洲，是一个资源丰富、文明悠久、文化多元、市场潜力巨大的神奇之地；中国，这个拥有960多万平方公里陆地面积、300多万平方公里海洋国土面积、13亿多人口、世界上第二大经济体的发展中国家，是一个具有5000多年历史、文化灿烂、美丽富饶的文明古国。中国和非洲，相距遥远，但中非人民交往的历史悠久，源远流长，都曾遭受过殖民主义的压迫和剥削。相同的经历，相同的信念，在谋求独立和自由的过程中，中非人民相互支持，相互砥砺，都希望尽快发展经济，通过工业化和现代化，实现国家的富裕和人民的幸福。加强中非经贸合作，实现中非双方的优势互补、合作共赢、共同发展，进而促进世界更加均衡、稳定与繁荣，最终实现"中国梦"和"非洲梦"，可谓一举多赢，功在千秋。

中国经过30多年改革开放，经济高速发展，2016年国民生产总值将超过70万亿元人民币。中国发展的经验，对广大发展中的非洲国家有可资借鉴的地方。在2015年12月南非约翰内斯堡举行的中非合作论坛第二次峰会上，中国国家主席习近平发表演讲，宣布了关于工业化、农业现代化等一系列对非合作重大新举措，阐述对中非关系以及重大国际和地区问题的看法和主张，并对未来中非各领域合作进行全面规划。中非关系提升为全面战略合作伙伴关系，中非经贸合作面临着新的机遇，双方秉持共同发展、集约发展、绿色发展、安全发展、开放发展五大合作发展理念，经贸合作向深度和广度迈进。中国已经连续六年稳居非洲第一大贸易伙伴国，2014年中非贸易额达到2200

亿美元,是2000年中非合作论坛启动时的22倍。非洲也已成为中国企业在海外的第二大承包工程市场和新兴投资目的地。尤其是中国正在大力推进"一带一路"建设,实施经济结构调整和产业转型升级;非洲国家普遍谋求推进工业化和现代化,努力建设以包容性增长和可持续发展为基础的繁荣非洲。双方发展目标相互呼应,为更高水平的经贸合作与发展提供了新的契机。

发展中非经贸,谋求经济转型,积极推进工业化进程的广大非洲国家,有现实的迫切需求;而拥有220多种主要工业品产量位居全球第一、已经进入工业化成熟阶段、经济高速发展的中国,有条件、有能力成为非洲工业化进程中最理想的合作伙伴。但是,中非经贸如何发展、怎样发展、通过什么路径发展,从理论上进行深入阐释和研究的成果还比较少。面对国情不同、文化有别的中国和非洲国家发展经贸关系,有大量的理论和实践问题需要探索和研究,中非经贸发展才能有序、有效、有利、共赢。浙江师范大学以非洲研究作为自己的特色之一,在历史学、政治学、社会学等领域取得了一系列研究成果,但在中非经贸研究领域还比较薄弱。浙江师范大学经济与管理学院、中非国际商学院不但承担了为非洲国家培养经贸人才的重任,而且突出中非经贸特色,致力于中非经贸理论和实践方面的研究,在中非金融、贸易、产能合作、文化等各个方面取得了一批研究成果。学院每年举办中非经贸论坛、中非产能合作论坛等研讨会,设置了中非经贸研究课题,邀请中非经贸领域的国内外专家来学院进行交流和讲学,力求在中非经贸研究领域取得进展,产生影响,做出自己的特色。出版这套丛书,就是实现这个目标的一种努力!

"中非经贸发展丛书"尽管风格各异,研究视角不同,见解相互争鸣,但用这种方式和学术界展开对话和讨论,有利于中非经贸研究的深入和繁荣。趁丛书即将在经济科学出版社出版之际,写上以上寄语,是为序。

浙江师范大学经济与管理学院
院长、教授、博士生导师
**唐 任 伍**
二〇一六年十一月

# 目　录
CONTENTS

第一章　**绪论** / 1
　　第一节　研究的背景与意义 / 2
　　第二节　研究的思路、内容与方法 / 5
　　第三节　研究的创新之处 / 10

第二章　**中非产能合作中集群式投融资的相关理论** / 13
　　第一节　国际合作理论 / 14
　　第二节　国际经济合作理论 / 16
　　第三节　产业集群理论 / 20
　　第四节　国际投融资理论 / 25

第三章　**中非产能合作的背景、基础和要求** / 31
　　第一节　中非产能合作的宏观背景 / 32
　　第二节　中非产能合作的现实基础 / 39
　　第三节　中非产能合作的目标要求 / 44

第四章　**中非产能合作的层次和布局** / 49
　　第一节　中非产能合作的层次 / 50
　　第二节　中非产能合作的布局 / 54

| 第五章 | **中非产能合作的高效金融支持：集群式投融资** / 71 |
|---|---|
| 第一节 | 中非产能合作中的金融主导作用 / 72 |
| 第二节 | 中国促进国际产能合作的金融政策 / 77 |
| 第三节 | 中非产能合作中投融资方面存在的困难和问题 / 78 |
| 第四节 | 高效的对非洲投融资新模式：集群式投融资 / 81 |

| 第六章 | **中非产能合作中的一般产业集群式投融资** / 89 |
|---|---|
| 第一节 | 对外投融资的研究综述 / 90 |
| 第二节 | 中非产能合作中集群式投融资的主体、载体与集聚方式 / 93 |
| 第三节 | 中非产能合作中集群式投融资的含义、性质与特征 / 94 |
| 第四节 | 中非产能合作中集群式投融资的优势与条件 / 99 |
| 第五节 | 中非产能合作中集群式投融资的市场、机构与工具 / 107 |
| 第六节 | 中非产能合作中不同产业集群式投融资的新模式 / 115 |

| 第七章 | **中非产能合作中的基础设施业集群式投融资** / 129 |
|---|---|
| 第一节 | 非洲基础设施的现状及未来需求 / 130 |
| 第二节 | 中国对非洲基础设施的投融资合作情况 / 134 |

## 目 录

第三节 中国对非洲基础设施投融资合作的现实条件 / 138

第四节 对非洲基础设施集群式投融资合作的新模式 / 143

**第八章 中非产能合作中的能源矿产业集群式投融资 / 151**

第一节 非洲能源矿产业的发展现状 / 152

第二节 未来非洲能源矿产业的发展前景 / 156

第三节 中国对非洲能源矿产业的投融资情况 / 157

第四节 中国对非洲能源矿产业投融资的既有模式 / 162

第五节 对非洲能源矿产业集群式投融资合作的新模式 / 166

**第九章 中非产能合作中集群式投融资的促进与协调机制 / 173**

第一节 对非洲集群式投融资的政府主导 / 174

第二节 对非洲集群式投融资的社会组织力量 / 187

第三节 对非洲集群式投融资的智库作用 / 191

**第十章 结语 / 197**

第一节 研究结论 / 198

第二节 政策建议 / 203

第三节 研究不足 / 204

**参考文献 / 206**

**附录:"小市大洲"合作样本**
**——义乌市对非洲经贸投资合作的调研报告 / 215**

**后记 / 220**

中非产能合作中的
集群式投融资

Chapter 1

# 第一章 绪 论

本研究主题"中非产能合作中的集群式投融资"所涉及的对非洲集群式投融资是指对非洲集群式直接投资以及在此过程中伴生的融资，即是在政府主动引导下，通过资金补贴、金融机构长期低息贷款、政策激励等方式支持相关联的产业或者一条产业链的上下游企业，抱团群体性"走出去"投融资，通过在非洲建立大卖场、工业园、科技园、经贸合作区等产业集聚区或产业集群的投融资形式，依靠集体力量产生集群效应，避免企业以传统分散方式对外投融资过程中的单打独斗和恶性竞争，形成规范的境外产业内环境来吸引更多的国内外企业集体在非洲投融资的一种投资模式。

# 第一节　研究的背景与意义

## 一、研究的背景

在当今世界经济复杂多变及美国次贷危机深层影响下，全球经济复苏乏力、国际经济格局与多边规则酝酿重大调整、WTO多边谈判举步维艰、投资和贸易保护主义抬头、贸易协定"碎片化"趋势加强、各国依然面临严峻的发展问题的大背景下，我国国家主席习近平于2013年9～10月在分别出访哈萨克斯坦与东盟各国时倡议，实施中国与欧亚各国共建的"一带一路"伟大战略。其目的在于促进全球范围内经济要素有序自由流动、资源高效配置和市场深度融合，共同推动建设"一带一路"经济带，并通过"以点带面，从线到片"逐步形成沿线各国实现经济政策协调，共同打造开放、包容、合作、均衡、共享的国际及区域经济合作机制，构建更大范围、更高水平、更深层次的世界开放型经济体系。中国正在为此努力，不断拓展国际合作新空间，全方位推进沿线但不限于沿线国家的双边、多边和区域、次区域合作。

国际产能合作是中国政府做出的一项重大决策，是跨越国家地理边界的生产能力合作。共建"一带一路"战略，明确了中国今后对外开放的方向，又为促进国际产能合作奠定了基础。国际产能合作是"一带一路"战略的重中之重和实现路径，而中非产能合作又是国际产能合作的重要组成部分。中非产能合作既存在重大机遇，又面临巨大挑战。目前全球经济进入新的调整期，全球产业链的重构、对外直接投资转向发展中国家、第四次国际产业的转移、非洲各国对中非产能合作的需求和期待等，都将为中非国际产能合作提供一个非常难得的机遇。"一带一路"作为一种新型的"贸易协同战略"，必然带来中国与"一带一路"区域各国和非洲各国之间贸易投资模式的重新调整和"一带一路"区域的兴起，并将促使全球经济贸易格局在除原有的大西洋贸易轴心和太平洋贸易轴心之外，形成新的以亚欧为核心的全球第三大贸易轴心。"一带一路"沿线各国和中非各国各异的资源禀赋，具有较强的经济互补性，为彼此间的产能合作预留了巨大潜力和空间。中国优势产能依次转移到周边、"一带一路"沿线及非洲国家，必然带动相关国家产业升级和工业化水平提升，完成全球价值链的重构。同时，中非产能合作又面临着来自中国国内、非洲各国和国际社会等多方面较大的挑战，我们必须充分分析中非产能合作面临的各种挑战，立足现实，创造条件，积极应对，有所突破，才能开创中非产能合作的新局面。

中非产能合作是一项巨大的系统工程，需要大规模的建设，对资金、资本的需求十分庞大，如果是单个中小企业孤立地对非洲投融资，进行"企对企式"的国际产能合作，势必势单力薄，投融资资金少，建设力量有限，发展速度慢，投融资风险大，显然，这种单个企业的对非洲投融资，不是中非国际产能合作的最理想形式。解决此矛盾，应充分发挥金融领域在中非产能合作中的主导作用。与中非产能合作的投融资需要和巨大的投融资金额相适应，金融机构支持中非产能合作需要大力探索、提倡和采取规模化的高效投融资新方式，即对非洲集群式投融资合作方式，创新具有多重优势的多种对非洲集群式投融资模式，克服单个企业对非洲投融资的种种劣势，使中非国际产能合作走上集约、健康、快速、安全发展之路。

## 二、研究的意义

第一，本研究有助于丰富国际投融资合作理论的内容。近年来，中非经贸的实践活动形式丰富多彩、规模迅速扩大、增长速度不断加快，但相关的研究尤其是对非洲集群式投融资的研究还很少见。仅有的、为数不多的研究文献，虽然在加深人们对集群式对外投资的认识，帮助和指导企业集群式"走出去"等都有一定的参考价值，但是其绝大多数研究成果还处于研究的初级阶段，其中介绍"现状、问题"的学术研究文章多，而深度挖掘研究、提出创新性观点、建设性意见的文章还很少。这种研究状况与中国加快发展高层次开放型经济和集群式"走出去"步伐的高要求不相符，研究成果不能成为中小企业对非洲集群式投融资的智力支持。因此，对中小企业对非洲集群式投融资的战略、模式、措施等重要特定问题进行创新性研究。这不仅是中非经济（投融资）合作问题学术研究的需要，而且是国际投融资合作学科自身发展的需要。本研究在某些重要问题方面，如在对非洲集群式投融资的升级战略、新模式、新平台、新机制等方面有所创新、扩展、丰富和深化，为国际投融资合作学科的发展增添了新内容。

第二，本研究有助于中国保持经济中高速增长和迈向中高端水平。中国经济发展进入新常态后，对产业转型升级、经济结构调整、经济发展方式转变提出了更高的要求。积极推进中非国际产能合作，有利于促进中国优势产能的对非洲输出，形成中国开放合作发展的新支点，促进企业不断提升经营管理、技术研发、产品质量等水平，增强企业整体素质和专用性资产核心竞争力，推动中国经济转型升级和换挡提速，实现从产品输出（对非洲出口）向产业输出（对非洲投资）的提升。本研究将能提高中国对非洲集群式投融资合作的地位、层次和质量，加速中国对非洲集群式投融资合作的步伐，形成集群效应和合作效应，降低其合作的成本与风险、增加投资利润，产生巨大的经济效益。

第三，本研究有助于中国深入实施"双向开放"战略和"一带一路"战略，推动新一轮高水平的对外开放，完善开放型经济体系，增强国际竞争优势。中非合作是国家长远战略的支点，非洲是中国走向世界的"跳板"和"一带一路"的"落脚点"。中国要从现在的利用外资和对外投资大国变成世界强国，必须要按照"双向开放"战略和"一带一路"战略，积极参与国际产业分工，与"一带一路"沿线国家（包括非洲）开展投融资合作，才能真正成为国际投融资的积极推动者和直接受益者，提高中国在全球经济贸易格局中的地位，拓展经济发展的境外空间，同时，也给各国带来更多实惠，促进中国与世界的共同发展。

第四，本研究有助于发展中非全面战略伙伴关系。在中非经贸关系正式进入以投资为引领的新阶段，推进中非国际产能合作，是开展中非互利合作的重要"抓手"。积极开展境外在非基础设施投融资建设和中非产能投资合作，有利于深化我国与非洲有关国家的互利合作，促进非洲当地经济和社会发展，加快非洲工业化、城镇化和农业现代化进程。"扩大投资和融资领域合作，为非洲可持续发展提供助力"是推动中非全面战略伙伴关系和落实中非合作"十大计划"的首要任务。对非洲集群式投融资合作不仅具有多重优势和"集群＋合作"双重效应，而且比单纯的对非洲投资更符合中非合作长远的"平等互利、共同发展"战略愿景。

## 第二节 研究的思路、内容与方法

### 一、研究的思路

通过大量分析中非经贸合作的相关文献和观察、调研其具体的实践活动发现：（1）中非经贸交往越来越频繁，中非经贸关系越来越密切，中非经贸互利合作前景光明，但相关的研究相对来说还比较少，尤其是相关理论研究更难见到，存在着理论与实践脱节、学术研究滞后于实际工作的现象；（2）关于对外直接投资、国际投融资、对非洲直接投资的理论和文献非常多，但专门研究集群式对外、对非洲投融资的理论和文献非常少；（3）中非产能合作所形成的投融资需求和潜在需求十分巨大，目前传统的中非投融资合作方式不能满足这种庞大的需求，亟须创新能够与其相适应的规模化、集约化、高效化的集群式投融资方式模式，虽然集群式投融资模式创新的需求强烈，但其创新供给能力却严重不足。可见，在对非洲集群式投融资合作领域，存在着"务实"的实际工作强而"务虚"的理论研究弱（已经在非洲建立了若干个境外经贸合作区，但相关的研究却很少）的"矛盾"和集群式投融资模式创新的需求强而创新供给能力弱的"矛盾"。

因此，本研究试图在上述提出问题、分析问题的基础上，着重探索研究全面解决这"两对矛盾"问题的办法——即从中国发展高层次开放型经济、实施"一带一路"战略和中非国际产能合作的背景出发，以集群优势理论、国际产业转移理论、对外直接投资理论等为基础，运用投融资实际调研、定性研究和案例研究等方法，按照"5W1H"框架研究中小企业对非洲集群式投融资的问题，即中小企业（who）——在非洲市场（where）——为获得高效的投融资效率（why）——采用不同的集群式投融资升级战略与创新模式（what）——进行长期直接投融资（which）——这些集群式投融资升级战略与创新模式又是怎样实施、如何运转和应采取什么样的措施（how）。通过本研究，以期在理论上对集群式对外直接投资升级战略与创新模式的研究达到较高的学理水平，在实践上对中小企业集群式走进非洲提供较有力的智能帮助。

根据这一研究思路，形成了中非产能合作中的集群式投融资研究思路的逻辑框架（见图1.1）。

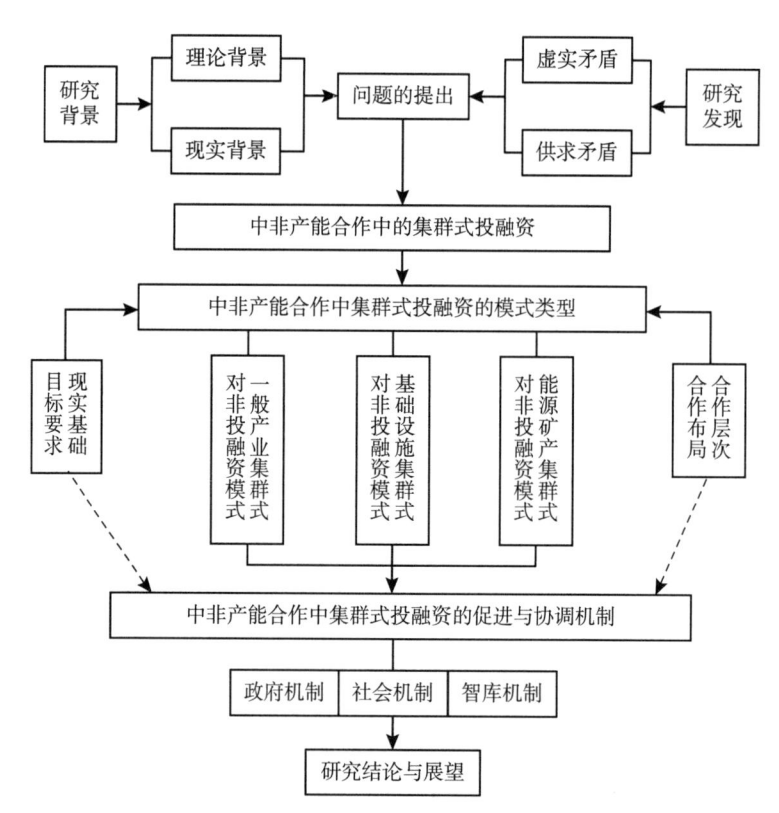

**图1.1 中非产能合作中的集群式投融资研究思路框架**

## 二、研究的内容

本研究的内容共有 10 章。除第一章绪论和第十章结语外，第二章是中非产能合作中集群式投融资的相关理论。中非产能合作和集群式投融资有着深厚的政治学、经济学和社会学理论基础，根据本研究主题的需要，对国际合作理论、国际经济合作理论、产业集群理论和国际投融资理论的相关学派观点作了简单介绍。

第三章是中非产能合作的背景、基础和要求。本章在界定"产能""国际产能"和"国际产能合作"概念的同时，分析了中非产能合作的宏观背景，即全球经济格局重新调整的机遇、国内经济"换挡、提速、增效"的需要和所面临的国内、国际和非洲当地的挑战，阐述了中非合作半个多世纪已走过的不断深入发展的产能合作的现实基础和中非关系提升为全面战略伙伴关系与中非"十大合作计划"中的产能合作的目标要求。

第四章是中非产能合作的层次和布局。本章分析了国际产能合作不能仅仅局限于"一带一路"的"64+1"个国家，其辐射范围要扩大到拉美地区。提出须动员全国上下各种力量与合作方一起持续通力配合去完成这一壮举。从微观到宏观，国际产能合作的主体层次大致可分为企业、行业（或产业，或集群，或地方政府层面）、社会组织、国家和超国家五个层面。中非产能合作的实施也不可能与非洲 54 个国家齐头并进搞合作，只能先有重点地布局突破，然后再循序渐进开展。中非产能合作是中国国际产能合作的"一轴两翼"格局中"西翼"的一部分，首先以"四三"为重点布局，即四个区域，每个区域三个国家："东三""西三""南三"和"北三"。

第五章是中非产能合作的高效金融支持：集群式投融资。本章从金融是中非产能合作的主要内容、金融优化中非产能合作的资源配置、金融是中非产能合作的重要保障三方面论述了中非产能合作中的金融主导作用。从基础设施建设、进出口贸易、跨境人民币业务、金融风险管理和防控、中国金融国际化等多角度分析了中非产能合作产生的庞大金融需求。同时，展现了中国促进国际产能合作的金融政策。并在分析中非产能合作中投融资存在的困难和问题的基础上，以中国在非洲境外经贸合作区的实践为例，从理论上论述了对非洲集群式投融资模式与中非产能合作的相互适应性。

第六章是中非产能合作中的一般产业集群式投融资。本章在综述了国内外关于集群式对外投融资研究的基础上，分析论述了中非产能合作中集群式投融资的主体与载体、性质与特点、优势与条件、市场与机构等一些基本问题，着重探索研究了工业、农业、商业、科技服务等产业对非洲集群式投融资的新模式。尤其是创新性地提出了中小企业对非洲集群式投融资模式创新路径，即可以通过从大卖场到境外商业集群、从工业园到境外工业企业集群、从经贸合作区到境外自由贸易与经济合作区以及创建境外科技创新集群和现代服务业集群等多条路径对非洲集群式投融资模式进行创新。

第七章是中非产能合作中的基础设施业集群式投融资。非洲现有的基础设施非常薄弱，非洲实现工业化的前提在于其基础设施的不断完善，非洲基础设施建设是中非合作的重点和优先领域，而基础设施建设又是中国对非洲投融资合作的优势与经验所在。中国对非洲进行基础设施投融资和中非投融资合作是一种跨境基础设施投融资，其与一般基础设施投融资相比具有特殊性。本章研究以此认识为基础，在分析非洲基础设施的现状及未来需求，以及中国对非洲基础设施的投融资合作情况、典型模式和现实条件的基础上，构建了对非洲集群式基础设施投融资合作的"中国在非$PPP_{IC}$"和"中国在非$BOT_{IC}$"等新模式，以此加快非洲工农业现代化所需要的当地基础设施建设步伐。

第八章是中非产能合作中的能源矿产业集群式投融资。中国经济持续快速增长，对能源矿产的需求急剧增大，但国内能源矿产供给不能满足经济增长的需要。而非洲国家蕴藏着丰富的能源矿产，但非洲国家普遍对能源矿产的需求较少，能源矿产供给（或潜在供给）大量过剩。中国在能源矿产开采、运输、加工等方面积累了雄厚的资本、先进的技术和丰富的管理经验，而非洲国家发展能源矿产业却存在缺乏资金、缺少人才和技术落后三大瓶颈，且难以找到融资、融智和融技的渠道。中非能源矿产合作既是中非国家能源矿产合作发展战略的要求，也是中非企业互促提高可持续发展能力的选择。因此，本章研究展现了非洲能源产业和矿产业的发展现状、分析了未来非洲能源矿业的发展前景以及中国对非洲能源矿产业的投融资情况和既有模式，提出了对非洲集群式能源矿产业投融资合作的"跨境集群式供应链（TCSC）投融资"新模式。

第九章是中非产能合作中集群式投融资的促进与协调机制。中非产业对接和产能合作，采取集群式投融资方式虽然有必要性和紧迫性，但成功的关键环节在于应建立一个能够促进与协调其更好合作的双多边机制。本章从中国政府的倡导与推动、非洲合作国政府的配合与支持、国际双多边的合作与协调框架等方面，研究了发挥政府在对非洲集群式投融资中起主导作用的双多边"政府促进与协调机制"。从发挥国内社会组织和非洲本地社会组织的角度，研究了发挥对非洲集群式投融资的社会组织力量的双多边"社会促进与协调机制"。从智库角度研究了发挥对非洲集群式投融资的学术思想和新闻舆论作用的双多边"智库促进与协调机制"。

## 三、研究的方法

### （一）文献研究法

在本主题研究的整个过程中，始终以文献为"原料"，广泛查阅了国内外相关文献资料，对与研究主题较为相关的国内外研究文献进行了系统整理和综合分析，掌握了国内外关于中小企业集群、中小企业集群融资、国际经济合作、国际投融资、国际产能合作、集群式对外投融资等理论的最新前沿动态，保证了本研究在立意、内容和方法上有前沿文献做支撑。并运用理论推理和逻辑演绎的方法，构建了本研究的分析框架，提出了本研究需要解决的科学问题。

### （二）调查研究法

早在 2012 年年初，课题小组就针对浙江省等地中小企业集群地区的企业投融资状况进行了问卷调查，通过典型抽样法和随机抽样法相结合的方法，对浙江省不同类型中小企业集群中的 500 家中小企业发放了调查问卷，收回有效问卷 456 份，回收率 94.6%。并对其进行了整理和分析，写出了调研报告，为后续的研究提供了可靠、详实的资料和实证论据。

在本主题研究的初始阶段，课题小组又以我国江、浙、粤等省中小企业集群发达、对非洲投资较多的地方和南非、埃塞俄比亚、肯尼亚等非洲国家的境外经贸合作区等为重点调研对象进行了实地考察和专家访谈，切实掌握了对非洲集群式投融资及相关问题"一手资料"的感性资料和现场资料。

### （三）案例研究法

在研究中小企业集群融资理论模式的同时，特别重视对非洲集群式投融资的实践案例研究。丰富多样的中国对非洲集群式投融资实践模式，为本研究提供了案例样本，如"安哥拉模式""经贸合作区模式"等。据不完全统计，目前中资企业在海外投资兴建的各类境外经贸合作区已超过50个，其中在非洲的境外经贸合作区就有6个。对这些已有的如"安哥拉模式""经贸合作区模式"等典型案进行解剖麻雀式的深入研究，以增强研究的针对性、深入性、具体性和适用性。

## 第三节 研究的创新之处

本研究特色在于研究视角的交叉性与独特性、研究内容的稀有性与创新性、研究观点的鲜明性与方向性、研究取向的应用性与服务国家战略性。主要创新之处在于以下三个方面。

### 一、研究选题较新

"一带一路"和国际产能合作是国家对外开放的大战略，构建中非全面战略伙伴关系和中非产能合作是这一大战略中的子战略，对非洲集群式投融资合作是实现这些战略的规模化、集约化、高效化的新模式、新路径和新方式，有探索研究的重要性和必要性，而相关既有研究又十分缺乏，因而该选题具有独特性和稀有性，是相对较新的内容。

### 二、研究视角新颖

首先，在中非产能合作的"广角镜"下，把研究的"窄角镜"聚焦于中小企业对非洲集群式投融资方面，到目前还难见到这种"双镜共焦"的研究视角。其次，集群式投融资本身是一个新的研究领域。本选题研究的是中小企业群组的投融资新模式问题，而不是单个游离状态中小企业的投融资模式，这就将研究视角从原有的中小企业单体投融资问题转到了中小企业群组整体投融资问题。再次，本选题研究是从双边或多边开放角度，而不是像一般研究那样仅从双边封闭角度来研究中国企业对非洲集群式投融资合作问题。

## 三、研究内容创新

本研究选题除标题本身具有创新外，其具体研究内容、学术观点等方面均有多处创新点，如拟研究的中国企业对非洲集群式投融资的"一总多元提升战略""七大新模式""三类促进机制"等就是研究内容创新性的表现。主要的学术观点创新有：中小企业对非洲集群式投融资是中国发展更高层次、更高水平开放型经济的必然选择；中小企业对非洲集群式投融资是全面的、以中非为主而又面向全世界的双多边或区域次区域投融资合作的新模式、新机制和新典范；中小企业对非洲集群式投融资具有多重经济优势和"集群+合作"双重效应，能提升中小企业对非洲集群式投融资的层次、质量和效率；中小企业对非洲集群式投融资合作是中非长远战略与可持续发展的合作，是发展中非全面战略伙伴关系和促进中非"平等互利、共同发展"的合作；应采取多种双多边机制体制和政策措施鼓励、引导和促进中小企业对非洲集群式投融资模式的创新，走积极主动、健康和谐和可持续发展的"走出去"和"引进来"双向投融资的道路。

中非产能合作中的
集群式投融资

Chapter 2

# 第二章　中非产能合作中集群式投融资的相关理论

中非产能合作和集群式投融资有着深厚的政治学、经济学和社会学理论基础，根据本研究主题的需要，这里仅选择国际合作理论、国际经济合作理论、产业集群理论和国际投融资理论做一些简单介绍。

## 第一节　国际合作理论

20世纪70年代，国际政治与经济格局发生了巨大变化，出现了各种双边、多边形式的经济、政治与文化等领域国际合作。所谓国际合作，就是国家间为满足各方实际的或预期的能力需求而相互调整政策和行为的过程。随着国家间相互依赖的加深和共同利益领域的扩展，国际合作的程度不断加深，层次不断提高，领域不断扩大，形式不断变幻，研究不断深入。所以，作为一种普遍存在的国际关系形式，国际合作已是不同国际行为主体之间基于相互利益的基本一致或部分一致，而在一定的问题领域中所进行的政策协调行为。

主要起源于美国的现代国际合作理论，经过多年来发展，在西方国家形成了四个主要流派：权利合作论、机制合作论、文化合作论和社会合作论。

### 一、权利合作论

权利合作论有三个支脉，分别是政治现实主义权利合作论、新现实主义权利合作论和进攻性现实主义权利合作论。政治现实主义权利合作论强调国家是国际合作主体。政治现实主义认为，在无政府状态的国际社会中不能产生国际合作。国际合作只能是强权的工具，单纯将国家利益寄托于国际合作是错误的，国际社会只依靠国家间的自由合作是十分脆弱的。由于国家间力量对比悬殊和国际组织的"软约束"等原因存在，现有国际合作机制和国际法，不利于国际合作的产生。

新现实主义权利合作论认为，国际结构决定国际合作，国际结构对国际合作有阻碍、促进、瓦解的影响。在一个独立运转的系统（如国家）中，若出现对新增加的产品分配不公，将阻碍国际分工的进一步拓展。国际合作是现实的和紧迫的，但是国际合作因公共产品的提供、集体行动的困境、"搭便车"行为而变得十分困难。

进攻性现实主义权利合作论认为，国家是理性的，为了本国的发展壮大就必须征服其他国家，成为地区霸主、世界霸主，只有单个国家或国家集团足够强大、形成霸权力量，并主导国际政治经济制度安排，从而有利于维护霸权国利益的国际（地区）政治经济秩序以及让附属国或其他国家分享国际安全与福利，才能实现国际合作和维持国际秩序的目标。

## 二、机制合作论

这里，国际机制被定义为"一系列围绕行为体的预期汇聚到一个既定国际关系领域而形成的隐含的或明确的原则、规范、规则和决策程序"。国际机制包括正式的政府间国际组织、国际非政府组织以及国际惯例。其中制度合作论强调霸权和制度可以抑制无政府状态国际社会的冲突，产生国际合作。国际合作是一种部分依赖于各国是否能就管理规则达成共识的能力。国际合作的主要方式是制度合作、首要条件是公平合理的国际制度、主要功能是促进国家间合作协议的达成。区域或全球性不同层次的国际合作可以实现全球治理。

## 三、文化合作论

建构主义的文化合作论指出，国际合作是一种文化现象，合作文化可以自我实现和自我强化。从国家合作的观念建构出发，分别从国际文化结构塑造国家的集体身份与合作认知以及单位国家合作互动建构整体合作文化结构两个层面论证了集体共有观念对形成国际合作的关键作用。当合作文化成为集体共有观念之后，国际社会就会从注重结果的积极合作转变为注重效用的积极合作，进而转变成注重集体利益的积极合作。

## 四、社会合作论

社会合作论指出，社会追求保证人的生命在一定程度上免受死亡或侵害，确保守信或履行协议，在一定程度上保护财产所有权的稳定性。国际合作是国际社会存在的基本方式之一，社会是产生和维持合作的基本条件。国际制度是支撑国际合作的重要手段。国际制度与国际合作之间相辅相成、相互促进。国际法和惯例、外交机制和手段、国际组织和会议、管理体系和标准、军事布局和战争等既是国际合作的必然产物，也是促进国际合作的有效方式。

## 第二节　国际经济合作理论

对国际经济合作概念及含义的理解，理论界还没有取得一致的意见。笔者赞成这种界定：国际经济合作是超国界的经济主体根据协商确定的方式，在侧重于生产领域或生产与分配、交换、消费等相结合的领域进行的经济合作活动和政策协调活动。国际经济合作的宗旨在于加强国家间的协调，为世界各国经济发展提供良好的外部条件，加速生产要素的跨国流动，为公共和私人经济主体带来规模经济效应和比较利益。国际经济合作的基本内容和直接结合方式是实现生产要素的国际转移和国际经济协调，国际经济合作是一个多层次结构的一种新型国家间关系，国际经济合作中也存在着斗争和竞争。

有关国际经济合作的理论比较多，这里仅介绍国际经济合作动因理论、国际分工理论、国际相互依赖理论、国际经济一体化理论等国际经济合作的基本理论。

### 一、国际经济合作动因理论

国际经济合作是国际经济关系在一定历史条件下所采取的特殊形式，而国际经济关系又是国际生产关系的组成部分，因此，国际经济合作的产生和发展必然深受社会生产力、政治制度、历史文化和经济活动等的影响，特别是第二次世界大战以来的国际经济合作，更是政治经济变化、科技发展、国际分工深化、经济生活国际化的必然产物。

第二次世界大战后，旧的世界政治经济格局彻底被打破，形成了发达资本主义国家、社会主义国家、发展中国家三支重要政治力量构成的多极化和多元化世界体系，为国际经济合作创造了良好的条件。尽管这三极的经济类型和经济实力不同，但彼此却不是相互隔绝的，而是相互联系、相互渗透、相互依赖、相互斗争的。不同性质和不同发展水平的国家间相互和平共处，在平等互利的原则基础上进行合作，有效地推动了世界经济的发展。

发生在 20 世纪 50 年代的第三次科技革命，无论在广度还是在深度及其影响上，都大大超过了前两次科技革命，对人类社会生活的各个领域，特别是经济生活产生了极为深刻的影响，为生产要素在国家间直接转移和重新配置提供了必要的条件和实际内容。科技革命浪潮是战后国际经济合作产生、发展的主要动因。

第二次世界大战后国际经济新秩序的建立、国际分工地域和范围的不断扩大及深度的进一步发展、垂直分工与水平分工结合等这些国际分工的新发展是国际经济合作产生与发展的基础。

当今的国际经济关系越来越紧密，任何一个国家都不可能在封闭状态下谋求经济发展，都必然以某种方式、通过某种渠道与其他国家发生交往并相互依赖，且呈日益加强的趋势，这种经济生活的国际化和各国间的相互依赖成了促进国际经济合作发展的重要因素。

另外，全球性的和区域性的各类国际经济组织，在推动国际经济政策协调和各种方式的国际经济合作发展过程中发挥了重要的作用。

## 二、国际分工理论

国际分工是国际经济合作的基础，是社会生产力发展到一定阶段的产物。国际分工的发展大体经历了三个历史阶段，伴随着国际分工的发展，相关的国际分工理论也从无到有不断发展变化着。

按照国际间分工合作的原因及其规律，一种理论认为，国际分工是国民经济内部的劳动分工发展到一定程度后跨越国家界限在世界范围内的延伸和继续。影响国际分工的因素主要有各国生产力水平、科技发展、社会经济结构、市场规模等社会经济条件，以及地理环境、资源禀赋等自然条件。有的以比较成本学说为基础，阐明国际分工的发生原因、分工格局、国际分工与贸易的利益源泉及其分配方式。有的以要素禀赋学为基础，定量论证生产要素的丰缺和按比例决定的国际分工，每个国家都以自己相对丰富的生产要素从事专业化生产和国际交换，就会处于比较有利的地位。也有的以技术分工说为基础，认为多数先进技术集中在少数发达国家，这些国家在高新技术领域拥有比较优势，而把那些低技术性比较优势转移到发展中国家。20世纪80年代以来，西方学者对国际分工理论与政策研究的重心发生了重大转移，不完全竞争的内部分工理论取代了传统完全竞争的外部分工理论。同时，无形服务贸易超越了有形商品贸易，成为了国际分工研究的新领域和新对象。当代国际分工理论研究产业间贸易和产业内贸易，突出表现在水平型、垂直型国际分工上。

按照研究视角的不同，国际分工理论可以分为世界体系视角的国际分工理论、市场视角的国际分工理论、国家视角的国际分工理论、企业视角的国际分工理论、个人分工视角的国际分工理论等五大流派。"世界体系视角"在分析国际分工格局时，把世界生产体系看作一个整体，研究世界生产体系结构的变化规律。"市场视角"以跨越国界的"自由市场"为起点，分析绝对成本、比较成本、资源禀赋、要素禀赋等差异带来的分工好处，可以通过"市场机制"得以实现。"国家视角"以核心概念"国家利益"分析如何利用国家主权影响国家参与国际分工的方式、程度以及策略。"企业视角"重点考察"企业内分工""企业机制"对国际分工的影响。"个人视角"从个人分工的微观层面解释宏观的国际分工。

### 三、国际相互依赖理论

国际相互依赖是指国家间或其他国际行为主体间广泛的、一般的相互影响和相互关系。马克思主义对国际相互依赖早有论断。20世纪50年代末开始，西方关于国际相互依赖的理论研究开始兴起，70年代相互依赖理论有了新的发展。

理查德·库伯（Richard N. Cooper）认为第二次世界大战后国际经济的突出变化是国际相互依赖形成的原因，它意味着一国的经济发展与国家间的经济交往存在着一种敏感的反应关系。此后，对于第二次世界大战后国际社会中相互依赖关系产生的原因，西方学者进行了深入探讨，提出了各种观点，相互依赖理论迅速地发展起来。

罗伯特·基欧翰（Rober O. Keohane）和约瑟夫·奈（Joseph S. Nye）提出复合相互依赖理论。他们认为，当代世界已经与现实主义描绘的受权力支配的世界不同，而是一种"复合相互依赖"关系的社会。国际相互依赖是多渠道的社会联系，包括政府间的正式相互依赖关系、非政府之间的非正式相互依赖关系、跨国公司的内部相互依赖关系等。无论哪一种渠道都会促使国际相互依赖关系变得复杂化、多样化。多种多样的问题被提到国家间关系的议事日程，军事安全问题已不再始终处于首要位置。政府之间在解决多种问题时，一般不再以使用武力为主要手段。

勃兰特委员会（又称"国际发展问题独立委员会"，简称CDI）认为，人类面临越来越多的能源环境、粮食和饥饿、贸易和金融、国际经济协调、和平安全等问题都是跨制度问题，这些具有国际性问题的解决不可能由一个国家去完成，而应由国际社会来共同想办法，这就要求各国人民和各个国家之间相互谅解、相互承担义务和相互支援帮助，共同寻找解决这些全球性问题的新办法。每个国家的经济能否得到增长，越来越有赖于其他国家的做法。南、北方也有着更多的共同利益，只有通过对话与合作才能产生合理的解决办法。南方如果没有北方的协助就不能获得充分的发展；反之，如果南方没有取得更大的进步，北方也不可能繁荣。

R.普雷维斯（R. Pnebisch）的"中心—外围"理论把世界分为"中心"国家（发达资本主义国家）和"外围"国家（发展中国家），"中心"发达国家在社会经济方面具有很多优势，而"外围"发展中国家在社会经济方面一般都处于劣势地位。"外围"发展中国家在经济上依附"中心"发达国家，社会经济发展条件不断恶化。"外围"发展中国家只有摆脱"中心"发达国家，自主发展本土民族经济，建立独立的民族经济体系，才能打破原有的、不平等、不公平的国际分工格局，从恶性循环的经济中彻底解脱出来。

## 四、国际经济一体化理论

区域经济一体化是指地理位置相近的两个或两个以上的国家，通过某种政府协定或制定统一的内外经济政策，消除区内国家间的贸易壁垒和投资障碍,实现区内国家间资源要素的优化配置、经济的互利互惠和协调发展,最终形成一个在经济上高度协调统一的有机组织体。根据区域内商品和生产要素跨国界移动的范围和程度,区域经济一体化可依次经历特惠关税区、自由贸易区、关税同盟、共同市场、经济同盟和完全经济一体化六种形式。

一般认为,区域经济一体化的形成原因,一是世界政治与经济格局的巨大变化;二是经济一体化能够给区内经济体带来明显积极的经济效应。对于区域经济一体化的效应,J.范纳（J. Viner）和李普西（Lipshciz）的关税同盟理论,从静态角度论证了缔结关税同盟所带来的经济效益;西托夫斯基和德纽的大市场理论,从动态角度分析了区域经济一体化带来的经济效益;日本经济学家小岛清（Kiyoshi Kojina）提出的"协议性国际分工理论",从规模经济角度探讨了区域经济一体化经济效应产生的根源。

## 第三节 产业集群理论

产业集群理论是在 20 世纪 90 年代由美国哈佛商学院的迈克尔·波特（Michael E. Porter）创立的一种经济理论。产业集群是指在一个特定区域的一个特别领域,集聚着一组相互关联的公司、供应商、关联产业和专门化的制度和协会,通过这种区域集聚形成有效的市场竞争,构建出专业化生产要素优化集聚洼地,使企业共享区域公共设施、市场环境和外部经济,降低信息交流和物流成本,形成区域集聚效应、规模效应、外部效应和区域竞争力。

### 一、产业集群理论的溯源与演进

产业集群作为一种组织形式,其发展与产业结构调整、技术创新以及国家和地方经济发展关系十分密切,而产业集群的形成与变迁有其理论依据。对于产业集群的关注源于对区域经济增长的思考。这涉及分工、专业化、外部经济、收益递增（递减）等经济学中倍受关注的焦点,产业集群理论与此颇有渊源。

亚当·斯密（Adam Smith）指出"分工取决于市场容量",第一次暗示了专业化依赖于全球化——扩大的市场是专业化能够提高劳动生产力、要求协作的前提。A. 马歇尔（A. Marshall）的产业区理论集中论述了"内部规模经济"和"外部规模经济"。A. 韦伯（A. Weber）在区位论方面做出了开创性的研究，并首次从产业集聚带来的成本节约的角度讨论了产业集群形成的动因。新产业区理论则从企业与其所处的社会环境之间的互动关系入手研究企业集群的形成动因。增长极理论也与产业集群的形成紧密相关，F. 佩鲁（F. Perron）认为经济增长的"推动单位"（被称作增长极）可能是一个企业或者同产业内的一组企业，也可以是共同合同关系的某些企业的集合。J. 熊彼特（J. Schumpeter）认为技术创新及其扩散促使具有产业关联性的各部门的众多企业形成集群。P. 克鲁格曼（P. Krugman）的新经济地理整合了新古典经济理论与传统的区域经济理论，通过规模报酬递增和内生的集中经济解释产业的空间集聚问题。新制度经济学派科斯（Coase）、威廉姆森（Williamson）用交易费用、不确定性、交易频率和资产专用性解释了经济活动的体制结构，提出"中间性体制组织"的概念，认为产业集聚是克服市场失灵和内部组织失灵的一种制度安排。新经济社会学派把社会结构引入到集群分析之中，发展了根植性、经济的社会结构、网络理论等思想，从而在经济决策中，充分地考虑到社会、文化、权力、制度、社会结构等社会因素的影响。迈克尔·波特系统地提出了以产业集群为主要研究目标的新竞争经济理论，把产业集群理论的研究引向了新的领域。钱颖一运用"栖息地"的概念来解释集群企业的竞争优势。我国台湾学者注重运用社会关系网络理论解释我国台湾中小企业集群的形成与发展。日本学者青木昌彦（Aoki Masahiko）从企业治理角度探讨企业集群的发展问题，开创了企业集群研究的一个崭新思路。邓宁在"国际生产折衷理论"中论述到区域优势取决于要素投入和市场的地理位置状况、基础设施等，而这些正是聚集效应的体现。我国内地学者对于企业集群的研究从区域经济、产权制度、制度变迁等方面进行了一些探讨，也得出了相关的结论。

产业集群的研究主要集中在产业集群的形成发展机理、组织创新、制度创新、技术创新、社会网络资本以及区域经济增长与产业集群的互动关系、集群产业政策和产业集群实证等方面。归纳起来，产业集群存在和发展主要有以下三方面的依据。

1. 外部规模经济效应。

在集群区域内，产业相关的企业和机构数量众多，仅从群内单个企业来看，其生产经营规模也许并不大、效率也不一定高，但从集群区内的企业彼此间高度分工协作的角度看，整体生产经营规模就很大，生产效率就极高，产品成本就很低，并源源不断输出到集群区域外的市场，从而使整个产业集群获得一种外部规模经济效应。

2. 交易成本节约效应。

众多中小企业聚集在同一区域，彼此空间距离几乎为零，与远距离相比，大大降低了运输成本、信息成本、寻找成本、谈判成本和执行成本等空间交易成本。由于地理邻近，产业集群区内企业也容易建立相互信赖关系和信用约束机制，大大减少了机会主义行为。集群内企业间也保持着充满活力而又灵活的非正式社会网络关系。在一个快速适应变化的动态环境里，这种"中间性"产业集群现象与相对垂直一体化的"科层"制度和远距离的企业"横向"联盟安排，更加具有多种效率。

3. 学习与创新效应。

产业集群是培育群内企业更好更快学习能力与创新能力的土壤。产业集群企业彼此接近，极其便于相互间的学习、交流和提高。群内激烈的竞争压力，不甘落后的上进精神，当地高级顾客的需求，都迫使群内企业不断地进行组织创新、模式创新、知识创新、技术创新和管理创新。群内的一家企业一旦有某种创新也很容易被外溢到群内的其他企业，产生巨大的创新外部效应。此外，良好的产业集群环境也有利于高才能企业家的培育和优秀新企业的不断诞生。

## 二、中小企业集群融资理论

本书笔者对中小企业融资做了持续系统地研究后认为，中小企业集群融资是一种特殊的以中小企业集群整体力量进行有组织地资金融通的活动。中小企业集群融资以中小企业集群为依托。这里的所谓中小企业集群，是指基于专业化分工和协作的众多彼此独立的中小企业集聚于一定地域范围内而形成的稳定的、具有持续竞争优势的集合体（Porter，1998）。中小企业间所形成的这种集群关系，无须用契约来维持，而是以"信任和承诺"等人文因素形成的"社会资本网络"来维持其运行。这些集群中的中小企业由于地理接近、产业关联化，在共同的产业文化和制度背景下，形成区域的核心竞争力。中小企业集群融资就是以这种"区域核心竞争力"的整体力量作为担保或抵押来向金融机构和金融市场筹措或运作资金的行为过程。它的特殊之处就在于发挥集体合成的力量、以一个"区域品牌"的形式、作为整体利益代表者与贷款者进行讨价还价，建立交易契约关系，而不是群内各个企业借助"区域品牌"的优势、以单个利益代表者"单打独斗式"的向贷款者融资。也正是这一点才形成了中小企业集群融资与单个中小企业融资截然不同的特征。中小企业集群融资实质上是一种内生性的、专业化的、正规金融创新，是区域金融的一种新的表现形式。中小企业集群融资新模式不是唯一的，而是多样化的、全面全新的中小企业集群融资新模式体系。中小企业集群融资具有产业关联性、规模经济性、信用增级性、过程协同性和共生性、系统复杂性与涌现性等特征。

与单个中小企业融资相比，中小企业集群融资具有截然不同的显著优势。

1. 信用优势。

中小企业集群信用优势是指企业集群相对于单一企业与市场具有较高的信用，或者说，企业集群相对于企业或市场具有整体信用优势。是诚信经营的企业家信用、高质量生产的经营信用、合同签订与执行上的合约信用等三个层面信用的综合作用，构建起的中小企业集群的信用优势。这只是从其产生的一般条件出发分析的、集群企业外也存在的。中小企业集群的信用优势来自集群特有的特殊性，即每个交易主体在每一次交易的博弈中，始终都面临着守信或欺诈的策略选择。在交易的不同环境，即使是同一交易者也会选择不同的博弈策略。如果仅是一次性交易，交易主体一般都会选择欺诈行为，此时，集群内交易主体间不可能建立相互信用关系；可是当交易不断重复进行时，则交易主体就会改变博弈策略选择，愿意选择守信行为，集群内交易主体间的相互信用关系就可建立起来。所以，中小企业集群之所以具有信用优势，其根本就在于中小企业集群特有的交易环境，改变了集群内企业交易的博弈规则，群内企业相互间的监督迫使其在交易中倾向于选择守信行为。而且随着中小企业集群的不断发展，会有越来越多的中小企业在同群内外企业交易时倾向于选择守信行为，中小企业集群的信用优势就逐渐显现出来。

2. 信贷优势。

中小企业集群可以：第一，减少信息的不对称性。集群很强的"地域依附性"使银行可以通过多种途径非常容易的收集和掌握中小企业的各种信息，增加信息的对称性，有效减少信贷的"逆向选择"；集群很强的"地域根植性"提高了迁移的机会成本，有效地减少了企业逃废债务的机会主义行为；集群很强的"信息透明度"产生的"声誉机制"有效地减少了企业违约的"道德风险"。第二，减少银行的信贷成本。群内"信息高流动和共享"降低了信息的收集成本；众多中小企业贷款形成的"规模经济"降低了银行贷款的平均交易成本和贷后的平均监管成本；使用同样技术具有的"同质性"降低了银行的办理成本。第三，降低银行的信贷风险。除了集群能降低企业逃债的机会主义行为外，集群可以把企业个体的风险部分地转化为整个企业集群的风险，而整个中小企业集群的风险在很大程度上作为行业的系统风险，本身有很强的发展规律，具有较强的可预测性、可把握性和可规避性。第四，增加银行的收益。正如上述分析的企业集群使银行信贷风险和交易成本降低、规模经济产生，贷款利润自然增大；企业获得贷款后，资金周转产生"乘数效应"，地区经济高速增长，储蓄和投资不断增加，银行获得更多利润。第五，为信用互助担保创造组织条件。集群内中小企业彼此了解，相互熟悉，在行为和思维方式上的同质性，构成了一个"互识社会"，而互识社会很容易产生"乡村社会信誉机制"，为中小企业实现信用互助提供了社会土壤，进而为企业间相互提供贷款担保创造了优越的地理和信任条件。

3. 集体理性优势。

从博弈论角度，在企业集群内，企业的决策行为是直接相互影响的，一个企业在决策时就必须考虑对方的反应，而且还要兼顾暂时利润和长远利润。企业的效用函数不仅取决于本企业自己的选择，而且也依赖于其他企业的选择；企业的最优选择同时取决于其他企业的选择，是其他企业选择的函数。当企业处于不同的信用层面时，其可能得到的经济收益也是不同的。在中小企业集群的环境下，群内企业良好的竞合关系、高透明度的信息、企业的高折现率和较高的再次遭遇率都使集群内企业实现了"集体理性"，更偏重于采取高信用高回报的行为，从而体现出中小企业集群融资的整体优势。

4. 自组织优势。

中小企业集群是一个复杂适应系统（CAS），中小企业集群可以通过自创生、自适应、自会聚、自繁衍和自增强五种自组织行为实现可持续发展。中小企业集群融资通过中小企业融资集群组织（如集群财务公司）实施。根据林洲钮、林汉川（2009）的观点，中小企业融资集群是以融资为核心目标形成的企业集群组织，具有耗散结构性，呈现出以下三个自组织特征，即开放性、交叉网络性和协同演进性，其中开放性是存在条件，交叉网络性是组织特征，协同演进性是其发展方式。当中小企业以集群组织进行融资活动时，个体信用资产就通过集合信用资产的形式表现出来。集合信用资产是中小企业融资集群自组织的一个序参量，而集合信用资产是中小企业融资集群形成、发展、演化的主导因素，通过中小企业信用资产的有序聚集和系统整合，对于提升中小企业融资能力具有重要意义。同时，中小企业融资集群的组织形式能够改变单一企业信用资产不足的局面，形成内外部正反馈机理，改善中小企业融资条件。

## 第四节　国际投融资理论

国际投融资是指各国政府、金融机构、企业以及国际企业、跨国公司等在国际金融市场上的金融活动，包括国家投资和国家融资两个方面。国际产能合作与国际直接投资有关，而本著作的研究对象主要是中非产能合作中的对非洲集群式直接投资以及伴随这种集群式直接投资的融资。所以本部分主要介绍国际直接投资理论。

国际直接投资理论主要有八类理论，分别是：垄断优势理论、内部化理论、产品生命周期理论、国际生产折中理论、比较优势理论、国际直接投资发展阶段理论、投资诱发要素组合理论和其他的对外直接投资理论。

### 一、垄断优势理论

垄断优势理论（monopolistic advantage）的代表人物是美国经济学家 S.

海默（S. Hymer）和 C. 金德尔伯格（C. Kindleberger）及其 R. Z. 凯夫斯（R. Z. Caves）等学者，他们以垄断优势来解释国际直接投资行为，成为研究国际直接投资最早的、最有影响的独立理论。他们认为，企业对外直接投资的必要条件是应具备东道国企业所没有的垄断优势，而跨国企业的垄断优势又源于市场的不完全性。商品和要素市场、规模经济、经济体制机制、经济制度和政策等所造成的不完全竞争必将导致不完全市场，不完全市场又导致对外直接投资。垄断优势是对外（国际）直接投资的决定因素。垄断优势理论的优势要素主要有知识资产优势（包括技术优势、资金优势、组织管理优势和原材料优势）和规模经济优势。

## 二、内部化理论

所谓市场内部化，是指由于市场的不完全或某些产品的特殊性，或垄断力量的存在，导致企业市场交易成本大大增加，超过了企业内部交易成本时，跨国公司为了追求自身利益，最大程度地克服外部市场的某些失灵，而通过国际直接投资，将本来应由外部市场交易的一些业务转为本跨国公司所属企业间进行，并形成一个企业内部市场。也就是说，跨国公司通过国际直接投资和全球一体化经营，采用行政管理手段将外部市场内部化。市场内部化之所以产生的动因是：防止技术优势的流失、特种产品交易的需要、对规模经济的追求、利用内部转移价格获取高额垄断利润、规避外汇管制、逃税等目的。内部化也是有成本的，它主要包括通讯成本、管理成本、国际风险成本和规模经济损失成本。当内部化成本低于外部化成本时，采取对外直接投资。当然，市场内部化理论的成立需要跨国公司已经存在、不完全竞争市场出现、厂商经营目标不变等一些假设条件。

## 三、产品生命周期理论

哈佛大学教授 R. 弗农（R. Vernon，1966）参照产品生命周期过程，提出了"产品生命周期"直接投资理论。

产品生命周期理论把跨国公司的对外直接投资过程分为三个阶段：（1）产

品创新阶段。在此阶段，高知识含量的研发技能和高收入潜能的市场条件对其影响较大。（2）产品成熟阶段。在此阶段，虽然产品的市场需求量急增，但产品尚未实现标准化生产，追求产品异质化仍然是技术拥有者和投资者避免本产品直接价格竞争的一个有效途径。（3）产品标准化阶段。在此阶段，企业拥有的专利权保护期已满，企业拥有的技术诀窍也已不是秘密，其他企业都可以轻而易举获取和掌握这些产品的生产知识和技术。这时，市场上到处充斥着类似的替代产品，竞争逐渐加剧，而市场竞争的核心是成本或价格问题。

在维农的产品周期三阶段模型基础上，美国学者约翰逊（Johnson）则进一步分析和考察了导致国际直接投资的各种区位因素，认为它们是构成对外直接投资的充分条件，这些因素主要包括劳动成本、市场需求贸易壁垒和政府政策。

### 四、国际生产折衷理论

英国经济学家约翰·邓宁（Dunning，1977）认为，一个国家的资源转让、商品贸易、国际资本流动（对外直接、间接投资和直接、间接引进外资）的总和构成其国际经济活动。约翰·邓宁用综合分析的方法，把多种从单一角度分析的国际直接投资理论进行了归纳整理，形成了一套将资源转让、国际贸易和对外直接投资等有机结合在一起的一般性或综合性国际投资理论——国际生产折衷理论。

国际生产折衷理论包括所有权优势、内部化优势以及区位优势。所有权优势、内部化优势和区位优势三者的不同组合，决定了跨国公司所从事的国际经济活动的方式。所有权优势是指一国企业拥有的专用性资产，或其能够得到别国企业没有或难以得到的高禀赋生产要素（自然和矿产资源、资金资产、科学技术、人力资源）、工艺诀窍、发明创造、专利商标、形象标识、管理技能等。跨国公司所拥有的所有权优势大小直接决定其对外直接投资的能力。内部化优势是指跨国公司为避免不完全市场带来的不利影响，而把公司的优势保持在公司内部。只有通过内部化在一个共同所有的公司内部，并实现供给与需求的交换关系，用公司自己的程序来配置资源，才能使公司的垄断优势发挥最大的效应。区位优势是指跨国公司在投资区位上所具有的选择优势。区位优势的大小决定着跨国公司是否进行对外直接投资和对投资地区的选择。

所有权优势和内部化优势只是为企业对外直接投资的必要条件，而区位优势是对外直接投资的充分条件。因此，可根据企业拥有上述三类优势的程度不同，来解释和区别绝大多数企业的跨国经营活动。

## 五、比较优势理论

日本一桥大学教授小岛清于 20 世纪 70 年代中期研究发展了比较优势理论，称其为边际产业扩张论。小岛清从宏观经济因素中的国际分工原则角度分析国际直接投资产生的原因。他认为，对外直接投资应从投资国已处（或即将陷于）比较劣势的产业部门（边际产业部门）依次进行，而这些产业又是东道国具有明显（或潜在）比较优势的部门，但如果不引进外国的资金资本、科学技术和管理经验，东道国的这些优势又不能被充分利用。对外直接投资能同时促进东道国和投资国的经济发展。对外直接投资分为自然资源导向型、市场导向型、劳动力导向型和交叉投资型等几种类型。

日本与美国在对外投资产业方面存在明显的差别。日本以资源开发、纺织产品、零部件等标准化的劳动密集型产业为主，美国则以汽车、电子计算机、化学产品、医药产品等资本和技术密集型产业为主；日本对外投资的承担者以中小企业为主，美国的对外投资基本是由大型垄断性跨国公司所控制；日本的对外直接投资是从与东道国技术差距最小的产业依次进行，美国的对外直接投资则是凭借投资企业所拥有的垄断优势与东道国投资产业技术产生的巨大差距；日本对外直接投资一般采取合资经营的股权参与方式和诸如产品分享等在内的非股权参与方式，美国对外直接投资的股权参与方式中大多采用建立全资子公司的形式。

## 六、国际直接投资发展阶段理论

20 世纪 80 年代初，约翰·邓宁研究了以人均 GNP 为标志的经济发展阶段与一个国家的外国直接投资、对外直接投资及净对外直接投资之间的关系。同时也对国际直接投资的阶段、特征等进行了较为全面地解释。

在第一阶段（人均 GNP 低于 400 美元或等于 400 美元），一国不会产生对外直接投资的净流出。在第二阶段（人均 GNP 在 400～1500 美元之间），外国直接投资资金流入量增加，但主要是利用东道国廉价的原材料及劳动力优势，进行低技术水平的生产性投资。东道国的对外直接投资仍然停留在很低的水平上，只在临国进行一些直接投资活动。在第三阶段（人均 GNP 在 2000～4750 美元之间），东道国企业拥有的所有权优势和内部化优势都大大增强，东道国的国际直接投资结构发生改变，人均净外国直接投资开始下降，人均对外直接投资大大增加。在第四阶段（人均 GNP 在 2600～5600 美元之间），东道国变成为了国际直接投资的净流出国。

日本的小泽辉智（Terutomo Ozawa，1992）提出了国际直接投资模式，也称为新的综合的国际投资阶段发展论，其理论核心是强调全球经济结构特点对经济运行特别是对投资的影响。认为，不同国家间经济发展水平的差异决定了它们在外国投资和对外投资在形式和速度上的不同，一个国家的产业结构升级是外国投资和对外投资的经验积累，产业结构升级是一个循序渐进的较长过程。国际直接投资模式是一种与经济结构变动相适应的资本有序流动：（1）要素驱动阶段，国家一般都是吸引资源导向型或劳动力导向型的外国直接投资。（2）劳动驱动阶段向投资驱动阶段过渡时期，主要吸引资本品和中间产品业的外国直接投资。同时，在劳动密集型产业领域向低劳动力成本国家对外直接投资。（3）投资驱动阶段向创新驱动阶段过渡时期，东道国将主要在技术密集型产业吸引国外直接投资。同时，在中间品产业中开始对外直接投资。

波特的竞争发展理论中，也提出了四个特征明显的国家竞争发展阶段：资源要素驱动阶段、投资驱动阶段、创新驱动阶段以及财富驱动阶段。

## 七、投资诱发要素组合理论

投资诱发要素包括直接诱发要素和间接诱发要素。直接诱发要素是指包括劳动力、资本、技术、管理及信息等在内的各类生产要素。直接诱发要素是对外直接投资产生的主要要素。间接诱发要素指除直接诱发要素之外的其他非要素因素，主要包括：(1) 投资国政府诱发和影响对外直接投资的因素（如投资国鼓励性投资法规和政策、政治稳定性和连贯性及投资国与东道国的协议和合作关系）。(2) 东道国诱发和影响对外直接投资的因素（如东道国的基础设施、通讯交通条件、水电和原料供应，市场规模、结构和水平及前景，劳动力供求和成本等投资硬环境状况；东道国的政治环境、引进外资优惠政策、市场融资条件及外汇管制、法律法规和文化教育等投资软环境状况）。(3) 世界性诱发要素和影响对外直接投资的因素（如经济国际化以及经济一体化、区域化、集团化的发展，科技革命的发展及影响，国际金融市场利率及汇率波动，战争、灾害及不可抗力的危害，国际协议及法规等）。间接诱发要素在当代的对外直接投资中起着越来越重要的作用。

## 八、其他对外直接投资理论

由美国经济学家 L. J. 威尔斯（L. J. Wells）提出的小规模技术理论，论述了发展中国家跨国企业的相对比较优势，即拥有为小市场需要提供服务的小规模生产技术、发展中国家在民族产品的海外生产上颇具优势和低价产品营销战略。

由英国经济学家 S. 拉奥（S. Lall）提出的技术地方化理论，提出发展中国家跨国企业"特有优势"的形成，是由四个条件促使和决定的：(1) 发展中国家知识技术的本地化是在不同于发达国家的环境下进行的，这与一国的要素禀赋、要素丰富程度、要素质量和要素价格相联系。(2) 发展中国家所生产的产品适合于他们国家自身的经济发展程度和市场需求水平。(3) 发展中国家企业的竞争优势来源于其生产过程与本地供求状况的紧密结合，以及创新活动中所产生的技术规模经济效应。(4) 发展中国家企业仍然能够开发出与名牌产品不同的消费品，特别是国内市场较大、消费者的品位和购买能力有很大差别时，来自发展中国家的产品仍有一定的竞争能力。

此外，还有规模经济理论、市场控制理论和国家利益优先取得论等。

中非产能合作中的
集群式投融资

Chapter 3

第三章　中非产能合作的背景、
　　　　基础和要求

中非产能合作是国际产能合作的重要组成部分。国际产能合作与产能有关，所谓产能就是生产能力，是指在计划期内企业参与生产的全部固定资产，在既定的组织技术条件下，所能生产的产品数量，或者能够处理的原材料数量。当从国内生产某种产品的生产能力中扣除满足国内需求的部分后所剩余的生产能力必须转向国际市场寻觅出路，这部分剩余的生产能力就是国际产能。国际产能不是贸易产品的输出，而是产业生产能力的输出。

而国际产能合作则是一个新名称、新概念，是中国政府正式提出的一项重大决策和倡议，2014年李克强总理访问哈萨克斯坦时提出后，国内广泛运用并开展了系统的研究。比较全面地理解，国际产能合作是跨越国家地理边界的生产能力合作，包含工业生产能力、技术、标准、管理等的跨国合作，是以促进经济提质增效升级为核心，以企业为主体，以互利共赢、开放包容为导向，以建立生产线、建设基础设施、开发资源能源为主要内容，通过直接投资、工程承包、技术合作、装备出口等多种形式，调整生产能力布局、实现经济结构升级、促进发展方式转变，帮助合作国构建产业生态系统、优化当地投资环境、提高产业发展水平、增强自我造血能力的对外经济活动。

## 第一节　中非产能合作的宏观背景

### 一、全球经济格局重新调整的机遇

目前全球经济格局进入新的调整期，全球产业链的重构、对外直接投资的转向、第四次国际产业的转移等都将为国际产能合作提供一个非常难得的机遇。

#### （一）全球产业链进入新的调整期

近10年过去了，世界经济仍处于美国次贷危机的深层次影响中，国际贸易增长乏力，外部需求不足难有根本改变。不管是发达国家还是发展中国家，都致力于产业结构的调整和改变，以提升传统产业的资本效率、技术含量和附加价值,并积极培育战略性新兴产业。新兴经济体受自身产业结构约束和外部需求不足的影响,增长会减弱分化,印度、东南亚将在工业化、城镇化方面实现较快增长;巴西在"资源诅咒"、政治民主化和社会福利化等因素的综合影响下,继续低效率的低增长;俄罗斯周边地缘政治格局恶化,高度依赖能源的经济发展将受较大冲击。美、日、欧等发达国家一方面希望通过制定新的国际经济规则体系来继续控制世界经济,另一方面又加快实施"再工业化"和"制造业回归"战略,凭借技术创新和金融垄断推动经济复苏。整个世界在以互联网、物联网、大数据和云计算等为内容的新一轮科技革命和产业变革中,改变了传统的生产方式、生活方式、思维方式和商业模式,大范围的战略调整和技术条件变化推进了全球产业转型升级和全球供应链重构,进而重塑国际分工格局,直接推动资源配置和资本流向发生重大变化。

### (二) 对外直接投资的重心转向发展中国家

IMF预计,按购买力平价计算,未来10年新兴市场和发展中国家包括非洲国家在全球GDP中的比重将升至64%以上。新兴经济体和发展中国家为争取在全球价值链中获得更多增加值,通过推进工业化和城镇化,承接产业转移和扩大基建投资,不断促进国际投资和国际贸易的发展,成为对外直接投资的重要驱动力。英国《金融时报》2015年5月18日发表的《新兴经济体对外投资飙升》一文指出,2014年,新兴经济体对外直接投资4840亿美元,较上年增长约30%,达到历史新高。其中亚洲新兴经济体占4400亿美元,远远超过北美和欧洲。发展中经济体对外直接投资占全球比重已经从2007年全球金融危机前的13%上升到2014年的35%。

### (三) 国际投资的领域不断扩大和速度稳步提高

全球投资领域众多,特别是基础设施改造和建设及服务业新增投资加快。OECD报告预计,2013~2030年期间,全球基础设施投资需求将高达55万亿美元,其中港口、机场及铁路运输设施建设需求为11万亿美元;多数发展中国家由于处于工业化和城市化快速推进阶段,对交通、电力、通信等基础设施需求更为庞大。近些年来,服务业的对外投资备受各国关注,服务业对外投资是国际投资中增长最快的领域,如中国目前吸引的服务业直接投资已占引进外资的约 70%。亚洲基础设施投资银行（Asian Infrastructure Investment Bank，简称亚投行，AITB）、丝路基金（Silk Road Fund）和金砖国家开发银行（New Development Bank，简称金砖银行）的建立，有助于把潜在需求转化为现实需求，给相关国家和全球的经济增长带来新的预期和动力。

（四）第四次国际产业转移正在进行

全球范围内的产业流动和产能转移是历史发展的基本现象和客观规律，它们基于资本、技术、市场、成本等核心要素会自发地动态迁移和生长。第二次世界大战后，全球主要经历四次历史性的国际产业大转移，目前在处于第四次国际产业转移当中。面对当前全球产业结构及国际分工出现的新调整，中国经济继续向形态更高级、分工更复杂、结构更合理的阶段演化，并出现了新常态下的"三期叠加"，也即"经济增长速度换挡期、结构调整阵痛期、前期刺激政策消化期"。现阶段，中国必须牢牢把握并善加利用这种重大历史机遇，充分地统筹国内国外两个市场、运用两种资源，通过在全球范围内的产业转移也即国际产能合作，来化解国内富余产能、助推产业结构升级、不断溯及产业价值链高端领域，并借此更好地参与国际市场规则及标准体系建设。

（五）非洲各国对中非产能合作的需求和期待

目前，中非产能合作与非洲工业化进程高度契合，中非合作正迎来新的机遇。非洲大陆经济发展现正处于上升期，而工业化和城市化只处于起步阶段。非洲有强烈的工业化诉求并付诸积极的行动，20 世纪 90 年代以来非洲大陆的绝大多数国家都制定了清晰的国家工业化发展道路，非盟组织对非洲地区工业化发展也有明显的推动作用。2015 年，非洲联盟发布的《非洲 2063 发展议程》明确提出，到 2063 年非洲制造业占其国内生产总值的比重要达到 50% 以上，吸纳新增就业 50% 以上。而中国拥有门类齐全、独立完整的产业体系，正在积极推进国际产能合作，中国优势产业和产能符合非洲工业化需要，而非洲中产阶级队伍逐步扩大，内需旺盛，产生了工业化发展的强大内部动力，具备承接中国产能的强烈意愿和需求。非洲希望中非产能合作能够对接《非洲 2063 发展议程》。目前非洲已经在全非洲、次区域以及国别三个层次制定了发展规划,并列出非洲未来发展的七个优先领域。中国优势产能转移能够对接非洲需求,帮助非洲发展培育本土配套工业,打造高端制造业;中非产能合作的出发点应该是农业产能化,中国能够在对非洲农业援助过程中注重种植、仓储、加工、市场推广相结合。非洲工程技术教育水平低,90%受教育人才为人文科学背景,工业化建设所需的自然科学、技术以及工程类人才极度短缺。深化教育合作、加强技术培训是产能合作的基础。

## 二、国内经济"换挡、提速、增效"的需要

### (一)新常态下经济"双高双向"开放

21世纪10年代初,我国经济发展进入了新常态,所谓经济新常态就是指GDP导向的旧经济形态与经济发展模式不同的新的经济形态及经济发展模式新常态、正常化。我国经济新常态的核心特征:一是增长速度的新常态,即从高速增长向中高速增长换挡;二是结构调整的新常态,即从结构失衡到优化再平衡;三是宏观政策的新常态,即保持政策定力,消化前期刺激政策,从总量宽松、粗放刺激转向总量稳定、结构优化。新常态是我国经济进入更高阶段的客观表现,表明我国经济发展方式正从规模速度型粗放增长转向质量效率型集约增长,经济结构正从增量扩能为主转向调整存量、做优增量并存的深度调整,经济发展动力正从传统增长点转向新的增长点。

我国现在的对外开放,已经进入了一个崭新的阶段,由过去传统的以依靠货物贸易为主的增长方式,转向为大力"走出去"特别是对外直接投资高速增长的阶段。经济新常态又对我国的对外开放提出了更高的要求,必须建立健全更高层次、更高质量的对内对外即"双高双向"开放型经济体系,高水平"引进来"和大规模"走出去"共同发展,运用国内国际两个市场、两种资源,将国际产能合作从顶层战略构想向务实合作深入推进。

### (二)"一带一路"战略提供的新机会

2013年九十月间,我国国家主席习近平在访问中亚四国与印度尼西亚时

分别提出的建设"新丝绸之路经济带"和"21世纪海上丝绸之路"（简称"一带一路"）重大倡议，得到国内和国际社会高度关注，受到亚欧非国家积极支持和参与。"一带一路"是中国构建开放型经济新体系和开创全方位开放新格局的必然要求，是实现中国梦的新的面向世界的伟大战略。为推进实施"一带一路"重大倡议，2015年3月28日国家发展和改革委员会、外交部、商务部联合制定并发布《推动共建丝绸之路经济带和21世纪海上丝绸之路的愿景与行动》（简称《愿景与行动》）。在《愿景与行动》中，虽然很多非洲国家没被直接包括进去，但也是"一带一路"延伸国家。其中几次提到亚欧非，也就明确将非洲作为"一带一路"战略的实施区域之一。现在中国在非洲所做的跟"一带一路"的方向完全一致。中国在非的活动和工作可以称为非洲版"一带一路"或小型"一带一路"。即使在"一带一路"提出之前，在中国对外关系特别是经济关系中，非洲的地位和重要性很高。"一带一路"战略的提出为中非产能合作提供了历史新机遇，中非产能合作是"一带一路"战略实现的重要路径之一。

### （三）优质优势过剩产能输出寻找用武之地

经过多年努力，我国的钢铁、有色、建材、铁路、电力、化工、汽车、通信、工程机械等行业积累了大量的优质产能，这些领域设备先进实用、技术成熟可靠。一大批企业不仅规模达到国际水平，而且技术、管理、国际化程度也走在世界前列，尤其是高铁、核电、通信、电力设备、工程建筑、移动终端等行业，已培育出了一批具有自主知识产权、自主品牌和较强国际竞争力的优势企业，优质产能形成的对外合作独特优势，成为推动国际产能合作的动力所在。顺应我国传统优势的深刻变化，发挥我国产能优势和资金优势，中国产能输出将从以前的"产品输出"转变为以后的"产（业）能输出"，从以消费品出口为主转向更加注重投资品出口，从单一产品出口为主转向包括设备、技术、标准、品牌等全产业输出，逐步打开铁路、公路、港口、航空、电力、电网、通信等公共服务投资空间，优质优势过剩产能在国外找到用武之地，继续释放我国改革开放的红利。

另外，日益严重的环境污染问题制约了我国经济的可持续发展，更为严格的环境标准强制执行，也将必然推动企业产业结构转型。随着老龄化、劳动力成本上涨，以及劳动者权益保护政策的实施，我国劳动力要素产生稀缺性变化，劳动力成本优势逐渐减弱。此外，我国传统产业投资相对饱和，产业供给能力大幅超过需求，据报道，目前我国产能利用率只有75%~85%，还有15%~25%的产能闲置过剩，大量优势产能亟须"走出去"，这些既是我国推进国际产能合作的既有坚实基础，也是拓展海外市场的内在需要。

（四）中非全面战略伙伴关系确立

中非已走过了半个世纪不断深入合作发展之路，现在正进入从新型战略伙伴关系上升为全面战略伙伴关系的新阶段。非洲成了当前中国对外投资最富活力的地区之一，中国对非洲的投资使中非经济联系日益紧密，中非经贸关系正式已进入以投资为引领的新阶段。正如胡锦涛同志所说，"扩大投资和融资领域合作，为非洲可持续发展提供助力"是推动中非新型战略伙伴关系的首要任务。

中非合作是国家长远战略的支点，非洲是中国走向世界的跳板。作为全球第二大经济体和全球经济增长的主要推动力量之一的中国，要从现在的利用外资和对外投资大国变成世界强国，必须要按照"一带一路"伟大战略构想，积极参与国际产业分工，与包括非洲在内的沿线国家开展投融资合作，构建中非全面投融资战略伙伴关系，才能真正成为对非洲投融资的积极推动者和直接受益者，加快实现我国产业结构调整和产能转移，向外拓展经济发展空间，同时，也给非洲各国带来更多实惠，促进中国与非洲的共同发展。

非洲长期受中国无偿援助和友好合作，对中国有深厚的感情和很强的需求，视中国为世界经济增长的重要推动力，承认中国经济增长需求对非洲经济增长的关键作用，看重中国的巨大市场和对非洲的投资势头，乐意与中国进行全面的投融资合作，欢迎中国参与非洲国家和地区的经济发展，对中国劳动密集型制造业向非洲转移持积极态度。

## 三、中非产能合作面临的挑战

（一）中非产能合作的国内挑战

中非产能合作是人类史无前例的、面向世界的巨大系统工程，其中既蕴藏着空前的发展机遇与潜力，也面临着空前的挑战与风险。首先是来自于国内的挑战，比如对非洲投融资的思想禁锢与思维定式、战略认识不够与战略制定能力不足、体制机制弊端与创新创业活力缺乏等；国家缺乏对非洲投融资的前期规划和指导，我国政府虽然对非洲投资的重视程度越来越高，采取了多种措施着力推动，但一直没有制定统一的、全局性、系统性的对非洲投资战略规划，更没有分地区、分国别和分行业的具体战略规划，导致了对非洲投资战略方向的不明确、投资项目的盲目、投资内容的同质重复浪费和投资发展方式的不可持续性，以及国内省份对非洲投融资的无序竞争与恶性竞争等。

### （二）中非产能合作的当地挑战

中国企业在非洲当地面临着异常复杂的投融资经营环境和多类风险。政治和法律方面，虽然近些年来非洲大陆的政治安全和法律建设环境有了较大程度的改善，但依然存在较多的诸如地区政局动荡、区域恐怖组织蔓延、中非经贸摩擦开始政治化、个别持否定态度的非洲国家政府或反对派的负面影响、政府官员腐败、有法不依、执法不严、损害市场公平等政治和法律风险。在经济方面，绝大多数非洲国家过分依赖资源产业，经济结构单一，经济体系不完善，基础设施严重落后，服务业基础薄弱，经济缺乏长期持续发展的条件和能力，不能满足在非洲投融资企业长期快速成长对经济环境的要求。随着国际社会对非洲投资来源国的增加和投资力度的加大，非洲国家开展国际经贸投资合作的选择范围和机会大大增加，非洲国家提高了引进外资与合作的门槛，增加了中国对非洲投融资企业的投资成本和投资难度。非洲当地的劳动力素质低下，培训成本高难度大。非洲国家劳动力普遍不适应于高强度的工作，但对薪酬要求高，部分国家的员工待遇要求远超中国企业可承受的范围。文化方面。中国与非洲国家之间除了政治经济体制、语言不同外，文化习俗和宗教信仰相差甚远，中国企业不能完全融入当地文化，文化差异导致中国对非洲投资存在诸多问题，如对当地文化和思想理解不深入导致的公司发展道路与经营策略偏差、经营发展策略不符合当地实际情况导致投资的失败、产品营销内容和手段与当地文化习俗和宗教信仰相冲突而导致民事甚至刑事案件等。

### (三) 中非产能合作的国际挑战

非洲所具有重要的战略区位优势、丰富的自然资源和广阔的发展前景，以及逐步改善的投资环境，都使非洲正成为世界各国争夺发展资源和谋求竞争优势的重要舞台。尤其是近些年来，中国与非洲经贸关系的日益密切，更加强了西方大国的危机感和紧迫感。中非经贸合作的逐步扩大和加强被视为对其在非洲既得利益的挑战，基于战略利益和安全考虑，西方大国不仅纷纷加大对非洲的关注力度，而且不约而同地实施了力图主导非洲地区事务的战略举措，调整了对非洲政策，加大对非洲的投入和拉拢力度。一些新兴发展中国家也纷纷加强对非洲的关注力度，并加快了对非洲的投资速度。相对于中国，一些西方国家曾为非洲国家的前殖民宗主国的余力未断，对非洲仍有很大的政治、经济、文化和社会影响力。新兴发展中国家也分别具有传统优势、语言优势、技术优势、区位优势等。可见，中国面临的对非洲投资竞争日益激烈，国际舆论环境也日趋严峻。在如此竞争大环境下，要提升扩展中非产能合作的阻力和难度极大。

总之，我国推动国际产能合作能实现优势产业全球布局和化解富余优势产能，有利于促进装备制造业的转型升级和技术水平提高，有利于第三产业的发展、促进经济结构进一步调整，有利于企业提升生产技术水平、发展高端产品、拓宽业务领域，有利于衔接不同国家的供求、推动全球不同层次产业链的有机融合、凝聚各国经济增长新动力，有利于深化中外双边关系、拓展多边关系、扩大我国在国际贸易投资规则重塑过程中的影响力和话语权，构筑产能合作利益共同体和命运共同体。

## 第二节　中非产能合作的现实基础

自从中国与非洲国家陆续建交以来，中非合作已走过了半个世纪不断深入的发展之路，尤其是近几年在"真、实、亲、诚"的对非洲工作理念指引下，对非洲投资的热潮不断高涨。据报道，2014年非洲吸引外资总额达1280亿美元，较2013年翻了一番，占全球比重的17.1%，仅次于亚太地区的

36.2%。这一数值比 2000 年的 5 亿美元，增长了 100 多倍。2015 年中非贸易额高达 2200 亿美元，与 2000 年的 105 亿美元，增长了几乎 22 倍，中国已经连续六年超过美国，成为非洲的第一大贸易伙伴国。2000 年，中国对非洲投资几乎为零，而 2015 年在非洲非金融类投资额已超过 300 多亿美元，是 2000 年的 60 多倍。与此同时，中非双方合作领域不断扩大，结构日益优化，制造业、金融、旅游、电信、航空、广电等领域正日益成为中非经贸合作新亮点。中国进出口银行已超过世界银行，成为撒哈拉沙漠以南的非洲国家最大的贷款提供者。中国对非洲的投资项目涉及非洲 50 个国家，逾 3000 家中国企业在非投资兴业，促进了非洲经济的多元化发展，奠定了中非产能合作的坚实基础。

## 一、中非产能合作已是国际产能合作框架的构成部分

早在 2006 年初，中国政府就发布了《中国对非洲政策文件》，宣示了中国对非洲政策的目标及措施，规划了今后一段时期双方在各领域的合作，推动了中非关系的长期稳定发展、互利合作不断上新台阶。尤其是从倡议国际产能合作以来，我国政府面向亚洲、非洲、拉美及发达地区先后提出了国际产能合作的四大合作框架，构建了合作新模式。

### （一）中国与亚太国家"互联互通"新体系

2013 年 9 月，国家主席习近平在访问哈萨克斯坦期间首次提出建设"丝绸之路经济带"的倡议，同年 10 月在访问印度尼西亚时提出建设"21 世纪海上丝绸之路"的构想。同月，习近平主席在印度尼西亚巴厘岛出席亚太经合组织领导人非正式会议时提出，要共同构建覆盖太平洋两岸的亚太互联互通格局，做好互联互通这篇大文章。中国在亚洲地区以"互联互通"为主体，以"一带一路"为两翼，以"亚太自贸区"为方向，初步构建起了立体多元的合作新体系。2015 年，中方牵头在境内相继成立了亚洲基础设施投资银行、金砖国家新开发银行、丝路基金等国际开发性金融机构。这标志着中国与亚太国家的产能合作已进入快车道。

## （二）中国与非洲国家"三网一化"新框架

2015年1月27日，中国与非盟在埃塞俄比亚首都签署谅解备忘录，开展双边"三网一化"合作。① 2015年12月4日，国家主席习近平在中非合作论坛约翰内斯堡峰会上提出中非关系提升为全面战略伙伴关系，实施中非全面合作"十大计划"，再次申明，中非双方要"以产能合作、三网一化为抓手，全面深化中非各领域合作"。当前非洲国家正处于经济发展腾飞初期阶段，尤其在工业化和基础设施等方面有着巨大需求，而中国的产能、技术和市场则为非洲的工业化提供了坚实后盾。

## （三）中国与拉丁美洲国家"3×3"新模式

2015年5月21日，国务院总理李克强访问巴西时表示，中方愿意"重点以国际产能合作为突破口，推动中拉经贸转型，打造中拉合作升级版"，并提出了中（国）拉（丁美洲）产能合作"3×3"新模式，也即：一是契合拉丁美洲国家的需求，共同建设物流、电力、信息三大通道，实现南美大陆互联互通；二是遵循市场经济规律，实现企业、社会、政府三者良性互动的合作方式；三是围绕中拉合作项目，拓展信贷、基金、保险三条融资渠道。这一合作模式充分考虑了中拉双边合作的互补性特征，能够有效克服拉美国家的"去工业化"困境，解决该地区因过于依赖大宗商品出口所形成的经济发展波动性和脆弱性。

## （四）中国与发达经济体的"1+1+1>3"新思维

2015年6月30日，李克强总理访问法国期间，中法两国政府发表了"关于第三方市场合作的联合声明"。中法两国将以企业为主导，联合在新兴发展中国家开展市场合作。在当前的世界双循环经济体系（即中国与发达国家之间形成了以产业分工、贸易、投资、资本间接流动为载体的循环体系；中国与亚非拉等广大发展中国家形成了以贸易、直接投资为载体的循环经济体系）中，中国处于发达国家和欠发达国家两个循环体系的中间环节，其枢

---

① "三网一化"是指合作建设非洲铁路、公路和区域航空"三大网络"以及帮助非洲实现工业化。

纽和联结作用难以替代。"第三方市场合作"的实质,就是中国与发达国家联手帮扶发展中国家,从而实现三方的互利共赢和共同发展,这就是"1+1+1>3"的国际合作新思维。

## 二、中国已同20多个国家签订了国际产能合作协议

据新华社2016年7月7日报道,中国已经同哈萨克斯坦、埃塞俄比亚、巴西等20多个国家签订了产能合作协议,在产能合作方面开展了规划、政策、项目和机制化等多层面的对接。同时,中国同法国、韩国、德国等国家已经达成第三方市场合作的共识。此外,中国还同非盟、东盟、欧盟、拉共体等区域组织进行对接,借助多种平台为国际产能合作创造条件。中阿、中非、中欧等多个双边基金也已经投入运营当中。一批大型的国际产能合作项目已经在海外启动建设,这些项目建成后将显著提高所在国的基础设施投资水平和工业生产能力,也有利于中国企业开放发展。

经过努力,国际产能合作取得了显著成效,截至目前,中方设立的各类多双边产能合作基金已超过1000亿美元(约7768亿港元),具体的领域:一是铁路"走出去"实现重大突破,印尼雅万高铁项目实现了中国高铁全系统、全要素、全产业链在海外落地;二是核电"走出去"迈出重大步伐,中法合作投资建设英国核电项目,推动我国装备和产能进入欧洲市场;三是钢铁、有色、建材等富余产能开始规模化"走出去";四是对外投资与工程建设带动了大批装备出口。

## 三、继中非发展基金之后中非产能合作基金启动运行

2015年12月4日国家主席习近平出席中非论坛约翰内斯堡峰会开幕式时宣布成立中非产能合作基金。习近平主席当时表示,为确保中非"十大合作计划"顺利实施,中方决定提供总额600亿美元的资金支持。这600亿美元的资金支持由发展援助、优惠贷款和商业性投融资资金三方面构成,具体而言,这600亿美元资金中,50亿美元的无偿援助和无息贷款属于发展援助,350亿美元的优惠性质贷款及出口信贷额度属于贷款额度,而中非发展

基金和非洲中小企业发展专项贷款各50亿美元的增资以及新设立的首批资金100亿美元的"中非产能合作基金"均为商业性投融资资金,这三部分商业性投融资资金总额200亿美元,占未来3年中国对非洲合作支持资金总额的1/3。

中非产能合作基金从宣布至成立不到35天。2016年1月7日,继中非发展基金之后,中国又一只专门针对非洲的投资基金——中非产能合作基金完成注册并启动运作,首批资金100亿美元。中非发展基金和中非产能合作基金两只规模分别为100亿美元,是国际上规模最大的对非洲投资的单只基金。中非产能合作基金全称为"中非产能合作基金有限责任公司",是由外汇储备和中国进出口银行共同出资,依照《中华人民共和国公司法》设立的中长期开发投资基金,它将在支持中非产能、投资和贸易等领域的合作,促进非洲工业化发展的过程中发挥更大的作用。

## 四、中非合作论坛推动了中非产能合作

为进一步加强中国与非洲国家在新形势下的友好合作与共赢发展,在2000年10月10~12日召开的北京2000年中非部长级会议上宣布中非合作论坛正式成立。论坛的宗旨是平等磋商、增进了解、扩大共识、加强友谊、促进合作。论坛成员有中国及与中国建交的50个非洲国家以及非盟。论坛第一届部长级会议上通过的《中非经济和社会发展合作纲领》规定,中非双方同意建立后续机制,定期评估后续行动的落实情况。2001年7月,卢萨卡举行的中非合作论坛部长级磋商会讨论通过了《中非合作论坛后续机制程序》。2002年4月,后续机制程序正式生效。论坛对话磋商机制建立在三个级别上:部长级会议每三年举行一届;高官级后续会议及为部长级会议作准备的高官预备会分别在部长级会议前一年及前数日各举行一次;非洲驻华使节与中方后续行动委员会秘书处每年至少举行两次会议。论坛除建立中非外长定期政治磋商机制外,随着中非合作不断拓展和深化,在论坛框架下先后召开了中非农业、科技、法律、金融、文化、智库、青年、民间、妇女、媒体、地方政府等分论坛,有些还实现了机制化,进一步丰富了中非合作论坛的内涵。

2015年12月,中非合作论坛约翰内斯堡峰会取得了重要成果,开启了中非合作共赢、共同发展的新时代。中非领导人共商合作大计,共同绘就了

中非合作发展新蓝图。中方高度重视中非关系发展，将继续秉持"真、实、亲、诚"的对非洲政策理念和正确义利观，全面推进落实中非"十大合作计划"，推动中非发展全面战略合作伙伴关系不断迈上新台阶。

在中非合作论坛的推动下，中非之间在贸易、投资和援助等合作领域取得了举世瞩目的成就，构筑了中非友好合作关系的坚实基础。论坛通过构建制度化的沟通渠道，扩大了信息交流量，降低了彼此合作的交易成本，使中国对非洲国家的需求有了深入了解，为中非关系的持续健康发展创造了良好条件。

## 第三节 中非产能合作的目标要求

党中央、国务院高度重视国际产能合作和中非全面战略伙伴关系，国际产能合作和中非全面合作是党中央、国务院从统筹国际国内两个大局的战略高度和推动中国经济持续健康发展的长远角度作出的重大决策，是主动引领经济新常态，落实去产能、去库存、补短板的重要举措，也是推动企业发展壮大、打造"百年强企"的重要途径，更是建立国际经济新秩序、实现全球合作共赢发展的中国力量。

### 一、国际产能合作有关文件中提出的目标要求

关于国际产能合作，中国政府已出台四个重要文件予以推动。一是2015年5月国务院发布的《关于推进国际产能和装备制造业的实施意见》（国发〔2015〕30号）（以下简称《意见》），该《意见》全面部署了主要任务和政策措施；二是2016年3月全国人大推动的"十三五"规划中关于国际产能合作的专门论述；三是2016年3月李克强总理作的《政府工作报告》里有关国际产能合作的重要论述；四是2015年国家发展和改革委员会同有关部门印发了《国际产能和装备制造合作重点国别规划》，为开展国际产能合作描绘了"路线图"。

《意见》包括7个部分41条。第一部分、第二部分是重要意义和总体要

求。提出了"企业主导、政府推动，突出重点、有序推进，注重实效、互利共赢，积极稳妥、防控风险"的4条基本原则，明确了到2020年推进国际产能和装备制造合作的主要目标。第三部分是主要任务。明确了"两个重点"：一个重点是将与我国装备和产能契合度高、合作愿望强烈、合作条件和基础好的发展中国家作为推进国际产能和装备制造合作的重点国别，并积极开拓发达国家市场，以点带面，逐步扩张。另一个重点是将钢铁、有色、建材、铁路、电力、化工、轻纺、汽车、通信、工程机械、航空航天、船舶和海洋工程等12个行业作为推进国际产能和装备制造合作的重点领域，分类实施，有序推进。第四部分是明确企业的主体地位。强调要坚持以市场为导向，按照商业原则和国际惯例，充分发挥企业市场主体作用，从拓展对外合作方式、创新商业运作模式、提高境外经营能力和水平、规范企业境外经营行为等四个方面提出了一系列政策措施。第五部分是加强政府的统筹协调。明确要发挥政府的引导和推动作用，制定国际产能合作规划，完善对外合作机制，改革对外合作管理体制，做好外交服务工作，建立综合信息服务平台，为企业"走出去"提供更好的优质服务。第六部分、第七部分对政策支持、服务保障等作出了较为全面详细的规定。在完善财税、金融、保险等支持政策方面提出了一系列措施，在加快中国标准国际化推广、强化行业协会和中介机构作用、加快人才队伍建设等方面明确了一系列服务保障措施，并就加强风险防范和安全保障做出了具体部署。《意见》突出体现了战略性、综合性、系统性和可操作性，是当前和今后一个时期推进国际产能和装备制造合作的指导性文件。

2016年7月5日发改委新闻发布会透露，国家发展和改革委员会正在编制《"十三五"国际产能合作规划》，预计年内出台。该规划和此前发布的《关于推进国际产能和装备制造业的实施意见》等文件，将成为我国深化国际产能合作的重要指南。这是一个国家级的规划，将提出"十三五"期间我国推进国际产能合作的主要目标、重点领域，以及相关的支持政策措施等。这些文件会同中国国家领导人关于国际产能合作所作的论述，将成为各级政府部门为企业服务的依据，也将成为中国企业"走出去"开展国际产能合作的服务指南。

## 二、中非"十大合作计划"中明确的目标要求

2015年12月初，在中非合作论坛南非约翰内斯堡峰会暨第六届部长级会议上，我国国家主席习近平代表中国政府宣布将中非新型战略伙伴关系提升为全面战略合作伙伴关系，并与非洲在工业化、农业现代化、基础设施、金融、绿色发展、贸易和投资便利化、减贫惠民、公共卫生、人文、和平和安全等领域共同实施"十大合作计划"，规划了中非务实合作的宏伟蓝图，开启了中非关系新的历史篇章。其中，在经贸领域，中非双方将共同实施中非工业化合作计划、中非农业现代化合作计划、中非基础设施合作计划、中非绿色发展合作计划、中非贸易和投资便利化合作计划、中非减贫惠民合作计划和中非公共卫生合作计划等。

在中非工业化合作计划中，中方将积极推进中非产业对接和产能合作，鼓励支持中国企业赴非洲投资兴业，合作新建或升级一批工业园区，向非洲国家派遣政府高级专家顾问。设立一批区域职业教育中心和若干能力建设学院，为非洲培训20万名职业技术人才，提供4万个来华培训名额。工业化合作是中非经贸合作未来发展的重点领域，是中非经贸合作示范性和前瞻性的体现。中方将结合非方《非洲2063年发展议程》和各国工业化和经济多元化发展规划，进一步鼓励和支持中国企业扩大对非洲投资，推进中非产业对接和产能合作，从工业发展上下游核心环节入手，营造"软环境"、提供"硬保障"，推动中非工业化合作链条化发展。中方将在中非工业化合作计划项下，重点在合作平台建设、规划布局支持、管理与技术人才培养和基础职业技能培训等几个方面与非洲开展合作。

在中非农业现代化合作计划中，中方将同非洲分享农业发展经验，转让农业适用技术，鼓励中国企业在非洲开展大规模种植、畜牧养殖、粮食仓储和加工，增加当地就业和农民收入。中方将在非洲100个乡村实施"农业富民工程"，派遣30批农业专家组赴非洲，建立中非农业科研机构"10+10"合作机制。中方高度关注非洲多个国家受厄尔尼诺现象影响致粮食歉收，将向受灾国家提供10亿元人民币紧急粮食援助。发展现代农业、提升农业发展水平和发展能力是非洲实现粮食安全、保障经济发展的重要途径。中方将在

中非农业现代化合作计划项下，重点在实施农业富民工程、提升农业发展能力、开展农业科研合作和提供紧急粮食援助等几个方面与非洲开展合作。

在中非基础设施合作计划中，中方将同非洲在基础设施规划、设计、建设、运营、维护等方面加强互利合作，支持中国企业积极参与非洲铁路、公路、区域航空、港口、电力、电信等基础设施建设，提升非洲可持续发展能力。支持非洲国家建设5所交通大学。基础设施合作是中非双方传统合作领域，也是中非经贸合作提升水平、转型发展的重要领域。基础设施相对滞后是制约非洲一体化和自主可持续发展的主要"瓶颈"之一，《非洲基础设施发展规划》确定能源、交通、信息通讯和跨境水资源四大领域，包括"四纵六横"铁路网和"三纵六横"公路网。中方将在中非基础设施合作计划项下，重点在铁路、公路、港口、区域航空、电力、信息通讯、人才和研发等几个方面与非洲开展合作。

在中非贸易和投资便利化合作计划中，中方将实施50个促进贸易援助项目，支持非洲改善内外贸易和投资软硬件条件，愿同非洲国家和区域组织商谈包括货物贸易、服务贸易和投资合作等全面自由贸易协定，扩大非洲输华产品规模。支持非洲国家提高海关、质检、税务等执法能力，开展标准化和认证认可、电子商务等领域合作。中国作为非洲第一大贸易伙伴国和重要投资来源国之一，一直努力与非洲共同打造贸易和投资合作的新增长点。中方将结合非方发展目标和实际需求，继续支持非洲扩大域内外贸易投资规模、改善贸易投资结构、扩大非资源类产品出口，提高贸易和投资便利化水平，与非洲共同建设更加便捷和自由的贸易投资环境，推动非洲经济一体化进程不断向前发展。

中非产能合作中的
集群式投融资

Chapter 4

# 第四章　中非产能合作的层次和布局

国际产能合作是推进"一带一路"的抓手,但国际产能合作又不仅仅局限于"一带一路"的"64+1"个国家,其辐射范围更广,包括了拉美地区。"一带一路"战略的八大重点领域都可以通过国际产能合作的方式加以推进。国际产能合作是一项史无前例的巨大系统性工程,其战略目标的实现绝非一己之力、一夕之功能够完成的,必须动员全国上下各种力量与合作方一起持续通力配合,才能完成这一壮举。中非产能合作的实施也不可能与非洲54个国家齐头并进搞合作,只能先有重点的布局和突破,然后再循序渐进开展。

## 第一节 中非产能合作的层次

从微观到宏观,国际产能合作的主体层次大致可分为企业、行业(或产业或集群或地方政府层面)、社会组织、国家和超国家五个层面。

### 一、企业层面的中非产能合作

企业在国际产能合作中具有多重身份,它们既是市场主体,又是市场执行者,也是国家推行国际产能合作政策的出发点和归宿,同时,也是现代产业体系的重要组成部分。这些企业主体包括国有及非国有的大型企业,也包括以民营企业为主的中小型企业。它们都是从自身情况出发,按照国内外市场发展的需求进行自主决策。中国的大型企业在"走出去"过程中一直处于优势地位,它们凭借雄厚的行业积累,在国内外可以更便捷地获得政策、金融、人才及其他各种资源的支持。大型企业尤其是中央企业要从大局观出发,抓住这次做强、做优、做大的重要机遇,进一步发挥"主力军"和"领头羊"作用,为经济开放发展作出更大贡献。中央企业应围绕国家战略聚焦发力,按照国家推进国际产能合作的总体部署,利用国家出台的各项政策,确定实施方案,明确工作重点,建立国际产能合作重大项目库;应面向海外市场创新投资方式;应面向国际竞争环境联合起来"走出去";应加强政企协同,积极对接,坚持企业主体,市场运作,加强政府对企业的服务,把《省(市)、企业与重点国别对接组合工作安排》落到实处;应主动适应当地环境，提高企业境外经营能力；应加强监测预测，应急处置，与国家有关部门和驻外使领馆等协调配合，有效管控风险，及时应对重大问题。

中小企业更多地代表了中国经济的未来发展方向，是最具有创新活力和发展潜力的一个群体，也给新一代创业者寄予了最多的个人梦想。尤其是中小型企业中的民营企业在国际产能合作过程中具有一定优势、扮演着重要角色，它们通常以灵活、分散的形式"走出去"，更易于被国际产能合作东道国所接受。国际产能合作对于提升中小型民营企业的自身竞争能力具有重要意义。不过，这些企业在面对海外具有极大差异的陌生市场时，在信息、资金、人才、风险等方面都会遇到重大阻碍。因此，中小企业需要通过更为灵活多样的方式进行协同合作，如通过集约方式落地于境外工业园区或经济特区将是一个理想的路径。可以预见，在中国企业千帆竞发的"走出去"时代大潮下，在国际产能合作东风的推动下，会有一批具有创造力、领导力和国际视野的明星企业脱颖而出。

## 二、中观层面的中非产能合作

这里讲的中观层面包括行业、产业、集群或地方等几个方面。

从行业和产业层面来讲，国际产能合作是针对某个特定的领域、不同国家根据分工协助及技术的复杂程度不同而进行的合作过程。这一过程主要包括产品内、产业内及产业间的分工合作。如国务院关于国际产能和装备制造业合作的指导意见，重点鼓励"走出去"的钢铁、有色、建材、铁路、电力、化工、轻纺、汽车、通信、工程机械、航空航天、船舶和海洋工程12类行业领域，代表了中国政府最关注、最具市场竞争力的产业领域。不过，上述行业并非中国产能"走出去"的全部领域，而且行业的权重高低也绝非一成不变，中非合作"十大计划"包括了几十个行业领域。

从地方层面看，近两年来，我国各级地方政府都积极响应和贯彻执行党中央、国务院关于"一带一路"、国际产能合作、中非产能合作的总部署，开始精心布局国际产能合作和中非产能合作，取得了良好的成效。

从集群层面审视，中小企业要"抱团出海"，通过在境外建立产业集聚区、工业园区等方式开展集群式国际产能合作。截至2014年底，中国在全球

50个国家建立了118个经贸合作区,其中35个处在"丝绸之路经济带"沿线国家,42个处在21世纪"海上丝绸之路"沿线国家。这些境外经贸合作区已经成为中国企业对外投资合作和产业集聚的很好平台,发挥了重大作用。尤其是加工制造型境外经贸合作区作为国际产能合作的主要载体,目前已经入区的中国民营企业达2790多个,累计产生480多亿美元的产值,有力推动了国际产能合作。另外,境内个别中小企业集群也开始"走出去"在海外复制建设当地的集群,例如,2016年3月11日,义乌中国小商品城在波兰华沙建立了首个海外分市场——波兰华沙分市场,这标志着义乌市场"走出去"战略取得实质性进展,它将充分发挥资源整合优势,在市场宣传推广、商人商品对接、信息服务、贸易平台、设立海外仓、市场开发建设等方面开展友好合作,逐步打通物流、结算、通关等贸易链关键节点,构筑义乌小商品辐射中东欧市场的便捷通道,实现两地市场共同发展。

目前,中国企业在非洲投资兴建的经贸园区已经超过20个,吸引入园的企业共计360余家,涉及的投资领域非常广泛,涵盖能源、矿产、轻工、建材、纺织、服装、机械制造、家用电器等多个领域,累计投资额近47亿美元(约合人民币305亿元),总产值近130亿美元(约合人民币844亿元),累计缴纳的税费达到5.6亿美元(约合人民币36亿元),帮助当地解决就业2.6万人,在当地初步产生了产业聚集效应。

### 三、社会层面的中非产能合作

目前,国内相关行业的商会、协会、促进会、国际交流中心、咨询单位、中介机构及法律财会类专业机构等都提高了为国际产能合作和中非产能合作服务的意识和积极性,但它们的海外市场辐射能力相当有限,为"走出去"中资企业提供的服务支撑不足,这突出体现为中国企业在海外市场的单打独斗、恶性竞争以及诸多行事鲁莽的海外投资失败案例。未来,这些行业组织及社会社团需要通过搭建各种"共同体"来有效整合、共享各种专业服务资源。

另外,各高校、科研院所、民间组织、政协各界别也都在积极为国际产能合作和中非产能合作建言献策。

## 四、国家层面的中非产能合作

国家间的合作依靠国家的实力和对方的需求,鲜明体现为技术创新能力、工业生产能力、经济管理能力和各种生产性要素的有效配置能力,以及这些能力是否与对方匹配、对方是否需要和有能力需要。中国工业产能数十年来持续快速提升,形成了较多的优质优势富余产能,它比以往更加迫切地需要加入国际经济体系来开展跨境、跨区域的国际分工合作,并实现本土产业能力升级和再平衡。而非洲国家正处在工业化过程的起步阶段,产能严重落后和不足,有强烈的产能输入和合作的愿望和需求,中非产能合作恰逢其时,大有前途。目前,中方在全球范围内(其中也包括非洲)开展的各种双边、多边经济合作新机制及新平台的构建,均与产能合作有直接关联。国际产能合作不仅考验中国政府的运筹能力,而且也在考验那些产业对接国家能否把握住与中国开展合作的重大机遇。

中国的国际产能合作事实上已经超越了传统的国际单一合作模式,生产经验、贸易投资等在不同领域的国际分工协作已超越了传统的跨国的边界。跨国国际产能合作领域除了前面提到的之外,还应包括装备设备、制度标准、科技工艺、管理服务等领域。从某种程度上来看,这种跨国产能合作不仅可提升某个领域在国际事务中的话语权,而且政府可以针对中国在海外投资、竞争等行为制定相适应的法律法规来规范海外企业的行为。虽然中国所倡议的国际产能合作和中非产能合作,完全是以"市场交易"作为准则,但是实际上在国际产能合作和中非产能合作的过程中还体现着中国传统的价值观,比如,"命运共同体""利益共同体""责任共同体""开放包容""互利共赢""合作双赢"及"和谐共享"等中国特色。因此,在实施国际产能合作和中非产能合作过程中,尽管世界各国包括非洲国家都是根据自己的国情对不同的受益行业在资源配置及政策制度上有所不同,但国际产能合作的目的不是求同存异,而是求益存异,从长远的发展眼光来看,国际产能合作对所有参与合作方均有好处,不仅能使参与的发展中国家受益,而且对愿意参与的发达国家也同样得益。构建国际产能的合作机制,不仅能解决我们中国自身的产能过剩、供给侧改革、产品结构、市场结构和产业结构等问题,而且也能帮助国际产能合作国尤其是非洲等发展中国家提高其装备制造能力和构建完备的工业体系。可见，我国推进国际产能合作的核心是通过国际产能合作将以前的以产品贸易输出为主的对外开放，推向今后的以产能输出为主的高水平开放经济，形成一种中国主导的新的国际经济大循环体系，为世界经济早日走出低谷和走上快速健康发展道路奠定基础。

### 五、超国家层面的中非产能合作

超国家层面的产能合作主要包括国家与区域、国家与国际组织、区域与区域、区域与国际组织等之间进行的国际经济和产能合作。在这些合作中，以前二者的合作较多，它们通过一定的方式开展经济合作与协调活动，具体包括：（1）各国政府通过本国与其他国家、区域和国际组织签订多边协定协议来保护本国自然人或法人在国外产能合作的合法权益；（2）遵照国际惯例，通过本国的涉外经济立法来明确外国自然人或法人在本国产能合作中应享有的权益和应尽的责任、义务；（3）通过国家经济发展战略和规划协调本国对外产能合作的各种关系，使对外产能合作的开展符合本国经济发展的长远目标和宏观利益；（4）不同国家与有关国际经济组织之间的经济和产能协作协调活动。中非产能合作涉及中国与54个非洲国家的长远发展和利益，难免会出现这样那样的困难、矛盾和问题，这些困难、矛盾和问题往往不是一个国家所能解决的，往往需要多方的合作和协调来解决。

## 第二节　中非产能合作的布局

### 一、中非产能合作的区域和国别分布

#### （一）国际产能合作的"一轴两翼"格局

国家发展和改革委员会于2016年2月14日对2015年中国国际产能合作

的进展情况进行了盘点，2015年中国国际产能合作"一轴两翼"布局加快形成。"一轴两翼"是指以中国周边重点国家为"主轴"，以非洲、中东和中东欧重点国家为"西翼"，以拉美重点国家为"东翼"，"一轴两翼"延伸了"一带一路"，拓宽了中国的发展空间，促进各国互利共赢。

2015年，中国与周边国家的产能合作率先推开。中哈产能合作对接第七轮早期项目清单涉及52个项目共241亿美元，为中国与其他国家的产能合作树立了一个可复制推广的双边跨国产能合作的典范。此后，中国与巴基斯坦、俄罗斯、印度尼西亚、泰国、马来西亚、老挝、缅甸等国家加快了推进产能合作的步伐。

中非产能合作呈现出不断提速加力的态势。中方首先与埃塞俄比亚进行产能合作，将埃打造成为了中非产能合作的标志性和示范性承接地。同时，结合非洲的工业化进程计划，选择了南非、坦桑尼亚、肯尼亚、埃及等为中非产能合作的重点国家。一方面，与这些国家共建当地的以铁路、公路、航空"三大网络"为主的基础设施；另一方面，继续支持各类境外在非经贸合作区等产业集聚区的建设，推动中国的装备和产能集群式走入非洲，与这些国家共享规模化、高效的国际产能合作成果。

中欧国际产能合作出现了创新的发展。2015年，中欧国际产能合作走出了不同的模式，构建了将中国国内优势产能、欧洲发达国家关键技术、第三国发展需求相结合的"三方市场合作"新模式，实现了中国、欧洲与第三国的三方共赢，创新了国际产能合作的形式，提升了国际产能合作的水平和层次，推动了中国先进装备和优势产能进入欧洲市场。

中拉国际产能合作也快速开展。按照中拉国际产能合作的"3×3"新模式，中拉国际产能合作的重点拉美国家是巴西、秘鲁等国家，中拉国际产能合作的中方重大抓手项目是物流、电力、信息等领域，重要举措是充分发挥政企、社会等各方的积极性，通过大力开拓通畅的信贷、基金、保险等融资渠道，聚集中拉国际产能合作所需的资金资本，推动中拉国际产能合作迈上新台阶。[1]

---

[1] 资料来源：中国新闻网，http：//www.chinanews.com/ny/2016/02-14/7756185.shtml。

## (二) 中非产能合作的重点国家布局

从区位条件、资源禀赋、投资环境、政局及外交关系等方面考虑，中国应首先重点选择与坦桑尼亚、肯尼亚、埃塞俄比亚（非洲东部这三个国家简称"东三"）、利比里亚、几内亚、塞拉利昂（非洲西部这三个国家简称"西三"）、南非、莫桑比克、安哥拉（非洲南部这三个国家简称"南三"）、埃及、阿尔及利亚、苏丹（非洲北部这三个国家简称"北三"）这12国进行全面产能合作，确立中非产能合作的"四三"布局，即四个区域，每个区域三个国家："东三""西三""南三"和"北三"。因此，有必要对这12个非洲国家的基本经济情况做些介绍。

1. "东三"的基本情况。

坦桑尼亚是非洲东部沿海、赤道以南国家，国土面积94.5万平方公里，2012年人口达4490万人。坦桑尼亚是联合国宣布的世界最不发达国家之一。2014年国内生产总值376亿美元，国内生产总值增长率7.1%，人均国内生产总值740美元。经济结构以农业为主，平年粮食基本自给；工业生产技术低下，日常消费品需进口。矿产资源丰富，已探明的主要矿产有钻石、金矿、煤、铁、磷酸盐、天然气等，除金矿外，其他矿藏尚待充分开发。坦桑尼亚的森林面积占国土的46%，出产紫檀、桃花心木、乌木、栲树等木材。坦桑尼亚水力资源比较丰富，潜力发电量超过4.78亿千瓦。坦桑尼亚大陆制造业以农产品加工和进口替代型轻工业为主，包括纺织、食品加工、皮革、制鞋、铝材加工、轧钢、造纸、化肥、水泥、炼油、轮胎、汽配和农具制造等。坦桑尼亚工业以农产品加工为主，主要有椰子、丁香油、碾米、糖、石灰、自来水、发电和印刷等加工企业。农业是经济支柱，以种植业、林业、渔业、牧业为主，主要农作物有玉米、小麦、稻米、高粱、小米、木薯等。主要经济作物有咖啡、棉花、剑麻、腰果、丁香、茶叶、烟叶、除虫菊等。服务业占国内生产总值的49.9%。旅游资源丰富，1/3国土为国家公园、动物和森林保护区。交通运输以公路运输为主。对外贸易中出口以初级农产品为主，其中棉花、剑麻、腰果、咖啡、烟草、茶叶、丁香出口占外汇收入的80%。工矿业出口产品主要有钻石、黄金、纺织品、服装、皮革制品、鞋、树胶、铝制品等。进口以工业生产资料和工业品为主，主要有仪器、饮料、机械设备、金属制品、交通运输工具、石油等。主要贸易伙伴有中国、印度、德国、英国、日本、沙特阿拉伯、荷兰、意大利、新加坡、肯尼亚等。外商投资主要集中在矿业、旅游业、农业、制造业和通讯业等领域。坦桑尼亚政府鼓励外商更多投资于农业、教育、医疗，以及公路、铁路、机场和旅馆建设等项目。目前，英国、中国、印度、肯尼亚、南非等国是坦桑尼亚的主要外资来源地。中国是坦桑尼亚第二大外资来源国，仅次于英国。2011年国家发展五年计划确定了农业、基础设施、工业、旅游、人力资源、信息通讯六大优先发展领域。目前，坦桑尼亚改革成效日益显现，经济增长率连续多年超过6.5%，在非洲名列前茅，矿业和旅游业发展强劲，投资环境不断改善，外国直接投资持续增长。但经济结构单一、基础设施落后、发展资金和人力资源匮乏等长期阻碍经济发展的问题仍然存在。

坦桑尼亚是第一批加入中国国际产能合作进程的非洲国家。2015年4月底，中国国家发展与改革委员会与坦桑尼亚总理府草签了关于产能合作框架协议。自此次草签产能合作框架协议后，两国相关部门就推进产能合作进行了多次对接，达成大量共识，进一步提升了协调机制，确定了一批重点合作项目。目前，坦赞铁路的修复改造、K3天然气电站、达累斯萨拉姆-阿鲁沙输变电线等重大合作项目都已取得积极进展。民营中资企业投资的榨油厂、陶瓷厂、水泥厂、轧钢厂、木薯加工厂等项目也在顺利实施。中坦产能合作前景广阔，将力争成为中非产能合作的典范。

肯尼亚位于非洲东部沿海，赤道横贯中部，东非大裂谷纵贯南北，国土面积58.2平方公里，2014年人口达4550万人。肯尼亚是撒哈拉以南非洲经济基础较好的国家之一。2014年国内生产总值609亿美元，经济增长率5.3%，人均国内生产总值1357美元。实行以私营经济为主、多种经济形式并存的"混合经济"体制，私营经济占整体经济的70%。农业、服务业和工业是国民经济三大支柱，茶叶、咖啡和花卉是农业三大创汇项目。矿藏主要有盐、纯碱、萤石、重晶石、石灰石、金、银、铜、铝、锌、铌和钍等，除萤石和纯碱外，大多数的矿藏还未开发。森林面积8.7万平方公里，占国土面积的15%。林木储量9.5亿吨。肯尼亚工业独立以后发展较快，门类比较齐全，是东非地区工业最发达的国家，日用品基本自给。工业以制造业为主，制造业以食品加工业为主，主要集中在内罗毕、蒙巴萨和基苏木三市。远景规划目标是到 2030 年将肯建成新兴工业化国家。农业是国民经济的支柱，产值约占国内生产总值的 24%，其出口占肯总出口一半以上。主要粮食作物为玉米、小麦和水稻。是目前非洲最大的鲜花出口国，除虫菊酯产量占世界总产量的 80%。渔业资源丰富，大多产自境内的淡水湖泊。旅游业较发达，是支柱产业，为主要创汇行业之一，直接创造就业 25 万人，间接就业 55 万人。主要旅游点有内罗毕、察沃、安博塞利、纳库鲁、马赛马拉等地的国家公园、湖泊风景区及东非大裂谷、肯尼亚山和蒙巴萨海滨等。交通运输以公路运输为主。对外贸易在国家经济中占有重要地位，但长期处于逆差。主要出口商品为茶叶、花卉、咖啡、水泥、剑麻、除虫菊酯、纯碱、皮革、肉类和石油加工产品等。主要进口商品是机械、钢铁、车辆、化肥、药品等。肯政府一向重视吸收利用外国资本，主要领域为制造业、农业、能源、建筑、通讯和采矿业。2014 年，肯尼亚吸收外国直接投资 12 亿美元，投资活跃度在撒哈拉以南非洲国家中位列第三。

埃塞俄比亚是非洲东北部内陆国家，国土面积 110.36 万平方公里，2014 年人口达 9650 万人。东与吉布提、索马里毗邻，西同苏丹、南苏丹交界，南与肯尼亚接壤，北接厄立特里亚。高原占全国面积的 2/3，平均海拔近 3000 米，素有"非洲屋脊"之称。埃塞俄比亚是世界最不发达国家之一。2014 年国内生产总值 529 亿美元，经济增长率 9.9%，人均国内生产总值 548 美元。经济结构以农牧业为主，工业基础薄弱。已探明的资源矿藏有黄金、铂、镍、铜、铁、煤、钽、硅、钾盐、磷酸盐、大理石、石灰石、石油和天然气。水资源丰富，号称"东非水塔"，但利用率不足 5%。森林覆盖率为 9%。工业门类不齐全，结构不合理，零部件、原材料依靠进口，2014 年产值占国内生产总值的 14%。制造业以食品、饮料、纺织、皮革加工为主，集中于首都等二、三个城市。皮革是第二大出口产品，每年出口收入约 5100 万美元。近年来，埃塞俄比亚加快推进工业化，积极建设工业园区。农业是国民经济和出口创汇的支柱，占 GDP 约 40%。农牧民占总人口 85% 以上，主要从事种植和畜牧业，以及少量渔业和林业。种植业以小耕为主，种植面积广而产量低，完全靠天吃饭，常年粮食短缺。小麦、苔麸等谷类作物占全部粮食产量的 84.15%。经济作物有咖啡、恰特草、鲜花、油料等，其中咖啡年均产量 33 万吨左右，居非洲前列，出口创汇占埃塞俄比亚出口创汇的 24% 左右。适牧土地占埃国土的一半还多，畜牧业以家庭放牧为主，抗灾力低，产值约占国内生产总值的20%，吸收约30%的农业人口。牲畜存栏总数居非洲之首、世界第十。交通运输相对落后，亚的斯—吉布提铁路是全国唯一的铁路，全长850公里（其中在埃塞俄比亚境内681公里），因设备老化、管理不善、运力不足，目前亏损严重。公路运输占全国总运量的90%。目前，埃塞俄比亚政府正实施公路部门发展计划，对公路系统扩建改造。截至2012年，全国公路总长6.3万公里。水运以厄立特里亚的阿萨布、马萨瓦港为主要港口。埃厄发生边界冲突后，进出货物主要通过吉布提港，使用该港90%的吞吐能力。共有40多个机场，其中亚的斯亚贝巴、迪雷达瓦和巴赫达尔为国际机场。埃塞俄比亚航空公司2013年营业收入23亿美元，成为非洲最大的航空公司之一，全球排名第37位。首都亚的斯亚贝巴宝利国际机场系非洲年度最佳机场，向15家航空公司提供地勤服务。目前，埃塞俄比亚进口平均税率为50%。近年贸易逆差较大。出口商品主要有咖啡、油籽、恰特草、皮革和黄金，进口机械、汽车、石油产品、化肥、化学品等。主要贸易伙伴是中国、德国、日本、意大利、美国、印度、沙特阿拉伯等。埃塞俄比亚政府近年采取放宽投资领域、降低投资最低限额等措施、简化投资审批程序、免税等措施加大吸引投资力度，外国直接投资增长较快。目前，外商投资主要分布在房地产、制造业、酒店和旅游业、建筑业、教育和服务业等领域，主要投资来自中国、美国、印度和沙特阿拉伯。

2. "西三"的基本情况。

利比里亚位于非洲西部沿海，国土面积11.13万平方公里，2014年人口达440万人。经济最不发达国家之一，2014年国内生产总值20亿美元，增长率0.5%，人均国内生产总值454美元。农业国但粮食不能自给，工业不发达，矿产资源丰富。天然橡胶、木材等生产和出口为其国民经济的主要支柱。已探明的矿产资源主要有铁矿砂、钻石、黄金、铝矾土、铜、铅、锰、锌、铜、钽、重晶石、蓝晶石等矿藏。森林覆盖率约59%，占西非地区几内亚森林带总面积的42%。出产红木等名贵木材。全国10%的人口从事矿业和制造业，矿产能源领域收入占政府收入的30%。主要农作物是水稻和木薯，经济作物是橡胶、可可、咖啡和油棕榈等。牧业不发达，禽蛋主要靠进口。是全球第二大船籍国，2011年底利比亚籍船只注册数量达3900艘，总吨位达1.2亿吨。3条铁路和总长11000公里的公路，内战期间也受损较严重，现已开始修复工作。主要出口铁矿、天然橡胶、黄金和原木等，进口机械运输设备、石油产品、食品和制成品等。2014年主要出口国有中国、希腊、美国、德国等，主要进口国有新加坡、韩国、中国、日本等。近年来利比里亚的外国投资增加迅速，2013年和2014年，吸收外国直接投资额分别为10.6亿美元和3亿美元。

几内亚位于西非西岸，国土面积24.58万平方公里，2014年人口达1230万人。经济最不发达国家之一，2015年国内生产总值72亿美元，增长率0.4%，人均国内生产总值562美元（按照2012年人口数折算）。农业国，工业基础薄弱，粮食不能自给。资源丰富，有"地质奇迹"之称。铝矾土贮量占世界已探明储量的30%，居世界第一位，品位高达58%~62%。铁矿石储量上百亿吨，品位高达70%。钻石储量为2500万~3000万克拉。还有黄金、铜、铀、钴、铅、锌等。水力资源极为丰富，开发后年发电量估计可达630亿度。沿海渔业资源较丰富。沿海大陆架已发现有石油。东南部有大片原始森林，盛产红木、黑檀木等贵重木材。工业基础薄弱，制造业不发达，主要工业部门是农副产品加工、纺织、家具等。矿业是较为重要的经济部门，主要矿业公司有博凯、弗里亚、金迪亚三大铝矿和阿雷多尔黄金钻石开采公司等。农村劳动人口占全国劳动人口的2/3，2012年农业产值占国内生产总值的20.5%。旅游资源较丰富，共有旅游景点201个。内陆交通不发达，以公路运输为主。主要出口产品为黄金、铝矾土、钻石、氧化铝等。主要进口商品为化工产品、机械设备、石油制品、农产品、食品、烟草等。2011年外国直接投资额为3.67亿美元。

塞拉利昂位于非洲西部沿海，国土面积7.17万平方公里，2014年人口达630万人。最不发达国家之一，2015年国内生产总值37亿美元，增长率-25%，人均国内生产总值569美元。经济以农业和矿业为主，粮食不能自给。矿藏丰富，主要有钻石、黄金、铝矾土、金红石、铁矿砂等。渔业资源丰富，主要有邦加鱼、金枪鱼、黄花鱼、青鱼和大虾等。森林面积约占土地总面积的6%，盛产红木、红铁木等。2014年工业生产总值约占国内生产总值的6.3%。采矿业是主要工业部门，其余有建筑业、食品加工、制鞋、石油提炼、制漆和水泥等。2014年农业生产总值约占国内生产总值的61.6%，全国65%以上的劳动力从事农业生产。塞拉利昂土地肥沃，雨量充沛，适宜农作物生长，但生产方式落后，大多以家庭为单位采用传统方法耕作。主要农作物有可可、木薯、咖啡、稻米、甘薯、花生、玉米等，畜牧业以饲养牛、羊、猪、鸡为主。海滨地区风光秀丽，十分适宜发展旅游业，但由于交通不便和缺乏资金，旅游资源一直得不到有效开发。交通运输以公路为主，总长约11999公里，其中40%的等级公路路况较差。主要出口铁矿砂、钻石、金红石、可可、咖啡等，主要进口燃油、机械、食品、工业制成品等。主要出口对象为中国、比利时、美国、罗马尼亚、土耳其等；进口主要来自中国、印度、南非、英国、美国等。

3. "南三"的基本情况。

南非位于非洲大陆最南端，东濒印度洋，西临大西洋，国土面积121.91万平方公里，2015年人口达5496万人。南非属于中等收入的发展中国家，也是非洲经济最发达的国家。2014年国内生产总值约3500亿美元，增长率1.5%，人均国内生产总值约6500美元。自然资源非常丰富。交通、通讯、能源等基础设施较好，金融、法律体系、营商环境相对完善。较发达的矿业、制造业、农业和服务业构成了南非的经济四大支柱，个别技术如深井采矿技术等处于世界领先地位。但经济各部门间、地区间发展不平衡，城乡、黑白二元经济特征明显。世界五大矿产资源国之一，现已探明储量并开采的矿产有70余种，铂族金属、氟石、铬的储量居世界第一位，黄金、钒、锰、锆居第二位，钛居第四位，磷酸盐矿、铀、铅、锑居第五位，煤、锌居第八位，铜居第九位。工业四大部门分别是制造业、建筑业、能源业和矿业。南非有门类齐全、技术先进的制造业，主要产品有钢铁、金属制品、运输设备、机器制造、化工、食品加工、纺织服装等。钢铁工业是制造业的支柱，纺织、服装等传统行业开始萎缩，汽车制造等新兴产业发展较快。建筑业发展较快。能源工业基础雄厚，技术较先进。电力工业较发达，发电量占全非洲的2/3，其中约92%为火力发电。矿业具有完备的现代矿业体系和先进的开采冶炼技术，是南非经济的支柱之一。农业比较发达，可耕土地面积约占国土的12%，玉米在粮食作物中占最重要的地位。罐头食品、咖啡、饮料、烟酒畅销海外。盛产多种花卉和水果。畜牧业比较发达，主要牲畜种类有牛、绵羊、山羊、猪等，家禽主要有鸵鸟、肉鸡等。水产养殖业产量占全非洲的5%，主要捕捞种类为淡菜、鳟鱼、牡蛎和开普无须鳕。旅游资源丰富，设施完善，是当前南非发展最快的行业之一，产值占国内生产总值的8.7%，从业人员达140万人。南非有非洲最完善的交通运输系统，以铁路、公路为主，空运发展迅速，对本国以及邻国的经济发挥着重要作用。南非电信和信息技术产业发展较快，电信发展水平列世界第20位。软件业也开始走向国际市场。南非实行自由贸易制度，是世界贸易组织（WTO）的创始会员国。欧盟与美国等是南非传统的贸易伙伴，但近年与亚洲、中东等地区的贸易也在不断增长。2014年南非货物进出口额为1896亿美元，其中，出口912亿美元，进口984亿美元。出口产品有黄金、金属及金属制品、钻石、食品、饮料及烟草、机械及交通运输设备等制成品。主要进口机械设备、交通运输设备、化工产品、石油等。2011年前十大出口目的地国为中国、美国、日本、德国、英国、印度、瑞士、荷兰、津巴布韦、莫桑比克，前十大进口来源国为中国、德国、美国、日本、印度、英国、意大利、法国、韩国、巴西。外国资本主要来自欧美，其中来自欧洲的占70%，来自美洲占的20%。英国是对南非FDI累计最多的国家，占2/5左右。南非的外国投资大多集中于采矿、制造、石油和金融等部门。2013年南非吸收外国直接投资83亿美元。

莫桑比克位于非洲东南部沿海，国土面积79.93万平方公里，2014年人口达2350万人。莫桑比克是农业国，是联合国宣布的世界最不发达国家和重债穷国。2014年国内生产总值166亿美元，增长率7.5%，人均国内生产总值650美元。资源主要有煤、铁、铜、金、钽、钛、铋、铝、石棉、石墨、云母、大理石和天然气等，钽矿储量居世界首位，大部分矿藏尚未开采。水利、林木资源丰富，51%的国土被森林覆盖。工业主要是加工工业，有铝加工、制糖、制茶、粮食及腰果加工、卷烟、榨油、纺织、木材、水泥、炼油、汽车装配、电池及轮胎业等，主要集中在马普托、贝拉和楠普拉等市。76%的人口从事农业生产，农业产值占整个国内生产总值的30%左右。主要粮食作物有玉米、稻谷、大豆、木薯等。腰果、棉花、糖、剑麻是传统出口农产品。渔业资源丰富，盛产对虾及贝类等水产品。铁路、港口主要为内陆邻国服务。近年来莫桑比克外贸出口大幅上升，2014年出口39.16亿美元，进口79.51亿美元。制造业已取代农业和渔业成为主要出口行业。主要出口产品是铝锭、煤炭、电力、天然气、重砂、对虾、糖、棉花、烟叶、木材等。主要进口产品为机械设备、汽车、石油、粮食等。2009~2013年，莫桑比克共批准了1400个外国直接投资项目，总额180亿美元，创造了约20万个就业岗位。2014年莫桑比克政府各机构审批通过的项目总投资额达89亿美元，投资最多的5个国家分别是阿联酋、毛里求斯、南非、葡萄牙和中国。

安哥拉位于非洲西南部沿海，国土面积124.67万平方公里，2014年人口达2430万人，属最不发达国家。有一定的工农业基础，但连年战乱使基础设施遭到严重毁坏，经济发展受到较大影响。2015年国内生产总值1103亿美元，增长率2.7%，人均国内生产总值（购买力平价计算）7295美元。石油、天然气和矿产资源丰富，已探明石油可采储量超过126亿桶，天然气储量达7万亿立方米。主要矿产有钻石、铁、磷酸盐、铜、锰、铀、铅、锡、锌、钨、黄金、石英、大理石和花岗岩等。水利、农牧渔业资源较丰富。石油和钻石开采是国民经济的支柱产业，是非洲第二大产油国、世界第五大产钻国。主要工业还有水泥、建材、车辆组装和修理、纺织服装、食品和水产加工等。土地肥沃、河流密布，发展农业的自然条件良好，农业人口约占全国人口的65%。剑麻和咖啡出口量分别位居世界第三和第四。北部经济作物产区主要种植咖啡、剑麻、甘蔗、棉花、花生等作物。中部高原和西南部地区产粮区主要种植玉米、木薯、水稻、小麦、土豆、豆类等作物。盛产龙虾、蟹、各种海洋鱼类。畜牧业可满足安国内50%左右的牛羊肉和鸡肉供应。交通运输以公路运输为主。安哥拉建立了如罗安达省奎卡玛国家公园、莱多角旅游区、马兰热省卡兰杜拉旅游区、宽多库帮戈省奥卡万戈旅游区、莫西科省卡米亚国家公园等多个国家公园和保护区，与赞比亚、津巴布韦、博茨瓦纳和纳米比亚共同建立了跨境自然环境保护区。大黑羚羊（Black Antelopes）是安哥拉独有的动物，也是安哥拉国家的标志和象征。2014年外贸额为943亿美元。主要出口石油、钻石、天然气、咖啡、剑麻、水产品及其他养殖产品、木材、棉花等，主要进口机电设备、交通工具及其零部件、药品、食品、纺织品等。安哥拉是非洲第四大外国直接投资目的地国，2003~2011年外国在安直接投资总额逾580亿美元。外资主要集中在石油工业、钻石开采、液化天然气、公共工程、建筑、电信、渔业和加工工业等。主要投资国有美国、法国、意大利、比利时、英国、葡萄牙、德国、西班牙、日本、巴西、南非、韩国等。2014年3月1日实施的新关税法产品清单涉及6651项产品，其中

2942项产品享受免税，1150项产品的关税减至2%。2015年8月颁布的新《私人投资法》，在简化私人投资审批程序、提高税费优惠和激励力度等方面推出具体措施，以吸引外国在安哥拉投资，推进经济多元化进程。

4."北三"的基本情况。

埃及大部分位于非洲东北部，以苏伊士运河为界跨亚洲、非洲两大洲，国土面积100.1万平方公里，2014年7月人口达8670万人。属开放型市场经济，拥有相对完整的工业、农业和服务业体系。2014年国内生产总值3022亿美元，人均3234美元。2015年经济增长率4.2%，通货膨胀率11.1%，失业率12.8%。服务业约占国内生产总值的50%。工业以纺织、食品加工等轻工业为主。农村人口占总人口的55%，农业占国内生产总值的14%。石油天然气、旅游、侨汇和苏伊士运河是四大外汇收入来源。主要资源是石油、天然气、磷酸盐、铁等。86.9%的电力供应为火电，全国电网覆盖率达99.3%，世界排名第28位。工业约占国内生产总值的16%，工业产品出口约占商品出口总额的60%，工业从业人员占全国劳动力总数的14%。埃及是传统农业国，农业从业人员占全国劳动力总数的31%。主要农作物有小麦、大麦、棉花、水稻、马铃薯、蚕豆、苜蓿、玉米、甘蔗、水果、蔬菜等。主要出口棉花、大米、马铃薯、柑橘等。埃及名胜古迹很多，具有发展旅游业的良好条件，政府也非常重视发展旅游业。主要旅游景点有金字塔、狮身人面像、卢克索神庙、阿斯旺高坝、沙姆沙伊赫等。交通运输便利，近几年海、陆、空运输能力提升较快。同120多个国家和地区建有贸易关系，主要贸易伙伴是美国、法国、德国、意大利、英国、日本、沙特阿拉伯、阿联酋等。外贸连年逆差。埃及政府采取多种措施扩大出口，特别是原油、原棉以外的非传统性商品的出口。主要进口商品是机械设备、谷物、电器设备、矿物燃料、塑料及其制品、钢铁及其制品、木及木制品、车辆、动物饲料等。主要出口产品是矿物燃料（原油及其制品）、棉花、陶瓷、纺织服装、铝及其制品、钢铁、谷物和蔬菜。埃及政府多年来一直鼓励和吸引外国直接投资，2014年外国对埃及直接投资总额约180亿美元，位居非洲国家第一。

阿尔及利亚位于非洲西北部沿地中海，是非洲面积最大的国家，国土面积238万平方公里，2014年人口达3950万人。经济规模在非洲位居前列。2014年国内生产总值2109亿美元，增长率3%，人均国内生产总值5394美元。石油与天然气产业是国民经济的支柱，多年来其产值一直占阿 GDP 的 30%~45%，税收占国家财政收入的 60%，出口占国家出口总额的 97% 以上。粮食与日用品主要依赖进口。探明石油储量占世界总储量的 1%，居世界第 15 位，主要是撒哈拉轻质油，油质较高。探明可采天然气储量占世界总储量的 2.37%，居世界第 10 位。其他矿藏主要有铁、铅、锌、铀、铜、金、磷酸盐等。水利资源丰富，可开发水资源约 172 亿立方米。工业以油气产业为主，钢铁、冶金、机械、电力等其他工业部门不发达。农村人口 1300 万人。农业产值约占国内生产总值的 12%。主要农产品有粮食（小麦、大麦、燕麦和豆类）、蔬菜、葡萄、柑橘和椰枣等。农业靠天吃饭，产量起伏较大，是世界粮食、奶、油、糖十大进口国之一。森林覆盖率 11%。旅游资源丰富，全境有 7 处自然、文化景点被联合国教科文组织列为世界遗产。陆地运输以公路为主，公路运载量占 83%，铁路占 17%。主要出口产品为石油和天然气，主要进口产品为工农业设备、食品、生产原料、非食品消费品等。主要贸易伙伴是西方工业国。2013 年共吸引外国直接投资项目 29 个，投资金额 19 亿美元。投资主要集中在能源、基础设施和消费品生产等领域。主要投资国家是：科威特、西班牙、埃及、美国和法国。

苏丹位于非洲东北部红海西岸，国土面积 188 万平方公里，2014 年人口达 3700 万人，是联合国宣布的世界最不发达国家之一，2014 年国内生产总值 732 亿美元，人均 2439 美元，通货膨胀率 25%。苏丹经济结构单一，基础薄弱，工业落后，对自然环境及外援依赖性强。近年来，随着石油大量出口及借助高油价的拉动，苏丹经济保持快速增长，成为非洲经济发展最快的国家之一。有铁、银、铬、铜、锰、金、铝、铅、铀、锌、钨、石棉、石膏、云母、滑石、钻石、石油、天然气和木材等丰富的资源。工业主要有纺织、制糖、制革、食品加工、制麻、烟草和水泥等。农业是苏经济的主要支柱，农业人口占全国总人口的 80%。农作物主要有高粱、谷子、玉米和小麦。经济作物占农产品出口额的 66%，主要有棉花、花生、芝麻和阿拉伯胶。长绒棉产量仅次于埃及，居世界第二。花生产量居阿拉伯国家之首，在世界上仅次于美国、印度和阿根廷。芝麻产量在阿拉伯和非洲国家中占第一位，出口量占世界的一半左右。阿拉伯胶年均产量约 3 万吨，占世界总产量的 60%~80%。2010 年已有铁路 5978 公里，公路 3.7 万公里。外贸在苏丹经济中占有重要地位。2014年苏丹对外贸易总额为165.1亿美元，其中出口额为92.4亿美元，进口额为72.7亿美元。主要贸易伙伴国是中国、日本、阿联酋、沙特阿拉伯、印度、埃及、英国、加拿大、美国、澳大利亚等国家及欧盟。[1]

### （三）中非产能合作的"新雁阵"模式

"雁阵"模式是第二次世界大战后20世纪60年代到80年代东亚经济呈现出明显的V形阶梯发展的一种模式。日本经济学者曾认为，由于东亚各国工业发展水平不同，所以各种产品（或产业）在不同国家所处的阶段也不同，从而在东亚各国经济或产业之间形成了一个"雁阵形态"。在"雁阵形态"中，日本是"雁头"或"领头雁"，ANIES（亚洲新兴工业经济体，主要指亚洲"四小龙"）是"雁身"，ASEAN（东盟）和中国是"雁尾"。而"雁阵"模式实质上是产业转移，就是东亚先进国家（地区）与后进国家（地区）之间的一种产业梯形传递的状态或过程。东亚国家和地区通过产业的依次梯度转移，大力发展了外向型经济，实现了整个地区的经济腾飞。"雁阵"模式是以日本为核心的梯度分工体系，其中日本以其先进的工业结构占据了"雁阵"分工体系的顶层，新兴工业化经济体处于第二梯度，中国及东盟诸国为第三梯度。三个梯度分别以发展技术密集与高附加值产业、资本技术密集产业、劳动密集型产业为特征。

"新雁阵"模式是中国社科院工业经济研究所课题组在研究"一带一路"沿线国家工业化发展时提出来的。专家指出，中国现处于工业化后期，预计到2020年基本实现工业化后，将使世界的工业化进程发生跨越式发展。"一带一路"的推出，表明一个和平崛起的大国工业化进程正在产生更大的"外溢"效应。研究表明，"一带一路"沿线65个国家（地区）之间工业化水平差距较大，涵盖了工业化进程的各个阶段。其中，处于前工业化时期的国家有1个，处于工业化初期阶段的国家有14个，处于工业化中期阶段的国家有16个，处于工业化后期阶段的国家有32个，处于后工业化时期的国家有2个。这说明"一带一路"沿线国家总体上仍处于工业化进程中，且大多数国家处于工业化中后期阶段，大体呈现"倒梯形"的结构特征。在产能合作进

---

[1] 资料来源：中非合作论坛. http://www.focac.org/chn/fzdt/。

程中，不同工业化阶段的国家可以寻找到不同的角色定位，共同培育以"互补合作"为主导的产能合作"新雁阵"模式。"一带一路"沿线国家处于不同的工业化阶段，有着不同的经济发展水平，并形成了不同的优势产业类型。这些产业也形成了三种不同的梯度，即技术密集与高附加值产业（工业化后期国家）、资本密集型产业（工业化中期国家）、劳动密集型产业（工业化初期国家）。中国将与"一带一路"沿线国家通过"互通互联"，实现工业产能合作以及其他各个方面更广、更深层面的区域经济合作，从而促进"一带一路"沿线国家产业升级、经济发展和工业化水平进一步提升。

虽然"一带一路"沿线65个国家（地区）不包括非洲国家，但非洲国家也是"一带一路"的延伸国家，中国与非洲以及非洲54个国家之间的发展阶段、发展水平和工业化进程差异都很大，"新雁阵"合作模式同样适应于中非产能合作。中国将要告别廉价劳动力时代，中国的劳动密集型产业（如纺织品、玩具等）有望向处于工业化初期的东南亚、非洲国家转移，资源密集型产业（如能源产品、化工产品、金属制品）可以向以油气丰裕的中东欧、非洲国家和矿产资源丰富的中亚、非洲国家转移。同时，中国还可以扩大对这些国家资本、技术及高附加值产品的出口。此外，中国的部分技术密集和高附加值产业（如机电产品、部分装备制造产品），可以向处于工业化后期的中东、非洲国家转移，实现技术的互通有无。这样，第一梯度国家的产业升级会带动第二梯度国家的相应升级，第二梯度国家的产业升级也势必会带动第三梯度国家的相应升级，从而构建"一带一路"国家产业链的有效转移和分工网络，形成"新雁阵"合作模式。

## 二、中非产能合作的领域和产业分布

### （一）"一带一路"的合作领域

2013年的9月和10月，国家主席习近平在出访中亚和东南亚期间，提出了"一带一路"重大战略目标。2015年3月28日，国家发展和改革委员会、外交部、商务部联合发布了《推动共建丝绸之路经济带和21世纪海上丝绸之路的愿景与行动》。"一带一路"建设主要围绕政策沟通、设施联通、贸易畅通、资金融通、民心相通来开展，重点推动和深化与沿线国家在八大重点领域的合作：(1) 促进基础设施建设的共赢，抓住关键通道、关键结点和重点工程，加快建设我国至波罗的海和波斯湾至印度洋的战略通道，巩固、扩大我国西北、西南和海上油气运输的战略通道；(2) 提升经贸合作，优化贸易结构，培育贸易新的增长点，把对外贸易和投资有机结合起来，带动相关产业的发展，加快培育和发展现代服务贸易；(3) 大力拓展产业合作，推动我国装备制造业、优势产能、技术标准同时走出去，提高利用两个市场、两种资源的能力；(4) 深化能源资源的合作，陆上重点是做大做实，进一步巩固和扩大能源战略的运输通道，海上共同谋求油气资源、运输通道和运输安全；(5) 拓宽金融合作的领域，推进亚洲货币稳定体系、投融资体系和信用体系建设，加快人民币"走出去"的步伐，充分利用项目所在国的机动资源，以转贷和担保方式开拓相关的体系；(6) 坚持弘扬和传承丝绸之路的友好合作的精神，推动教育、科技、文化、旅游、社会事业等领域的深化合作；(7) 加强生态环境的合作，建立健全有效的对话机制和联动机制，加强防灾减灾合作，共建绿色的丝绸之路；(8) 全面地推进海上合作，以南海为海上丝绸之路建设的重点区域，积极推进海上合作和共同开发。

### （二）国际产能合作的领域和产业

2015年国务院出台的《关于推进国际产能和装备制造合作的指导意见》中，重点鼓励"走出去"的行业领域包括钢铁、有色、建材、铁路、电力、化工、轻纺、汽车、通信、工程机械、航空航天、船舶和海洋工程等12类，这代表了中国政府最关注、最具市场竞争力的产业领域。

实际上，上述行业并非中国产能走出去的全部领域，而且行业的权重高低也绝非一成不变。李克强总理在第十二届全国人大四次会议上所做的政府工作报告特别强调了要扎实推进"一带一路"建设以及扩大国际产能合作，推动中国装备、技术、标准、服务"走出去"，打造中国制造金字品牌。国际产能合作不仅是围绕合作行业领域建立生产线和工厂，更是与对方国家一起合作建立工业体系和强化制造能力，是包含装备生产、技术工艺、标准体系、经营管理、人才培养、资本运作的全方位合作，是按照创新、协调、绿色、开放、共享等五大发展理念进行的可持续合作。中国开展国际产能合作必须坚持对内遵循企业主导、政府推动、市场运作的原则，对外遵循共商、共建、共享的原则，才能更好地体现中国企业的国际竞争力，才是最受合作国欢迎的产能合作模式，有利于实现互利共赢的局面，也最容易成功。

（三）中非"十大合作计划"的领域

2015年12月初，在中非合作论坛南非约翰内斯堡峰会暨第六届部长级会议上，国家主席习近平代表中国政府宣布将中非新型战略伙伴关系提升为全面战略合作伙伴关系，并与非洲在工业化、农业现代化、基础设施、金融、绿色发展、贸易和投资便利化、减贫惠民、公共卫生、人文、和平和安全等领域共同实施"十大合作计划"，规划了中非务实合作的宏伟蓝图，开启了中非关系新的历史篇章。其中，在经贸领域，中非双方将共同实施中非工业化合作计划、中非农业现代化合作计划、中非基础设施合作计划、中非绿色发展合作计划、中非贸易和投资便利化合作计划、中非减贫惠民合作计划和中非公共卫生合作计划等。

中非产能合作中的
集群式投融资

Chapter 5

第五章　中非产能合作的高效金融
　　　　支持：集群式投融资

与中非产能合作强烈的投融资需要和巨大的投融资金额相适应,金融支持中非产能合作需要探索高效的投融资新方式——集群式投融资。这里所讲的"中非产能合作中的集群式投融资"是指在中非国际产能合作过程中,相关联的产业或中小企业集群或者一条产业链的上下游企业,群体性或"抱团""走出去"投融资,通过在非洲建立大卖场、工业园、科技园、经贸合作区等投融资形式,依靠集体力量产生集群效应,避免企业以传统分散方式在对外投融资过程中的单打独斗和恶性竞争,形成规范的境外产业内环境来吸引更多的国内外企业集体在非投融资的一种投资模式。

## 第一节 中非产能合作中的金融主导作用

### 一、金融支持中非产能合作的重要作用

中非产能合作是巨大的系统工程,是当前中国经济发展和对外开放的重大战略行动,在这一重大战略实施过程中,金融不仅要起到先行的作用,而且更要起到重要的支撑作用。

**(一)金融是中非产能合作的主要内容**

金融本身是中非"合作十大计划"的重要内容之一。"兵马未动,粮草先行",金融既是经济运行的血液,又是经济增长的引擎。同样,中非产能合作中,金融不仅要起到先行的作用,而且更要起到重要的支撑作用。金融可充分发挥杠杆作用,促进国内外资本在短时间内快速增长和集聚,有效地解决资金短缺问题,为中非"合作十大计划"提供有效支撑,促进中国和非洲国家及区域经济建设。通过中非金融合作可以提高机构及资金的聚集度、满足国际产能合作多元化的金融需求,实现推动跨洲、跨国、跨区域货币流通的目标。在当前全球经济一体化、主要货币波动增大、各国资金需求增加的情况下,促进货币流通有利于降低交易成本,推动双边以及多边贸易投资发展。中非产能合作中的货币流通,与这些国家金融市场的发育程度、金融

组织结构和金融功能的完善程度密切相关，与其资本市场的开放度和金融中介机构的成熟度密切相关。在中非产能合作国家受到国别、地域限制，物资、技术、信息、人才等资源的流动限制的困境下，金融作为货币流通的直接载体，可以充分利用其流动受限最小的特征，有效而迅速地流通到中非产能合作各国的任何区域。所以，中非产能合作要求加强货币流通、深化金融合作，创新性地通过提供更多惠及各方的金融产品和服务，以包容、开放、共享的精神推动金融开放系统化，提升中非金融发展水平，整合中非各方利益关系。

### （二）金融优化中非产能合作的资源配置

优化资源配置是金融最重要的功能之一。在中非经济发展中，各国及区域的开放和经济增长离不开金融体系的构建和合作机制的完善，离不开金融支持的引领和推动作用，离不开资金投入、融资、贷款、汇兑、计价、结算、套期保值、保险、担保等金融服务和支持。中非产能合作各国及区域经济社会发展千差万别，可以通过深化中非金融合作、提高中非合作经济体的金融一体化程度、提高各国的金融资本配置效率，促进生产要素的跨国流动和贸易规模的扩大。中非产能合作涉及面很广，但本质仍是贸易与投资的合作，其流通、价值体现和外在表现形式都是货币或金融。中非贸易投资通过金融总量扩展实现规模经济，获得更多的资本积累、资金支持和融资渠道。因此，拓展中非金融合作对于支持中非经济增长、实现中非经贸投资的可持续发展、促进中非经济一体化具有战略意义。

### （三）金融是中非产能合作的重要保障

中非产能合作的每个方面均离不开具体项目的落地，我国与非洲国家已在基础设施建设、能源资源开发、国际产能合作、文化旅游教育交流等方面储备了一大批合作项目，这些项目在营销、开发建设及后期维护等阶段都需要巨大资金支持。中国与非洲国家经济发展程度和基础设施条件差距较大，不利于合作国家之间进一步加强政治、经济、文化的交流合作，尤其是滞后的基础设施建设，严重阻碍了中非产能合作的进一步扩大和升级。可以通过金融的筹资功能来合理有效地动员各类金融资源，拓宽融资渠道，获得更多的资本积累，支撑和保障中非产能合作相关项目的顺利开展。通过利用中非发展基金、中非合作基金、亚投行、丝路基金等专项资金，充分发挥政策性金融在支持跨境基础设施投资中的引导作用，以及在境外发行外国债券方式，实现多渠道融资，扩大中非产能合作的融资规模和范围。

## 二、中非产能合作产生庞大的金融需求

中非产能合作是我国"走出去"战略在非洲的融合，也是我国区域经济一体化向全球辐射的重要体现。实施中非产能合作有利于促进基础设施、装备制造等产能过剩行业的重组和优化，刺激新产业、新业态、新技术和新商业模式的加快发展，势必引发大量的金融需求。

### （一）基础设施建设的投融资需求

中非产能合作要以全方位的基础设施建设为突破，实现设施的互联互通。由于社会历史、政治、战争等原因，非洲各国经济发展水平相对落后，各国经济发展差异较大，各国之间以及各国家内部的基础设施建设也较为落后，存在着较为严重的"联而不通、通而不畅"问题，不解决这些基本问题，产能合作就会受到限制，必须先行建设和改造。首先是交通基础设施，涉及非洲国家内部铁路、公路网络的建设以及各国之间互联互通的铁路、公路网络建设以及各跨境港口的升级等。其次是资源基础设施，包括石油、天然气等能源与其他矿产资源的勘探开发、道路与管线运输、冶炼加工等领域的基础设施建设和改造。再次是线网基础设施，主要指电信固网宽带的升级改造和智能化电网建设。据商务部统计，2015年，我国境内投资者共对全球155个国家或地区的6532家境外企业进行了非金融类直接投资，累计实现对外投资7350.8亿元人民币（折合1180.2亿美元），同比增长14.7%，与吸收外资总额大体持平。我国对外直接投资出现爆发式增长，其缺口需依靠国内资金解决，银行、信托、金融租赁等开发性金融行业将迎来巨大发展机会。

### （二）进出口贸易的融资需求

随着"一带一路"倡议和中非产能合作的实施，中非经济一体化程度必将加深，贸易自由化进程将进入快车道。中非国家之间资源禀赋、产业结构

互补性较强，各国在能源资源、制造、高科技及技术等众多领域开展贸易的前景十分广阔。据国务院新闻办发布，伴随着中非关系的发展和交往的增多，中非贸易规模日益扩大。1950 年，中非双边贸易额仅为 1214 万美元，到 2008 年突破了 1000 亿美元，2000～2008 年，中非贸易年均增长率高达 33.5%，占中国对外贸易总额的比重由 2.2% 升至 4.2%，占非洲对外贸易总额的比重由 3.8% 升至 10.4%。2014 年中非贸易额达到 2220 亿美元，中国已连续 6 年稳居非洲第一大贸易伙伴国。2014 年底中国对非洲直接投资存量已达 324 亿美元，过去 15 年年均增速超过 30%。非洲还是中国企业在海外的第二大承包工程市场和新兴投资目的地。贸易绝对量的快速扩张也将需要金融对贸易融资的支持。在贸易和投资额提升的同时，中非经贸合作的结构和模式也不断优化创新，已从双边、单体发展为区域、集成式的合作，经贸合作区等合作平台的产业聚集效应初步形成。

**（三）跨境人民币业务的需求**

目前的国际货币交易体系仍然是美元占绝对主导地位，全球大宗商品从开采、运输到最后的销售均以美元为支付和清算货币。但美国凭借其金融经济霸主地位左右国际货币体系，不能认真肩负起一个大国应负的责任，时常以自己单方面的利益制定货币政策，损害相关国家的经济利益。近年来，随着中国成为世界第二大经济体、对外经济贸易交往的不断扩大和国际地位的提高，人民币交易量快速增长，人民币越来越被中国周边国家和国际产能合作国家看作是减少美元干扰的一种新希望，尤其是一些与美国存在政治争议的国家都希望在对外经济往来结算中有新的货币选择。为解决"一带一路"和国际产能合作国家贸易中货币结算不统一的问题，也需要把人民币尽快上升为相关国家贸易地域的主要国际货币，以保障产能合作国家贸易互通的公平性、便捷性和收益性。2008 年以来，中国人民银行与多个国家的中央银行签订双边本币互换协议和双边贸易本币结算协议，为人民币在沿线国家的跨境结算奠定了基础。2015 年 10 月 8 日人民币跨境支付系统（CIPS）成功上线运行，为境内外金融机构人民币跨境和离岸业务提供资金清算、结算服务。随着跨境人民币业务各项政策相继出台，跨境人民币业务规模不断扩大，人民币跨境支付结算需求迅速增长，人民币已成为中国第二大跨境支付货币和跨境支付系统全球第四大支付货币。

### （四）金融风险管理和防控的需求

中非产能合作存在着较大的风险。一是非洲绝大多数国家经济发展相对落后，普遍存在增长缓慢、财力不足、效率较低、法律法规不健全、信用体系不完善等问题，容易导致融资成本上升和金融违约，相关金融机构的信贷风险加大，进而使得中非金融合作处于较低层次。二是非洲一些国家还存在着较大的地域政治风险，部分国家国内政局尚不稳定，甚至时有发生战争的风险，这些都给中非产能合作带来时间、空间和进度上的不确定性，延缓金融投资的回收期，甚至有可能会血本无归，提高金融支持成本。三是西方对海路与陆路的控制，中国国际产能合作过程中不免会在国际上遭遇强大的阻力和干扰，需要多国博弈，这也给中非产能合作的进行在时空及进度上都造成较大的不确定性。这就要求中非金融机构要有针对性地加强金融风险的管理，不断提高风险的管理水平，防范和规避金融风险的发生。

### （五）中国金融国际化的需求

中国金融的国际化是整个金融体系的国际化，包括人民币国际化、金融机构国际化、金融市场国际化、金融产品国际化、金融基础设施国际化以及金融监管的国际化。对接国际产能合作，不断拓展跨境人民币业务发展空间、深化货币合作，是积极有序推进人民币国际化的战略步骤之一。同时，金融支持国际产能合作的实施，也大幅提高了中国金融机构、金融产品、金融市场、金融基础设施的国际化水平。另外，鉴于金融支持国际产能合作中金融风险防控的需要，加强中非国家金融监管合作也就进一步提上议事日程。

### （六）能源资源合作大发展的产业金融需求

能源资源与金融具有很多相同的属性，中非广泛而深入的能源资源合作必然要求有先进而完备的专业性金融现代化服务体系相匹配。随着中非"合作十大计划"和中非产能合作的深入实施，中非能源资源的合作将实现新的突破性发展，中非能源资源合作将随着经济总量的增长而被进一步激发，这需要能源资源专业性金融体系的支撑。中国与非洲能源资源国、相关国构建互联互通的能源资源金融市场体系，对深化能源资源合作、维护中非能源资源安全与稳定具有深远影响。中非产能合作下能源资源专业性金融体系的构建，不仅在于加大对能源资源产业自身发展的支持力度，而且是对金融服务、产品乃至整个金融市场面向能源资源产业创新的整体要求。未来在中非能源资源与金融互动发展的过程中，一方面，能源资源商品交易能够促成中非国家的能源资源金融衍生品交易市场，逐步形成能源资源信贷、证券、基金、保险、租赁、信托等功能齐全的金融生态系统；另一方面，金融市场的活跃也为大宗能源资源储备、物流等一揽子交易提供了金融合作平台。

## 第二节　中国促进国际产能合作的金融政策

2015年5月国务院印发的《关于推进国际产能和装备制造合作的指导意见》（以下简称《意见》）提出金融全方位支持优势产能"走出去"和参与国内外并购。《意见》提出要发挥政策性银行和开发性金融机构的积极作用，通过银团贷款、出口信贷、项目融资等多种方式，加大对国际产能和装备制造合作的融资支持力度。鼓励金融企业开展PPP贷款业务和以境外资产为抵押的贷款。《意见》要求扩大融资资金来源。支持符合条件的企业和金融机构通过发行股票、债券、资产证券化产品在境内外市场募集资金，用于"走出去"项目。"支持国家开发银行、中国进出口银行和境内商业银行在境外发行人民币债券并在境外使用，取消在境外发行人民币债券的地域限制。"《意见》要求充分发挥丝路基金、中非发展基金、中非合作基金、东盟基金、中投海外直接投资公司的作用，以股权投资、债务融资等方式，积极支持国际产能和装备制造合作项目。鼓励境内私募股权基金管理机构"走出去"，充分发挥其支持企业"走出去"开展绿地投资、并购投资等的作用。

财政部为了加大对国际产能合作重点项目的支持力度，进一步完善了外经贸发展专项资金的使用方式。人民银行为此做了多项工作，积极推动了相关金融机构的改革，拓展了外汇储备委托贷款，研究了人民币"走出去"实现国际化的机制，已与30个国家的央行达成了规模近10万亿元人民币的货币互换协议。商务部研究完善了优惠出口买方信贷管理办法，重点支持"一带一路"建设项目和国际产能合作项目。银监会、证监会、保监会积极引导信贷、证券、保险等资金投向"一带一路"建设和国际产能合作项目。各级地方政府也纷纷制定和出台了促进"一带一路"建设和国际产能合作的财政金融政策。

## 第三节　中非产能合作中投融资方面存在的困难和问题

### 一、投资主体和投资方式过于单一

我国对非洲各国的商业投资活动多由非政府援助而引发，一般由国有企业来承担。我国政府多次宣布提供无偿援助及各类优惠贷款，如中非发展基金，投资涉及农业开发、机械制造、电力电子、建筑材料、工业园区、矿业开采、港口物流等众多领域，有力促进了我国企业在非洲各国开展投资合作。这种以政府援助推动的商业性投资合作，具有很强的国家行为特征，并不以追求企业商业利益作为项目决策的首要依据。还没有打破投资非洲的企业多为国有企业，并一直由100多家我国大型国有企业占主导地位的格局，各种所有制类型的企业到非洲投资兴业的多元化主体格局没有形成。此外，我国企业对非洲投资的方式也过于单一。由于文化差异、语言沟通障碍及缺乏投资经验等原因，我国企业到非洲投资，主要采用独资方式，封闭运行管理，难以融入当地经济社会，不利于长远可持续发展。没有大量采取合资合作投资方式，就不可能发挥非方合作者在市场资源、当地政策和商务环境等方面的天然优势，来弥补我国企业的缺陷。除独资、合资企业，我国企业还没有利用参股、并购以及与第三国企业合资等方式在非洲进行资源开发、产业投资及开展商贸服务，不能进行本地化经营，不能全力融入当地社会，就难以增强当地居民的认同感、减少利益摩擦、积累对非洲市场的认识和经验、推动中非企业双赢发展。

## 二、投资风险大但投保的少

非洲的投资环境存在许多不规范、不完善之处，中国企业在中非产能合作面临着巨大的海外风险，除国际直接投资中常见的外汇风险、经营风险外，还面临较高的政治风险、政策法规风险和市场风险。一些非洲国家的政治局势动荡，复杂的民族、种族、宗教和领土争端以及国家建设的滞后使得非洲市场的政治风险远远高出世界其他地区。一些非洲国家立法不够完备，行政司法不能独立，投资、财税政策不清晰，导致中国企业在非投资过程中时常遭遇政策法规风险。非洲经济结构单一，过分依赖原材料的出口，使得非洲国家缺乏抵御市场风险的能力，经济发展的波动性较大。面临复杂的国际、非洲环境，单凭中国企业自身能力，很难全面准确把握非洲投资风险，而我国没有专门的机构对非洲的投资环境进行系统评估和跟踪监测，对非洲投资风险预警机制尚未建立起来，使得我国企业在非洲国家发生的多场政治危机前，都未能做好充分准备和及时应对。再加上中国企业的风险防范意识不强、海外保险渠道有限、保险费用高等原因，大多数中国企业在中非国际产能合作过程中，没有主动投保，更没有建立相应的海外保险机制。

## 三、融资难且融资贵

中国企业尤其是民营中小企业多少年来一直存在着融资难、融资贵的问题，在国内是这样，在中非产能合作的过程中更是这样，中小企业在国际产能合作中的融资渠道狭窄是因为海外融资更难、融资成本更高。由于中小企业在国内难以通过资本市场获得所需融资，东道国的金融机构也难以授信给外国企业，中小企业唯一依靠的国内金融机构为海外开展国际产能合作的中小企业提供的融资渠道不多、融资成本也较高，这一困难导致了中国企业国际产能合作过程中缺乏竞争力。

## 四、市场竞争加剧而企业管理能力不足

非洲作为极具潜力的待开发市场，早已引起了欧美和日本等发达国家的

重视，韩国、印度等新兴国家也纷纷加入抢占非洲广阔市场的队伍之中。近年来发达国家实行"再工业化"，这无疑将进一步加剧其对非洲大市场的争夺。随着中国企业在非洲投资的不断增加，西方发达资本主义国家时时以"掠夺非洲资源"和"新殖民主义"等言论攻击和污蔑中国对非洲的投资，其背后的战略意图也是与中国争夺非洲的市场。数量逐渐增多的在非国内民营企业，由于缺少在当地的专门境外管理机构或组织，部分在非国内企业间也出现了无序、恶意的非正常竞争现象，降低了行业的生产经营收益，损害了中国企业整体在非洲的良好形象。另外，在非中国企业的管理和业务拓展能力有限，战略层往往缺乏明确的非洲投资战略定位和规划目标，执行层也缺乏高效的海外当地投资运作、市场开发和属地化管理及监管的能力，其根本原因在于我国企业"走出去"在海外投资的时间不长，缺乏跨国经营的管理能力及业务开拓经验，突出障碍是缺乏具备跨国公司海外管理经验的专业团队，加上中方管理人员主观上不愿常驻非洲，公司总部管控能力不足且又不愿意聘用当地管理人员，使得中国企业在当地难以开展有效的属地化管理，市场开拓困难重重，国际化运营很难深入开展。

## 五、中方不熟悉当地情况且非洲相关公共服务缺乏

不少中国投资者到非洲地区进行创业的相关信息，主要来源于已经在非洲的老乡、朋友、亲属的创业经验，有时甚至是唯一来源。这些信息往往片面、零碎，不能满足投资者的所有需求。由于缺乏相关专业性投资促进机构，就很难借助于这些专业性投资促进机构的力量，接受他们的各种专业化的咨询服务，尽可能详尽掌握当地的市场、项目和政策等信息。

非洲一些国家的法律秩序较乱，既有国家层面的法律法规，又有部落和宗教层面的习俗风规，比如，中国投资者要在刚果购地，不仅要通过当地政府部门的审核，而且要经过当地土著举行相关宗教仪式后才可使用该土地。如对当地的这些法规和宗教俗规不了解，就极易导致在当地投资的失败。非洲大陆文化极具多样性，中国民营企业家普遍不了解非洲当地的文化传统和风俗习惯。比如对加班的认识、态度和做法中非人员就完全不同。在中国民营企业加班加点是司空见惯、习以为常的现象，但在非洲，加班加点却是不

乐意甚至是被抵触的。正常工作时间的八小时外，超一分钟都不可以，即使加倍工资加班也不接受。周末更是不可能有人去加班工作的，宁可放弃一天赚几百元钱的机会也要去教堂做礼拜。再比如劳资纠纷的处理方式也不同，非洲国家的工会力量强大，工人的"工会意识"也强烈，工会也愿意维护工人的合法合理权益，一旦当地企业工会介入中非劳资纠纷，当地政府也会往往介入其中。而一些中国民营企业在非"本土化"意识淡薄，忽视当地员工的文化传统、民族意识和工作习惯，仍然按中国的思维方式去行事，极易引起非洲当地员工的不满，甚至引发矛盾冲突，给投资活动带来不利影响。

帮助中国企业解决这些海外经济、法律、文化等问题的公共服务供给不足，营利性专业中介服务机构数量有限，而且收取的咨询费用很高。国内现有的研究和咨询机构大多是针对发达经济体的，而对"一带一路"、非洲和拉美等新兴经济体的公共信息服务不足，专业中介机构数量少，仅有为数不多的国际咨询公司驻华机构比较活跃，它们动辄以百万美元计的咨询服务费用是一般中国企业特别是民营中小企业难以承担的。

## 第四节　高效的对非洲投融资新模式：集群式投融资

### 一、中国对非洲集群式投资的实践新模式

#### （一）境外经贸合作区

随着中国对非洲投资的规模不断扩大和领域不断扩宽，投资主体和投资方式开始逐步多元化。在中国对非洲投资的"资源—信贷—项目"一揽子合作模式、援助合作模式、"工程援助+投资开发"模式、中非农业投资合作模式等传统模式的基础上，中国开创了对非洲投资和中非合作的新模式——境外经贸合作区。

境外经贸合作区是我国的创举，始建于2006年，是一种没有国际经验可

借鉴的中国企业对外集群式投资的新方式。所谓境外经济贸易合作区，是指在中华人民共和国境内（不含我国香港、澳门和台湾地区）注册、具有独立法人资格的中资控股企业，通过在境外设立的中资控股的独立法人机构，投资建设的基础设施完备、主导产业明确、公共服务功能健全、具有集聚和辐射效应的产业园区。2014年底，中国企业已在50个国家开建了118个境外经贸合作区，其中"一带一路"沿线23个国家有77个经贸合作区，在非洲的赞比亚、埃及、毛里求斯、尼日利亚、埃塞俄比亚五国也建立了6个经贸合作区。截至2011年底，中国在非洲的这六个境外经贸合作区基础设施建设投资达到3.68亿美元，已有149家中国企业入驻园区，累计实现总产值45.2亿美元，上缴东道国税费1.43亿美元，雇佣外籍员工11761名，为提升当地工业发展水平和增加就业机会发挥了积极作用。

到目前为止，中国企业集群式对外直接投资的境外经贸合作区主要有境外工业园区、境外商贸市场、境外物流园区、境外科技园区、境外农牧企业聚集区和境外产业链合作等6种实现方式。中国在非洲的6个境外经贸合作区的国别分布、中方投资主体、经贸区定位、入区企业数、中国政府与东道国政府的优惠政策等具体情况见表5.1所示。中国在非洲境外经贸合作区在促进我国企业开拓海外市场、降低海外投资风险等方面表现出突出优势，但在建设初期，因建设方式、投融资方式、产业布局和功能定位、区内集群企业的内部联络机制、东道国环境变化、企业经营管理等原因而带来的风险与挑战、问题与困难，不容忽视。尤其是金融对境外经贸合作区支持的机制和力度仍显得相对薄弱。组成在非洲境外集群的企业主体仍以中小企业为主，其获得信贷的渠道和能力都相对有限。中国企业在海外非洲国家经营过程中，一旦遇到某些不可预测的事件发生，就很容易引发资金链断裂，甚至投资经营失败的风险。而从目前我国金融机构及其所提供的投融资方式和投融资工具来看，仍然沿用传统的思维和方法，对中国海外非洲企业投融资需求的关注和介入程度也相对不足，针对于境外经贸合作区这种特殊的产能合作模式的金融创新更是不够。

第五章 | 中非产能合作的高效金融支持：集群式投融资

表 5.1　中国在非经贸合作区的基本情况

| 经贸合作区名称 | 中方投资主体 | 合作区产业定位 | 入区企业数（2014年5月） | 东道国的主要优惠政策 | 中国政府的优惠政策 |
|---|---|---|---|---|---|
| 赞比亚中国经贸合作区 | 中国有色矿业集团 | 谦比希分区以发展有色金属工业为主导；卢萨卡分区重点发展商贸服务、现代物流、房地产产业 | 29家 | 1. 公司所得税：（1）入区企业自获利之日起五年内免征企业所得税，第六年至第八年按应纳税额的50%征税；第九年和第十年企业所得税按应纳税额的75%征收。（2）自企业首次宣布红利之日起，五年内免缴红利部分的所得税。2. 关税：对于入区企业的原材料、资本性货物、机器设备，五年内免征进口关税；对于入区企业的机器设备，延迟缴纳增值税。 | 1. 凡经政府批准、确认、考核通过的合作区，可享受合作区发展资金最高达2亿元人民币的支持。2. 相关金融机构对合作区企业提供必要金融服务和配套金融服务，对投资到合作区的设备、原材料散件，按政府统一规定的退税率统一办理出口退（免）税。4. 简化项目审批和外汇审手续，合作区相关业务人员出国手续一年内一次审批多次有效。5. 合作区建设期所需施工器械（含配件）、工作人员自用的办公生活物资，以及其他从国内运出返回的物资免于检验；对运住合作区的原材料、全新机器设备、施工机械材料（包括安装设备）优先安排实施检验检查。6. 通过双边途径，就合作区的土地政策、税收政策、劳工政策、基础设施配套以及贸易投资便利化措施加强与驻在国政府的磋商，为合作区建设提供支持；另外，省、市级政府也出台各类优惠措施，扶持本省、市的海外园区项目人园企业。 |
| 尼日利亚广东经贸合作区 | 广东新广国际集团 | 以家具、建材、陶瓷、五金、电子为主导产业 |  | 1. 尼日利亚现行的法规不适用于区内企业。2. 无须办理进出口许可证。3. 在工厂建设期间免交土地租金。4. 进口设备、原材料等物品免征进口关税等 | |
| 尼日利亚莱基经贸合作区 | 中非莱基投资有限公司 | 以装备制造、通信、交通运输车辆、工程机械为主的产品装配业 | 36家 | 1. 区内企业免除进口关税、加工后出口产品可以在尼日利亚国内市场销售，而关税仅以进口的原材料或零配件征收。3. 企业雇佣外籍员工无配额限制。工厂建设期前六个月免收土地租金等 | |
| 毛里求斯晋非经贸合作区 | 山西晋非投资有限公司 | 产品加工、物流仓储、商务商贸、房地产、旅游餐饮等行业 | 4家 | | |

83

续表

| 经贸合作区名称 | 中方投资主体 | 合作区产业定位 | 入区企业数(2014年5月) | 东道国的主要优惠政策 | 中国政府的优惠政策 |
|---|---|---|---|---|---|
| 埃塞俄比亚东方工业园 | 江苏永元投资公司 | 冶金、建材、机电等行业 | 20家 | 1. 所得税减免4~7年。2. 原材料、零配件免除关税及其他一切进口税收。3. 所有出口税及其他涉及出口的税收等 | 1. 凡经政府批准、确认，考核通过合作区，可享受合作区发展资金最高达2亿元人民币的支持。2. 相关金融机构对建区和入区企业，提供必要的投资信贷支持和配套金融服务。3. 对投资到合作区的设备、原材料和散件，按政府统一规定的退税率和其他规定办理出口退(免)税。4. 简化项目审批和外汇审查手续，合作项目相关业务一次审批多次有效。5. 合作区建设所需施工器械(含配件)、以及其他从国内运出返回的物资免予检验；对运往合作区的原材料、全新机器设备、施工材料(包括安装设备)优先安排实施检验检疫。6. 通过双边途径，对运往合作区的土地政策、税收政策、就业政策、基础设施配套以及贸易投资便利化措施加强与驻在国政府的磋商，为合作区建设提供支持；另外，省、市政府可出台各类优惠措施，扶持本省、市的海外园区项目和入园企业 |
| 中国-埃及苏伊士经贸合作区 | 中非泰达投资股份有限公司 | 纺织服装、石油装备、高低压电器、新型建材及精细化工等产业 | 32家 | 1. 合作区内企业可享受埃及政府签订的各种自由贸易协定的优惠政策。2. 进口原料免除关税，不受配额和其他附加条件限制。3. 埃及有关行业基金会对区内的纺织行业给予出口报关额4%~12%的资金奖励 | |

资料来源：商务部境外经济贸易合作区专题网站，2015年6月25日。http://www.mofcom.gov.cn/article/zt_jwjmyhzqy/。

(二) 中国企业集群式对外投资的其他创新模式

中国企业集群式"走出去"对外投资、参与中国国际产能合作过程中，除了上述企业"抱团出海"建立境外经贸合作区外，一批先行先试的企业尤其是民营企业已摸索出一些参与国际产能合作的重要新模式。

1. 纵向供应链集群式对外投资模式。

就是传统"平台型"大企业通过"以大带小"、全产业链合作的方式"走出去"。这类"平台型"大企业一般是国内某行业内的龙头大企业、中国在海外的专业商品市场、海外工程总承包企业等。如浙江在海外的专业商品市场，带动了中国轻纺、建材、化工等领域一大批中小企业走出国门；江苏、山东和重庆等地的民营企业在海外承办的相关建设工程，带动了国内水泥、平板玻璃等行业的一大批中小企业"走出去"在海外开展产能合作。

2. 网向"互联网+"集群式对外投资模式。

就是互联网平台企业通过开展"互联网+"的方式，联合其他企业开辟新的国际合作空间。一批中国优秀的互联网平台企业已经在国内与传统制造企业深度融合，通过"互联网+"其业务也逐步拓展到全球新兴经济体（包括非洲国家）。这种模式不仅拓展了生产和流通领域，而且大大缩短了国内外需求方和制造商之间的沟通时间、降低了双方的交易成本，也使得企业在全球的产业布局逐渐向围绕需求方为中心而开展。

3. 横向联合集群式对外投资模式。

就是中国企业与发达国家企业联手，共同投资和开发第三方市场，开展国际产能合作。一批领先型的中国民营企业通过海外并购或与发达国家企业形成联盟的形式，借助发达国家相对先进的技术或品牌、结合中国的制造能力，共同投资、开发其他国家的市场。近年来，约有500多家中国民营企业通过这些方式与发达国家的企业开展合作，共同开发了全球市场。

## 二、对非洲集群式投融资模式与中非产能合作的相互适应性

(一) 投融资与经济增长的关系

众所周知，资本连同土地、劳动力、技术共同构成了经济增长的力量源

泉，而资本的形成需要经历一个不断积累和运用的过程。资本的积累就是储蓄，储蓄积累到一定程度，就必须通过投融资体制的运作驱使积累（储蓄）向运用（投资）转化，这就是储蓄投资转化机制的形成。融资与投资是投资主体的资本运动不可分割的两个环节。投资和融资都是经济增长的主要因素。融资一般先于投资，是经济发展的前提，没有融资就很难形成投资。投资则反映融资的去向，是经济发展的动力，没有投资则融资就失去了意义。因此，在进行投资时，既要重视投资的规模、结构和过程环节，又要重视融资的方式、内容和步骤，融资的成败直接关系到投资效果的好坏。

资本经过投资和运用才能形成有生产能力的固定资产和各种生产资料，资本运用能力是一个经济体发展的基石，也是衡量其生产潜能的一个重要标志。通过对资本的运用、经营和管理，形成一国经济增长的国民产出，通过国民产出反映一个国家的经济发展水平。经济发展就是社会的扩大再生产，而要扩大社会再生产就必须追加各种生产要素的投资。追加投资需要资本积累，资本积累是扩大社会再生产的源泉；资本积累起来需要资本运用，资本运用是扩大社会再生产的实现途径。资本积累通过国民储蓄来实现，资本积累增加后，储蓄转化为投资的比例和数量就会相应地提高和增加，社会再生产的规模、结构和质量也会不断地扩大、改善和提高，从而使国民产出日益增加，国民产出的增加最终推动着国民收入的提高，国民收入的提高又推进资本积累（储蓄）的增长，在投融资的作用下，顺次进入下一轮"资本积累—投融资—经济发展"的循环过程。由此可见，投融资模式和机制与经济发展之间是一个相互依赖的体系，经济发展反过来又会推动投融资扩大，增大经济活动的动力，因而又推进经济发展，从而不断进行着资本积累、投融资与经济发展的良性互动循环。上述分析表明，合理的投融资模式与机制有助于提高资本积累和配置的效率，将资本由效率低的部门转移至效率高的部门，提高资本的边际产出率，并带动其他生产要素的流动，实现经济结构的转换和升级，推动经济的持续增长。

### （二）对外集群式投融资模式与境外企业集群的适应性

由传统经济学和"新结构经济学"理论可知，金融（区域金融）内生于实体经济（区域实体经济），反过来，金融（区域金融）又要为实体经济

## 第五章 | 中非产能合作的高效金融支持：集群式投融资

（区域实体经济）服务。金融（区域金融）与经济（区域经济）的相互作用关系，在不同的发展阶段有其不同的表现方式。在现代市场经济中，金融（区域金融）与经济（区域经济）的关系首先是相互适应关系。有什么样的实体经济（区域实体经济）形式和经济结构（区域经济结构），就应该有什么样的金融（区域金融）服务方式和金融结构（区域金融结构）相对应，金融（区域金融）形式和金融结构（区域金融结构）与实体经济（区域实体经济）形式和经济结构（区域经济结构）相适应是客观经济规律的要求。如果金融（区域金融）形式和金融结构（区域金融结构）与实体经济（区域实体经济）形式和经济结构（区域经济结构）相适应，那么两者就相互促进，相得益彰，双赢发展；如果金融（区域金融）形式和金融结构（区域金融结构）与实体经济（区域实体经济）形式和经济结构（区域经济结构）不相适应，那么两者就相互制约，都不能更好地发展。

境外企业集群是国内外数十个甚至更多的企业主体跨越国境在国外建立的一种区域经济新形式，也是进行国际产能合作的有效形式。当境外企业集群（如前所述的各种形式的境外经贸合作区、境外供应链集群、跨境"互联网＋"集群、内外联建"第三方市场"集群等等）产生，并作为一种新的、高效的经济发展形式有着快速发展壮大前途的时候，客观上更需要有与其适应的集群式投融资新模式为之服务。中非产能合作是一项持久巨大的系统工程，需要大规模的建设，对资金资本的需求十分庞大，单个尤其是单个中小企业孤立的对非洲投融资，进行国际产能合作，势必势单力薄，投融资资金少，建设力量有限，发展速度慢，投融资风险大，显然，这种单个企业的对非洲投融资，不是国际产能合作的最理想形式。而对非洲集群式投融资具有多重优势，正好克服了单个企业对非洲投融资的多种劣势，是与国际产能合作相适应的高效投融资方式，应该大力探索、提倡和发扬。

中非产能合作中的
集群式投融资

Chapter 6

第六章　中非产能合作中的一般
　　　　产业集群式投融资

中非产能合作中的
集群式投融资

既然对非洲集群式投融资是金融支持中非产能合作的高效投融资新模式，那么就应大力的推广运用，但中国对非洲集群式投融资仍处于初级阶段，还很不成熟，存在许多问题，急需保护、扶持、创新和完善。本章在综述国内外关于集群式对外投融资研究的基础上，分析论述中非产能合作中集群式投融资的主体与载体、性质与特点、优势与条件、市场与机构等一些基本问题，着重探索工业、农业、商业、科技服务等产业对非洲集群式投融资的新模式。

# 第一节 对外投融资的研究综述

## 一、对外集群式投融资的文献

国内外学者对集群式对外投融资的研究还不多，知网和 ESI 数据库检索到的以"集群式对外投资"为题的文献仅有 20 余篇，且绝大多数是关于集群式对外投资的文献，其中有分量的文献更少。

汤普森（Edmund R. Thompson，2002）认为集群式对外投资明显优于分散投资，产业集群可以优化对外直接投资。綦建红（2003）认为现阶段我国企业对外投资的理想模式是中小企业"产业集群式"投资。张昕（2005）提出了"企业集群"式对外投资应成为我国中小企业跨国经营的新途径，并论述了其独特优势。德·普瑞斯和德里菲尔德（De Propris & Driffield，2006）认为集群发展与外国直接投资有紧密联系，外资企业进入集群有助于国内企业投资。邹昆仑（2007）提出了集群式对外直接投资的产业选择基准和政策安排。李明武（2008）认为集群式投资是中小企业对外投资的最佳选择，要通过政策引导将单个企业的个体投资行为转变为群体投资行为。胡炜（2009）研究了中小企业对外直接投资的可能性和中小企业集群式对外直接投资的优势以及促进中小企业集群对外直接投资的政策建议。关利欣（2010，2011）认为战略联盟助有于商贸企业集群式"走出去"，应开拓商贸企业集群式"走出去"的新模式。赵建华（2011）、王泉平（2013）对浙江省企业集群式"走出去"的基础、模式、特点与对策等进行了研究。黄磊（2012）对浙江省民企集群对外投资的六大优势及五大支持政策进行了研究。陈雪芹（2013）认为中国应积极调整原有的"走出去"模式，确立以中国自己的全球价值链为核心的集群式对外投资战略。严日旺（2013）认为集群式对外直接投资本质上是对外直接投资的一种特殊模式，是浙江省民营企业现阶段较为理想的一种对外直接投资模式。蒋惠凤（2013）引入模糊评判方法构建了集群式"走出去"风险识别模型，并对其风险等级做出了判定。库克和潘迪特（Cook & Pandit，2013）等认为集群式可以促进更多的对外直接投资，本地化和城市化经济能够促进对外投资。孙晓亮等（2015）分析了我国企业集群式对外直接投资的六种实现方式。

上述关于集群式对外投资的文献，主要涉及集群式对外投资的优势、我国或某省市区集群式对外投资的现状与特点、模式与路径、战略与风险、问题与对策等方面。这些文献虽然在加深人们对集群式对外投资的认识、帮助和指导企业集群式"走出去"等方面都有一定的参考价值，但是其绝大多数还处于研究的初级阶段，研究角度一般化，研究的层次较低，研究的深度不够。介绍"现状、问题"的多，而深度挖掘研究、提出创新性观点、建设性意见的少。

## 二、中国对非洲投资合作的文献

关于中非经济或经贸合作方面的文献相对较多，知网能检索到150多篇，但中非投资合作（主要是中国对非洲投资）的文献较少，仅有10余篇。外文文献也很有限，相关的专著也不多见。孙玉琴（2007）、朴英姬（2007）、刘鸿武等（2008）、姚桂梅（2009）、刘青海（2011、2012）、王峰（2012）、马强等（2013）等都对我国投资非洲的现状与历程、存在问题与风险、未来趋势与前景、对策与措施等方面进行了评价与分析。朴英姬（2009）、陈宝明和赵阳华（2010）对中国投资非洲的影响因素、国别与产业选择、进入模式等进行了研究。Schiere 和 Walkenhorst（2010）认为中国通过贸易和投资加强了对非洲的影响。艾斯曼（Eisenman，2012）总结认为，中国的贸易政策是国家战略目标的一部分，可以通过外部市场来扩大发展空间。陈岩等

(2012)从整合资源观与制度视角,运用计量方法分析了中国投资非洲的决定因素。俞毅(2009)认为我国应该在对非洲跨国农业投资的主体构建以及细分行业的选择方面进行精心布局。登贝和徐康宁(Tembe & Kangning Xu, 2013)通过例子来表明中非之间的合作有两个对外直接投资方面的原因。姚桂梅(2013)对中国开创的多种对非洲投资合作新模式进行了列举,并重点分析了"资源-信贷-项目"一揽子合作模式和经贸合作区模式。张宏明(2013)对新世纪中非合作关系进行了回顾与展望,论证了中国与非洲区域经济合作的机遇与路径,提出中非要走战略对接的可持续合作之路。杨立华等(2013)以当前世界发展变革的国际视野分析中非合作的大环境、大趋势和大战略,认为要尽快制定对非洲投资的战略规划。格雷姆(Grimm, 2014)回顾了中非合作的实践,对未来进行了展望,认为中国的全球化战略和国家鼓励以及财政支持等,将会大大增加中国与非洲国家的经济合作。张春(2014)认为中非2015年后议程建构合作需要基于各自的长远发展愿景,从战略(以建构中非利益—责任—命运"三位一体"共同体为指导)和操作两个层面思考双方合作的原则和举措。冯兴艳(2014)认为中非投资合作面临新机遇、新挑战,需要从战略的高度统筹规划,推动境外经贸合作区的可持续发展,进一步提升中非投资合作的层次和水平,实现中国与非洲各国的互利共赢、共同发展。

上述关于中国对非洲投资的研究文献,绝大多数也是"现状—问题—对策"式的初步研究,但也有几位有识之士高屋建瓴地认识到要从战略高度去认识、规划和推动中非的长远投资合作,并提出了中非投资"可持续合作"的新观点。

综合上述文献可以看出,比较符合本研究主题的研究极其薄弱,在此领域还存在较多的研究空白。这种研究状况,与我国加快发展开放型经济和集群式"走出去"步伐以及建立中非全面战略合作伙伴关系的要求极不相符,研究不能够成为"中非产能合作过程中集群式投融资"实践的智力支持。因此,急需对中非产能合作中的集群式投融资重要问题进行创新性研究。

## 第二节　中非产能合作中集群式投融资的主体、载体与集聚方式

### 一、对非洲集群式投融资的主体

对非洲集群式投融资的主体主要指的是"走出去"开展对非洲直接投资的企业或企业集群，通常包括三类主体，即境外在非企业集群组织（目前一般是指境外合作区或园区的运营企业，其本身既可以是独立的企业，也可以由区内企业兼任）、境外在非洲核心企业和境外在非中小企业，其中境外在非企业集群组织（比如集群理事会，或集群商会，或集群治理公司等）是群内所有企业的总代表，即总主体，它受群内所有企业的委托和授权，对内进行集群治理，对外进行各种经济交往和经济协调。境外在非企业集群组织下设多个功能部门或功能性分公司，其中本著作中提到的境外在非洲集群财务公司就是专门负责在非洲集群及群内企业投融资工作的专门机构。

### 二、对非洲集群式投融资的载体

中国企业集群式"走出去"对非洲投融资的载体主要指的是境外在非洲企业集群的表现形式，如境外经贸合作区、境外开发区、境外商贸市场、境外物流园区、境外科技园区等各种形式的境外在非企业集群。当然对非洲集群式投融资的载体也可能没有具体的开发区（园区）的形式，只有不同集聚程度的集群形式。

### 三、对非洲集群式投融资的集聚方式

中国企业集群式"走出去"对非洲投融资的集聚方式可分为两种。一种是封闭集聚，境外在非合作区或园区或集群内的企业均属同一行业价值链内

部或相关企业，群内企业之间联系较为紧密；另一种是开放集聚，境外在非合作区或园区或集群内的企业可以跨行业，彼此相互联系较弱，甚至没有产业上的关联。

## 第三节　中非产能合作中集群式投融资的含义、性质与特征

### 一、中非产能合作中集群式投融资的含义

在理解中非产能合作中集群式投融资的概念内涵之前，首先介绍一下中小企业集群投融资概念的内涵。笔者认为，中小企业集群投融资是一种特殊的以中小企业集群整体力量有组织地进行直接投资和资金融通的活动。中小企业集群投融资以中小企业集群为依托。这里的所谓中小企业集群，是指基于专业化分工和协作的众多彼此独立的中小企业集聚于一定地域范围内而形成的稳定的、具有持续竞争优势的集合体（Porter，1998）。中小企业间所形成的这种集群关系，无须用正式书面契约来维持，而是以"信任和承诺"等人文因素形成的"社会资本网络"来维持其运行。这些集群中的中小企业由于地理接近、产业关联化，在共同的产业文化和制度背景下，形成区域的核心竞争力。中小企业集群投融资就是以这种"区域核心竞争力"的整体力量作为担保或抵押来向金融机构和金融市场筹措或运作资金并进行直接投资的行为过程。它的特殊之处就在于发挥集体合成的力量、以一个"区域品牌"的形式，投资时集体理性决策，在融资时作为整体利益代表者与贷款者进行讨价还价，建立交易契约关系，而不是群内各个企业借助"区域品牌"的优势、以单个利益代表者"单打独斗式"的向贷款者融资。也正是这一点才形成了中小企业集群投融资与单个中小企业融资截然不同的特征。

那么，本著作论及的"中非产能合作中的集群式投融资"与上述概念相近，是指在中非国际产能合作过程中，相关联的产业或中小企业集群或者一条产业链的上下游企业，群体性或"抱团""走出去"投融资，通过在非洲

建立大卖场、工业园、科技园、经贸合作区等投融资形式，依靠集体力量产生集群效应，避免企业以传统分散方式对外投融资过程中产生的单打独斗和恶性竞争，形成规范的境外产业内环境来吸引更多的国内外企业集体在非投融资的一种投资模式。这一概念与中小企业集群投融资概念所不同的是对非洲集群式投融资所在地在非洲、投融资市场范围不仅包括国内金融市场，还包括非洲及国际金融市场、投融资的主体不仅是国内企业可能还包括非洲相关企业或机构。

## 二、中非产能合作中集群式投融资的性质

中非产能合作中集群式投融资实质上是一种内生性的、专业化的、正规的投融资模式创新，是跨国区域金融合作的一种新的表现形式，是一种综合性的对非洲投融资解决方案，包括对非洲投融资的体制、模式、机制、方式、渠道、工具、路径、政策、对策等。

### （一）中非产能合作中的集群式投融资是内生于境外在非洲集群经济发展的投融资新模式

境外在非洲企业集群现已成为中国对外开放发展和产业布局的重要模式和发展趋势。正如前所述，金融在支持中非产能合作中发挥着重要的作用，境外在非洲集群经济的发展产生了大量的融资需求。经济理论告诉我们，金融（投融资）内生于实体经济，反过来，金融（投融资）又要为实体经济服务。有什么样的实体经济形式，就应该有什么样的金融（投融资）服务方式相对应，金融（投融资）形式与实体经济形式相适应是客观经济规律的要求。因此，当境外在非洲企业集群经济发展壮大起来，并向现代产业集群转型升级的关键时期，客观上要求有与之对应的集群投融资服务形式。中非产能合作中的对非洲集群式投融资模式是一种跨境投融资模式的创新，它内生于中国境外在非企业集群又服务于中国境外在非洲企业集群。

### （二）中非产能合作中的集群式投融资是一种专业化的、正规的境外在非洲投融资模式创新

中国企业对非洲集群式投融资不是民间投融资等非正规金融，而是介于

纯市场组织和科层组织之间中间性组织性、内生性、专业化的正规金融，是一种创新性跨境投融资安排。对非洲集群式投融资虽然不是民间非正规融资，但它可用吸纳中非甚至其他国家的民间资本，疏导民间资本更好地为实体经济服务。对非洲集群式投融资是一种混合型的正规金融，可以与官方正规金融相结合，形成更大的对非洲投融资力量。

对非洲集群式投融资不仅是对外投融资模式的创新，一种由单个中小企业对外游离式投融资模式向中小企业集体对外投融资模式的转变，也是一种中小企业对外投融资时"抱团取暖"自救的重要方式。基于境外在非洲企业集群的投融资创新模式主要包括境外在非洲集群准内源性投融资模式、境外在非洲集群准外源性投融资模式和境外在非洲集群共生投融资模式等若干种。

同时，对非洲集群式投融资还是境外投融资机制的创新，作为一种创新的境外投融资机制，对非洲集群式投融资具有针对性强、开放合作、灵活性高、激励性等特点，不仅可以使中外当地地方政府的产业发展目标更加明确，拓展两国或多国金融机构信贷产品和服务多样化的思路，还为解决中小企业投融资难题开拓新的思路，为其持续发展打下更加坚实的基础，为其走向国内外证券市场创造条件，有利于形成多层次的国内外中小企业投融资体系。

## 三、中非产能合作中集群式投融资的特征

### （一）产业跨国关联性

在中非产能合作中，单个企业只专注于产品价值链上的一个或几个环节，而在中国境外在非洲企业集群内部企业之间以产业整体分工的形式，把传统价值链从企业内部外移到整个集群中。所以，中国境外在非洲企业集群整体投融资的中小企业必须是一个有机的整体。首先，中国境外在非洲企业集群内中小企业可以通过价值链将它们横向联系在一起。群内上、中、下游中小企业之间的价值运动和货币运动，在一定的价值连接下成为了一个有机整体，其间存在着互相制约的关系。这一价值链上的中小企业有投融资需求，便可以形成一个通过价值链连接的中小企业群，成为一个存在内在互动机制的整

体,再通过境外在非洲集群财务公司使整个企业群获得一定的投融资机会。其次,中国境外在非洲企业集群内中小企业可以通过生产相同或相似产品形成纵向的有机联系。这种纵深的有机联系是以亲情、友情等特殊的社会关系为背景形成的一种生产联盟,这既可增强整个同类生产企业间的竞争力,也可增强群内单个企业抵御外部风险的能力,同时还可以增强群内企业的商业信用,为集群投融资打下坚实的基础。

(二) 双向规模经济性和信用增级性

经济学家指出,众多企业在一定空间上集聚起来会产生规模经济,能克服单个中小企业因规模小造成的多种经营困难,进而提高该空间聚集企业的整体竞争力。新产业空间组织理论也阐述了中小企业集群环境下规模经济效应产生的源泉。同样,中国境外在非洲企业集群的投融资也具有产生规模经济效应及降低投融资成本、防范投融资风险、提高投融资效率等作用。另外,由于中国境外在非洲企业集群投融资的整体规模较大,对非洲当地经济的影响比较明显,因此,很容易得到非洲当地政府的政策支持,特别是在遇到外部困难和宏观经济不利时,非洲当地政府的金融、税收、财政等支持显得更为必要。

境外企业集群的诸多优势,使中国境外在非洲企业集群投融资时具有信用增级效应,即境外在非集群内中小企业通过自身条件的改善,或者依托外部正式(如第三方专业性保险、担保公司)、非正式(如自发组成的信用合作组织,这里是指境外在非企业集群财务公司)的中介组织或渠道,将隐藏的信用信息显性化,提升自身的信用级别,从而对接金融机构(或投资者)的贷款(或投资)要求。信用增级对境外在非洲集群内中小企业的发展壮大具有关键性作用,主要表现在:信用增级提高了交易的成功率;降低了中小企业信用风险,实现了帕累托改进;能够提高中小企业资产运用的深度与广度,显著增强中小企业的投融资能力;降低交易成本,实现资源的有效配置。中国境外在非洲企业集群融资不仅能够通过内部信用增级模式(如增加资产、减少信息不对称、分散风险等)和外部信用增级模式(如各种外部担保、资产证券化等)实现信用增级,而且能够通过内外部相结合信用增级模式(如团体贷款、联合贷款、集合债券、集合票据、集合信托等)实现信用增级。

### (三) 双多边合作性、协同性和共生性

首先，中国境外在非洲企业集群投融资过程中具有合作性。一方面，中国境外在非洲企业集群内中小企业可以通过投融资的合作意愿把它们的投融资行动统一起来。境外在非洲集群企业合作意识的高低、合作程度的深浅，直接影响集群投融资效应的发挥。当合作成为企业生存和发展的必要条件时，集群的合作文化就能够深入人心，集群企业在交易中也更加倾向于诚实守信，集群信用优势才得以持续。在合作氛围和信用优势的助力下，集群合作投融资的可行性增强，集群中的中小企业可以选择多样化的集群投融资模式化解投融资"瓶颈"。另一方面，中国境外在非洲企业集群与群外的非洲当地或其他国家的企业、金融机构、政府也可以进行多渠道、多形式的跨国投融资合作，进一步缓解在非洲集群企业投融资难的问题。

其次，中国境外在非洲企业集群投融资过程中会产生管理及成本上的协同效应。从交易成本的协同理论、价值链的成本协同理论和企业网络的成本协同理论看，产生成本协同管理效应有三大要素：对成本协同管理的认同、上下游企业的配合和核心企业的作用。集群内企业对集群组织的投融资成本协同管理的认同程度越高，集群投融资协同效应值就越大；集群中的上游企业投融资协作程度越高，集群投融资协同效应值就愈大；集群协同管理中，核心企业的投融资协同作用越大，集群投融资协同效应越大；在企业集群中，投融资成本协同管理的认同度、上下游企业的投融资配合程度越高和核心企业的投融资作用越大，集群投融资协同效应就越大。

最后，中国境外在非洲企业集群投融资过程中具有"金融共生"性。在非洲企业集群投融资体现了典型的集群共生特征。这里的"金融共生"是指规模和性质各异的金融组织之间、金融组织与各种企业之间、金融组织与区域经济之间在同一共生环境中通过交互式作用实现和谐发展，达到包括金融组织在内的整个经济区域的可持续发展，或者说达到了区域金融生态平衡。在非洲企业集群投融资的共生系统中，通过共生三要素即集群投融资共生环境、集群投融资共生单元和集群投融资共生模式，分别对在非洲集群内中小企业投融资行为产生影响，从而使非洲集群在投融资机制、投融资渠道、投融资模式和投融资工具等方面全方位显现群内中小企业共生的投融资现象。

### （四）广域系统复杂性和涌现性

由于中国境外在非洲企业集群是一个跨境复杂适应系统（Complex Adaptive System，CAS），所以，中国境外在非洲企业集群的投融资也是一个典型的广域复杂适应系统。复杂适应性和涌现性[①]是复杂适应系统的两大主要特征。对境外在非洲企业集群投融资的复杂适应性分析，可以借鉴圣塔菲学派的盖尔曼、卡斯蒂、霍兰等人对其的论述：适应性造就复杂性；适应是复杂动态模式的根源。境外在非洲企业集群投融资的复杂适应性可以从其的根源、构成元素、适应性特征、适应性主体等方面进行分析。境外在非洲企业集群投融资在其复杂性造就适应性的过程中"涌现"出来的投融资新理论和投融资新模式，与单个游离中小企业投融资的理论和投融资模式相比在含义、性质、功能等方面都完全不同，具有复杂性、适应性和不可还原性等特征，而这些境外在非洲企业集群融资新模式的出现一定不是偶然的、一定有着重要的动力源泉、一定存在着普遍的规律。

### （五）全球开放性和国际性

中国境外在非洲企业集群企业不仅可以在群内进行投融资，而且可以在中国国内投融资，还可以在非洲当地投融资，在非洲其他国家投融资，在非洲外国家或地区投融资，甚至在国际（区域）组织如世界银行集团等投融资，所以与国内中小企业集群投融资相比，在非洲企业集群投融资具有更强的开放性和国际性。

## 第四节　中非产能合作中集群式投融资的优势与条件

### 一、对非洲集群式投融资的优势

中非产能合作中的集群式投融资是一种介于纯市场投融资与层级投融资

---

[①] 所谓涌现（Emergence）是指系统突变和渐变的非加和性，即系统整体具有部分或部分之和所没有的性质、特征、行为、功能等新的属性和行为模式。

两种投融资模式间的第三类模式，可有效地克服市场失灵和内部组织失灵，与单个企业对非洲进行投融资相比，具有诸多优势。

### （一）规模经济和范围经济优势

对非洲集群式投融资所形成的境外在非洲企业集群中相似的、相关联的或互补的众多中小企业通过相互间的配套、合作、协调和创新，并进行积极的交流与对话，共享集群社会关系网络、劳动力市场和服务，共享市场机会及分担风险，从而达到绩效的最大化，产生集聚经济效益和优势。集聚经济本质上是一种外部经济。外部经济分为外部规模经济和外部范围经济，因此，集聚经济优势可分为外部规模经济优势和外部范围经济优势。规模经济包括内部规模经济和外部规模经济。外部范围经济是社会分工高度发达的产物，是指把具有产业联系的生产过程分工到数个企业进行时，在地理空间上集聚的各企业间实现高度的专业化分工和协作而形成的合作网络。与外部规模经济相比，外部范围经济更强调专业化分工和协作，群内各企业均能享受到专业分工与合作的好处。中国企业对非洲集群式投融资，使我国中小企业在非洲的东道国一定区域内大量聚集，从而通过专业化分工、扩大生产经营、共享群内公共产品等，为境外集群内中小企业带来明显的外部规模经济和范围经济效应。集群式投融资对于弱小的中小企业来说，是一种非常有效的投融资模式。

### （二）资源共享和信用增级优势

中国企业要成功对非洲投融资，无疑需要一些诸如准确、及时的信息，充足、廉价的资金，精通跨国经营的人才等特定的资源，这些恰恰都是单个中小企业所缺少的。而对非洲集群式投融资则能实现群内资源的共享与互补，弥补单个企业的这些资源劣势。群内企业间因地理位置邻近、人员零距离接触频繁实现了信息共享，群内众多买卖者的聚集使企业在短时间内能够了解市场行情，从而降低了群内企业的信息搜寻成本。在国际市场信息不对称的情况下，境外在非企业集群作为一个整体，其信誉度要比单个企业高得多，能减少逆向选择和道德风险，在融资方面比单个企业更有优势，因而更容易获得境内外资本市场的青睐，提高群内中小企业投融资可得性，降低金融机构对群内中小企业的不信任度，提高对群内中小企业的资信评级，克服单个中小企业投融资存在的诸多障碍，大大增强企业的国际竞争力。群内易形成高度专业化的劳动力市场，大量人才聚集在群内，实现群内人才的共享和互补，大大增加求职者的就业机会，这不但降低了企业的劳动力搜寻成本和员工培训费等人工成本，还加剧了人才竞争，有效提高了人才质量。

中国境外在非洲企业集群具有单个企业无法比拟的信用优势，即它的整体信用增级优势。这是在非洲集群诚信经营的企业家信用、高质量生产的经营信用、合同签订与执行上的合约信用等三个层面信用的综合作用。在非洲企业集群的信用优势应来自集群的特殊性，即，环境集群改变了在交易博弈中的策略选择。如是一次性交易，交易主体选择欺诈行为的可能性比较大，交易主体之间不容易或不可能建立相互信用关系；但当与同一交易主体进行多次重复交易时，交易主体之间的博弈选择就会完全改变，更愿意持续选择守信行为，则交易主体间将建立长期稳定的良好信用关系。所以，中国境外在非洲企业集群之所以具有信用增级优势，其根本就在于在非洲企业集群的特有交易环境，改变了中非跨境交易主体的博弈规则，迫使交易主体在交易中倾向于选择守信行为。而且随着企业集群的进一步发展，会有越来越多的企业在同群内、群外企业交易时倾向于选择守信行为，企业集群的信用优势就逐渐加强。

### （三）降低投融资成本和风险优势

中小企业通过对非洲集群式投融资，在当地生产经营中，比单个中小企业，更能以低价优质并及时精准地获得各种生产要素。而距离和信息在集群企业获取生产要素过程中发挥着重要作用，企业集群使企业间距离大大缩小，信息共享和传播速度快，群内企业在获取投融资资金、熟练工人和高级管理人才、市场信息、专用性资产、创新知识、基础设施、运输资源、仓储物流等方面，均具有明显的成本优势。另外，企业通过参加群内的专业化分工，可节约对固定资产的投资，提高设备的利用率；通过集群的谈判力量，还可降低采购成本。这不仅使群内中小企业加强了成本和质量的管理并提高了其竞争力，而且使群内中小企业更为关注国际市场的应变速度和反应灵活性。

对非洲集群式投融资可降低企业的海外投资风险，并提高企业承受风险的能力。由于群内企业降低了固定资产投资和流动资金占用，这使企业对固定资产和流动资产的投资不至于太高，投资风险自然大大减少。境外在非企业集群，如在非洲的境外经贸合作区，一般由国内有实力、有信誉、有成功海外投融资和经营管理经验的大企业进行开发建设，为我国企业"走出去"搭建在东道国进行投资生产和经营的平台。企业通过这个平台在非洲开展生产经营活动，以群体效应来延伸产业链，增加新优势，降低交易成本，提升境外投融资竞争力。同时，这种有优势的生产经营平台，符合当地利益，也更能获得当地国政府的大力支持和优惠政策，降低海外投资风险。集内企业之间的损益存在着关联机制，当一家企业发生生产经营风险时，其他企业不会坐视不管，往往通过各种合理合法的商业手段，提供人、财、物、事等方面的积极帮助，增加了群内企业承受风险的能力。

（四）差异化生产和开拓海外市场优势

中国境外在非洲集群内企业进行专业化的产品间分工、经过多年的联系往来和受共同损益的制约，更能通过划分、互补、协调等灵活的方法分配细分市场，实行当地差异化的生产经营。在每一个细分市场上，群内各个企业都能充分利用自身的比较优势进行异质化产品生产经营，满足当地和其他地区或其他国家不同层次、不同消费者的需求，从而获得高溢价报酬，增加各自产品的附加值。同时，差异化生产经营使群内企业从正面恶性竞争转向"求同存异"、从互斥性竞争转向分工合作竞争，通过共同协商和配合、利益分享和制约，合理统筹利用好各种细分市场，有利于集群企业走上良性循环竞争的道路。

当今世界，各种形式的国际贸易保护主义愈演愈烈，中小企业直接出口产品到国外往往不容易实现，而在境外直接投融资就可以最大程度地绕开贸易保护主义。中国企业在非洲建立境外企业集群，中小企业在非洲企业集群内投资设厂，从事生产经营活动，不仅能大大降低生产成本、提高抗风险能力，而且能有效地避开国际贸易壁垒，减少国际贸易摩擦，还可以把产品除当地销售外出口到其他国家，更好地开拓海外市场。

（五）集群创新和区域品牌优势

国际市场上竞争更加激烈，企业只有不断增强自身的创新能力，努力提高科技水平和产品科技含量，才能形成强大而持续的国际竞争优势。对非洲集群式投融资不仅能有效增强中国在非洲企业的创新能力，还能有效增强境外在非洲企业集群整体的创新能力。境外在非洲集群内企业在共同利益基础上形成的密切合作关系，不但促进了各种创新资源（包括资金、设备等硬件资源和人才、知识等软件资源）的聚集，而且有利于知识、技术、经验等创新基本要素通过各种正式和非正式交流渠道在群内快速传播，为众多中小企业创新提供源源不断的学习机会。群内同行业间的竞争压力激发了中小企业的创新动力，科技领先企业的示范效应会促使科技落后的企业不断地模仿和追赶，形成创新的集群文化氛围。境外在非洲企业集群的创新不是孤立的，而是与外界进行着科技能量与信息的交换，集群内企业之间以及企业与国内、当地或其他国家政府、中介、高校、科研等机构间进行着开放的科研合作与协同创新，建立起集产学研于一体的境外创新网络，这种境外创新网络又作为一种基础设施为境外在非洲企业创新提供了保证。

中国企业海外投资初期投入大，再加上企业尤其是民营中小企业品牌意识比较淡薄，单个企业在海外依靠自身积累做大做强品牌难度很大。而集群式对外非洲投融资则有利于区域品牌在非洲当地的形成，形成在非洲单个企业品牌很难具有的整体优势。在品牌形象方面，区域品牌较单个品牌更为形象直接，比单个企业品牌更有深厚的人文底蕴，更容易引起人们的关注，一旦这个区域品牌建立起来了，人们一提到某一区域，往往会联想到该区域的特定产品，如中国义乌小商品、瑞士手表、意大利时装等。在品牌建设方面，单个企业在宣传和推广品牌上的投入有限，但当群内的所有企业的品牌建设力量集聚在一起时，则可集中较大的财力加大区域品牌推广力度，产生"1＋1＞2"的品牌协同效应。因此，中国企业在非洲集群式投融资、开拓非洲市场时，应该建设好非洲当地区域品牌，借助区域品牌效应和在国内取得的成功经验，在非洲当地更好地从事生产经营活动。

## 二、对非洲集群式投融资所需的条件

中国境外在非洲企业集群投融资是一种高级的跨国金融活动，它的成功实施需要较高的条件。

# 中非产能合作中的集群式投融资

## （一）明确的境外在非洲企业集群投融资主体地位

一般情况下，单个游离状态中小企业的投融资主体是一个独立的组织单位。而这里所论及的在中国境外非企业集群投融资是一个整体性投融资，它首先也要确定一个明确的投融资主体。但是由于境外在非洲企业集群的特殊性，群内中小企业分别为分散的、独立的个体。如果群内这些企业仍然独自行动去投融资，与群外一般中小企业相比没有任何改变，因此需要用一种方式使其能够成为一个主体。如果群内各个中小企业可以通过境外在非洲集群投融资机构（如境外在非洲集群财务公司）的形式联系到一起进行投融资，这时的境外在非洲企业集群投融资机构（如境外在非洲集群财务公司）的投融资主体地位就已经确立，即境外在非洲集群投融资机构（如境外在非洲集群财务公司）成为一个总投融资主体。在境外非洲集群组织投融资关系中，境外非洲企业集群投融资机构（如境外在非洲集群财务公司）是处于最顶端的投融资主体，但它的投融资行为只是一种中间代理的关系，真正的实体则为群内各中小企业。这是一种"单一投融资主体，多元投融资实体"架构的境外在非洲投融资组织形式。

## （二）群内各中小企业有机联系并有投融资合作的意愿

境外在非洲集群内中小企业如果要进行集群整体投融资，境外在非洲集群投融资机构（如境外在非洲集群财务公司）框架以内的中小企业必须是一个有机的整体。首先，群内中小企业可以通过价值链将它们横向联系在一起。群内上、中、下游中小企业之间的价值运动和货币运动，在一定的价值连接下成为了一个有机整体，其间存在着互相制约的关系。这一价值链上的中小企业有投融资需求，便可以形成一个通过该价值连接的境外中小企业群，成为一个有着内在互动机制的集群整体，再通过境外在非洲集群投融资机构（如境外在非洲集群财务公司）使整个在非洲境外企业群获得一定的投融资机会。其次，在非洲集群内中小企业可以通过生产同类产品形成纵向的有机联系。这便是以特殊的社会资本（如亲情、友情等）为纽带形成的一种生产联盟，既增强了整个集群产品与生产同类商品的其他企业间的竞争力，也增强了集群内各个中小企业抵御风险的能力，同时还可增强群内企业的商业信用，为境外在非洲集群投融资打下了坚实的基础。最后，群内中小企业可以通过合作投融资的意愿把它们的投融资行动统一起来。境外在非洲集群企业合作意识的高低、合作程度的深浅，直接影响集群投融资效应的发挥。当合作成为境外企业生存和发展的必要条件时，境外在非洲集群的合作文化就能够深入人心，境外在非洲集群企业在交易中也更加倾向于诚实守信，集群信用优势才能得以持续。在合作氛围和信用优势的助力下，境外在非洲集群合作投融资的可行性增强，境外在非洲集群中的中小企业可以选择多样化的集群融资模式来解决投融资"瓶颈"问题。

### （三）健全的境外在非洲企业集群投融资的金融市场

中国境外在非洲企业集群投融资优势的发挥，需要建立和完善与在非洲企业集群相对应的多层次的跨国金融市场结构体系。一般地，金融市场结构包括一个国家金融市场上的大型与小型金融机构、外资与内资金融机构、国有与民营金融机构等金融机构间的占比及各类金融机构间的竞争格局与程度等问题。其中，中小型金融机构因其业务的地域性特征，与当地中小型企业保持长期而又密切的关系，获得所需的各种难以计量和传输的"软信息"，从而能更好地向当地中小型企业提供中小信贷融资；新进外资金融机构和民营金融机构，在信贷市场上与大型金融机构争夺大型企业的竞争往往处于劣势地位，而在为中小型企业提供信贷融资服务上则相对更有竞争力。就中国境外在非洲企业集群投融资来说，要使在非洲企业集群的投融资优势得以发挥，就必须建立与在非洲企业集群相对应的多层次的跨国金融市场结构体系，如中国国内多层次的金融市场结构体系中包括国有大型商业银行、区域中小商业银行、集群内的合作金融机构如集群财务公司，以及相应的集群互助担保协会（公司）、产业基金、风险投资等配套机构。另外，中国境外企业集群国外的多层次金融市场结构体系有在非洲企业集群内部投融资机构、当地各种金融机构、非洲其他国家各种金融机构以及非洲外国家和国际金融机构等。这些设立在境外的非洲企业集群中心或专业市场周围的国内外各类各种金融机构，由于资金规模可大可小、产权明晰、决策程序简单、约束力强，可以及时掌握市场与客户等有关信息，降低监督管理成本，为境外区域内的中小企业提供包括投融资在内的各种金融服务。

### (四) 成熟的境外在非洲企业集群投融资技术

充分运用集群投融资信贷和投资技术是发挥中国境外在非洲企业集群投融资优势的重要条件之一。按照贝格和尤戴尔（Berger & Udell，2006）的解释，信贷技术包括财务报表贷款、小企业信用评分、资产基础融资、固定资产融资、保理、租赁和关系型融资等。这些信贷技术可以划分为依据企业"硬信息"进行信贷决策的交易型融资技术和依据企业"软信息"进行信贷决策的关系型融资技术两大类。无论是中小金融机构的关系型贷款还是大金融机构的交易型融资，都可以结合在境外企业集群内在特质，开发更好的境外在非洲集群投融资技术以有效缓解中小企业融资难的问题。作为总投融资主体的境外在非洲企业集群融资机构（如境外在非集群财务公司）可以采用的投资和融资技术很多，如境外在非洲企业集群的供应链投融资技术、保理投融资技术、集合债券投融资技术、团体投贷技术、产业基金投融资技术、风险投资融资技术、互助担保技术、中小企业开发性投融资技术、关系型投贷融资技术等。

### (五) 适宜的境外在非洲企业集群投融资环境

中国境外在非洲企业集群内中小企业投融资技术的运用、中小企业投融资难问题的缓解等都离不开适宜的集群环境支撑。一是在非洲企业集群的信用环境。相对于单个企业，在非洲企业集群在投贷融资方面具有内在的整体信用优势，但中小企业集群的信用优势也具有生命周期，存在孕育、形成和衰退的过程，需要建立有利于在非洲企业集群信用优势持续发挥的信用环境，具体包括资产评估、会计、审计、担保等信用中介机构及其制度体系在内的、完善的企业集群信用服务与信用担保体系等。二是在非洲企业集群的社会文化环境。处于某一特定地理区域和社会经济文化环境下的中小企业集群关系网络，也即企业集群的社会资本，不仅会影响民间投融资和集群内企业之间的合作投融资，也是影响集群投融资的重要因素。三是在非洲企业集群的法律环境。法律环境影响到中小企业投融资的可获得性和信贷成本。法律环境完善，债权人利益能得到充分的保护，法律的执行力度大，可大大降低中小企业的投资风险，提高中小企业投融资的可得性和降低其投融资成本。就中国境外在非洲企业集群投融资来说,要发挥其内生的投融资优势,无论是基于境外在非洲企业集群投融资技术的运用,还是发挥境外在非洲企业集群投融资优势的金融业市场结构调整,都必须有相应的国内外法律环境的支撑。四是在非洲企业集群的政策性支持环境。健全完善的在非洲企业集群政策性支持环境,包括在非洲企业集群的产业战略规划、产业结构的转型升级、集群企业与科研咨询机构的紧密合作平台的搭建、集群内重点核心企业的大力扶持、产业价值—资金—信息三链的整合等,都有利于在非洲企业集群形成独特优势和核心竞争力,增强集群产业聚集力、提高产业关联度、整合产业价值链,从而保持和扩大集群的整体竞争优势,为在非洲企业集群投贷融资优势的发挥创造有利条件。

## 第五节 中非产能合作中集群式投融资的市场、机构与工具

### 一、中非产能合作中集群式投融资的金融市场

#### (一)境外在非洲企业集群投融资的内部金融市场

中国境外在非洲企业集群投融资的内部金融市场包括集群内部货币市场和集群内部资本市场。境外在非洲企业集群内部金融市场是具有"企业内部市场"和"内部资本市场"特征、又不同于二者的一种新型境外金融市场。它主要包括在非洲企业集群内部资本市场、在非洲企业集群内部货币市场、在非洲企业集群内部外汇市场、在非洲企业集群内部保险市场、在非洲企业集群内部衍生性金融工具市场等等。这里主要探讨在非洲企业集群内部的资本市场。所谓内部资本市场,就是由拥有多个经营单位的企业集团总部和各成员企业参加的集团企业内部的资本融通市场。而中国境外在非洲企业集群内部资本市场就是在非洲的中国企业集群内部各中小企业围绕投融资资金而展开的合作基础上的竞争的资本市场。是在非洲企业集群中各成员企业之间

在投融资合作基础上的债权投融资、股权投融资、资金划拨等形式的资金相互融通的市场。它与企业内部资本市场相似但又不同，不管是其内涵，还是外延均超过企业内部资本市场。

如果以集群企业内部市场主体之间的合作、竞争程度为维度，将每个维度分为高（重要）、低（不重要）两种状态，从而可以把中国在非洲企业集群内部资本市场划分为简单型、合作主导型、竞争主导型、复合型四种结构类型。

1. 简单型在非洲集群内部资本市场。

简单型在非洲集群内部资本市场上，内部市场主体之间的合作与竞争对企业投融资和发展都无关紧要。这种类型资本市场可以看成是在非洲企业集群内部的自由市场。在非洲集群内部企业之间的投融资行为是临时的、偶然的，缺乏持续的合作性和组织性，集群投融资的优势未能利用。它可能具有相应的外部市场，也可能没有外部市场。

2. 合作主导型在非洲集群内部资本市场。

合作主导型在非洲集群内部资本市场上，内部市场主体之间的合作对企业投融资和发展至关重要，而竞争则对企业投融资和发展无关紧要甚或有害。在非洲集群内部企业之间的投融资合作是必需的、长期的，并且通过有组织的投融资合作行动来实现集群的投融资优势。在这类结构的内部资本市场上交易的金融中间产品或金融服务（如融资），或者没有外部市场，或者虽然有外部市场，但企业实施的差异化战略或资产专用性特征（如地点、区域、品牌专用性）要求内部资本市场必须与外部资本市场相隔离。

3. 竞争主导型在非洲集群内部资本市场。

在竞争主导型在非洲集群内部资本市场上，内部市场主体之间的竞争对于企业投融资、企业发展、改善绩效、提高最终产品的竞争力等非常重要，而合作的重要性则相对较低。此类结构的内部资本市场可能会由于多种原因而出现。首先，执行成本领先竞争战略的企业，如果中间产品或服务（如融资）的内部价格（成本）高于外部市场价格（成本），这些企业就有权弃内求外，不得不与外部竞争对手展开竞争，由此形成竞争主导型的内部资本市场。其次，在非洲企业集群内部，各企业之间虽然不发生直接联系，但在内部资源或顾客分配上却存在竞争，由此形成了竞争主导型内部资本市场。

4. 复合型在非洲集群内部资本市场。

复合型在非洲集群内部资本市场上，内部市场主体之间的合作与竞争对企业发展都相当重要，内部市场主体行为的竞合导向是此类结构内部市场的显著特点。

在非洲企业集群内部资本市场与集团内部资本市场的区分，主要体现在剩余控制权和组织结构的不同。在剩余控制权方面，集团企业总部 CEO 拥有多个项目的剩余控制权，能够更便利地配置稀缺资金，将资金从劣质项目转移到好的项目；而在非洲集群融资组织如中国境外在非洲集群财务公司虽然对企业的项目（包括投融资项目）不拥有剩余控制权，只是企业投融资项目的总代表，但它也能够更便利地配置稀缺资金，将资金从劣质项目转移到好的项目。集团企业多个分部纳入同一母公司的控制，能融得更多的外部资本，这种"多钱效应"可以缓解由于融资约束而导致的投资不足；而在非洲集群融资组织如中国境外在非洲集群财务公司通过合作共生机制体制，形成合力力量，以集群整体的力量去融资，同样能融得更多的外部资本。多元化集体企业内部资本市场中相关度较小的现金流量可以产生共同保险效应，增强企业的举债能力。而在非洲集群内众多的中小企业相关度更小的现金流量可以产生更强的共同保险效应，大大增强群内中小企业的举债能力。在组织结构方面，集团企业通过恰当的组织架构设计来引导、塑造企业各层次管理者的行为，降低寻租行为、权力斗争等因素对资本配置的负面影响，提高内部资本配置效率。而在非洲企业集群组织正是企业主体选择的最合适的"新组织结构"，境外在非洲集群财务公司不拥有剩余控制权但有能力凝聚分散的投融资力量，有效地降低寻租行为、权力斗争等因素对资本配置的负面影响，提高内部资本配置效率。

与外部资本市场相比，中国在非洲企业集群内部资本市场在信息、激励、合作、协同以及更有效地配置内部资源方面具有明显的优势，能有效降低投融资成本，放松外部投融资约束，提高资本配置效率，产生合作协同效应。

### （二）境外在非洲企业集群投融资的外部金融市场

中国境外在非洲企业集群投融资的外部金融市场就是普通意义上的金融市场（包括集群所在地金融市场、其他非洲国家金融市场、中国国内金融市场以及跨国区域和国际金融市场），它的概念定义、内涵外延、基本要素、形成发展、自身特点、表现形态、构成体系、功能作用、运行方式等相关理论与实践的研究已经汗牛充栋，这里不再赘述。但需区分清楚中国境外在非洲集群内部资本市场与外部资本市场的关系。在非洲企业集群的内部资本市场与外部资本市场都是群内企业资金交易的市场。在非洲企业集群需要经过内、外部两个资本市场进行资本配置：首先，各路社会资本通过国内外的外部资本市场把资本配置给在非洲企业集群；其次，在非洲企业集群通过内部资本市场把筹集到的资本配置到群内各个公司，再通过各企业把资本配置给各自不同的投资项目。通过在非洲企业集群外部资本市场获得投融资增加了在非洲企业集群可用资源的绝对规模，而通过在非洲企业集群内部资本市场把有现金流节余的中小企业的资源分配给有资金需求的其他中小企业，或将低收益中小企业的资源分配给高收益中小企业，不仅可以提高资本配置效率，还能降低外部投融资约束。

中国境外在非洲企业集群内外部资本市场之间有着密切的联系。动态地看，外部资本可以进入内部资本市场而形成企业的内部资本；内部资本也可以进入外部资本市场。二者的性质也会因此经常发生转换。中国境外在非洲企业集群内、外部资本市场是互补共生的。

## 二、境外在非洲企业集群投融资的专业新机构

### （一）境外在非洲集群财务公司

中国境外在非洲企业集群内企业依赖集群进行投融资在理论上分析具有显著的独特优势，但这些理论优势更多的是潜在投融资优势，在实践中要把其充分发挥出来，需有一种能让在非洲企业集群的潜在投融资优势转化成现实投融资能力的新机制，其中主要的是需成立一个在非洲企业集群投融资新机制中处主体地位、起主角作用、内生于集群又服务于群内企业的、新型的在非洲集群金融组织机构。这里将其名称定义为"中国境外在非洲企业集群财务公司"，简称在非洲集群财务公司。

在非洲集群财务公司将为中国境外在非洲企业集群内的中小企业融资开

## 第六章 | 中非产能合作中的一般产业集群式投融资

辟一个新的跨国融资渠道。众所周知，中小企业（这里包括集群内中小企业）融资难的主要原因之一就是中小企业融资的渠道狭窄。各种税费负担过重，削弱了中小企业现金流，中小企业内部资金积累能力有限，制约了中小企业内部融资能力；针对于中小企业的股票市场和风险资本市场融资渠道狭窄，严重制约了中小企业从外部市场融通权益性资金的能力；对中小企业的歧视性投资信贷政策，以及本应有各种专门用于扶持中小企业创立、发展的支助性贷款，如软贷款、优惠贷款、财政补助等支助性投资信贷又恰恰缺失，制约了中小企业从外部市场融通债务资金的能力；民间融资、地下融资成本过高且缺乏法律保护，中小企业除非迫不得已，也不愿意通过这种渠道融资。因此可见，在中小企业投融资渠道非常狭窄的情况下，在非洲集群中小企业同其他中小企业一样十分希望拓宽现有投融资渠道，也急切期盼开辟新的投融资渠道。而将要成立的在非洲集群财务公司作为一种内生的、服务于集群企业的正规非银行性金融机构无疑为它们顺利投融资开辟了一个新的融资渠道。

在非洲集群财务公司是一个正规性质的、以产业为基础的、为内部成员服务的综合业务型非银行性金融机构，也是一种内部金融机构。基于在非洲企业集群而建立的群内财务公司，构造了一个在非洲企业集群投融资的内部金融市场（IFM），它有别于外部金融市场（EFM），是金融市场的一部分。在非洲集群内企业通过其从事汇集和重新配置企业的剩余资金、筹集投融资资金、集中交易、监督管理、咨询、中介、担保等活动，实现资金资本在群内企业之间的低成本、高效率的配置。在非洲集群财务公司是一种产业金融机构。依托在非洲企业集群主导产业而建立的在非洲集群财务公司，是产业金融存在和发展的组织载体，其存在和发展的全部意义在于扶持和依托特定区域特定产业的发展。在非洲集群财务公司还是一种综合型非银行性金融机构。其职能定位不能仅仅囿于企业集团财务公司的财务管理服务，而应该能够提供全面的内部金融服务，应具备并履行储蓄、融资、投资、投资银行、风险投资、咨询顾问、担保代理等多重职能。

与其他金融机构相比，在非洲集群财务公司将具有明显的竞争优势。一是金融、产业、企业结合优势。在非洲集群财务公司是群内中小企业以股本资本为纽带、以产权结合为基础建立的产融结合金融组织形式，这种内部分化的模式，形成了一种"一荣俱荣，一损俱损"的利益共享的经济伙伴关系、共担风险的相互依存关系、协作发展的诚实信用关系，实现了两者发展的良性互动，真正体现了产融结合的效率要求。二是系统自组织优势。在非洲企业集群这个复杂的系统中，在非洲集群财务公司是一个关键组织，没有这个组织载体就不能发挥整体大于要素之和的功能。在非洲集群财务公司在这里就发挥了"一身兼二职"的作用，一方面使在非洲企业集群的潜在投融资优势转化为现实投融资优势；另一方面实现依靠集群内各个中小企业自身不能实现的投融资需求。同时，作为在非洲企业集群投融资整体下的在非洲集群财务公司具有自组织特征，通过这个自组织机制，在系统结构保证下，集群具有投融资协调一致性，实现投融资及相关信息共享，建立牢固的互信信用关系，提高投融资效率，降低投融资风险，并经历多次复杂系统式的演化（如渐变与突变）过程，在非洲集群财务公司形成——壮大——转升的反复迭代中不断趋于成长和优化。三是内部金融市场优势。在非洲集群财务公司实际上在境外构造了一个内部金融市场，内部金融市场在资本的低成本配置、放松融资约束、融资监督和激励等方面具有外部金融市场不可比拟的优势，从而降低了在非洲集群企业对外部金融市场投融资的依赖程度。四是集群投融资协作能力优势。在非洲集群企业共处同一地区、同一产业链上，企业间良好的协作关系，可以使用延期付款或提前收款、共享设备或技术等方式缓解资金短缺而带来的资源不足问题。

（二）中国境外在非洲企业集群投融资的其他专业新机构

中国境外在非洲企业集群及群内企业可以通过中非发展基金进行投融资。中非发展基金（China-Africa Development Fund）是由国务院批准设立、于2007年6月26日开业的支持中国企业开展对非洲合作、开拓非洲市场的专项资金，是当时国内最大的私募股权基金和第一支专注于对非洲投资的股权投资基金。基金采取自主经营、市场运作、自担风险的方式进行运作和管理。国家开发银行作为股东，拥有丰富的项目评审和管理经验、较为完善的专家资源库。基金通过已投资的五支基金及三家专门基金管理公司，建立了较成熟的基金运行管理和风险控制机制。基金是中国与非洲互利、合作、分享进程中的一个创举，弥补了过去传统模式下中国对非洲无偿援助与商业贷款之间的空白，在不加重非洲国家债负的情况下，通过市场化运作方式实现自身的持续健康发展。基金借鉴了国际私募股权投资基金的做法，结合了非洲国家的社会需求和经济发展方向，通过基金投资和咨询服务等方式，引导和支持更多的中国企业加大对非洲的投资，促进非洲大陆各地区经济的健康快速发展和民生的极大改善。

中国境外在非洲企业集群及群内企业也可以通过中非产能合作基金进行投融资。中非产能合作基金在第二章已有介绍。该基金600亿美元的资金支持由发展援助、优惠贷款和商业性投融资资金三方面构成。商业性投融资资金将在支持中非产能、投资和贸易等领域的合作，促进非洲工业化发展的过程中发挥更大的作用。该基金尊重国际经济金融规则，秉承商业化运作、互利共赢的理念，通过以股权为主的多种市场化方式，服务非洲"三网一化"建设。而中非发展基金的投资方式也主要为股权投资，但还包括准股权投资以及基金投资。中非产能合作基金主要投资于非洲地区制造业、高新技术、农业、能源矿产、基础设施和金融合作等领域，优化投融资结构，实现中长期财务的可持续。中非发展基金目前在非洲的投资领域包括装备产能、基础设施、能源矿产、工业园区、农业民生等。因此，这两支对非洲基金虽然有竞争但也有合作，正如迟建新所说"中非发展基金和中非产能合作基金，在支持中非产能合作和中国装备制造业'走出去'方面，会有交叉、有合作，将来可能免不了竞争。"

另外，中非政府还可以尽快成立中非合作银行、中非合作证券市场、中非合作保险市场等专业性金融市场，为中非产能合作提供更多的投融资金融市场，为中国境外在非洲企业集群内中小企业投融资开辟更多的便捷金融渠道。

### 三、境外在非洲企业集群投融资的新工具

中国境外在非洲企业集群投融资工具是指集群企业或企业集群投融资组织（如在非洲集群财务公司）在投融资过程中产生的证明债权债务关系的书面凭证。它记载着在非洲集群投融资活动的金额、期限、价格（或利息）等，对债权债务双方具有法律约束效力。这种书面凭证反映了一定的信用关

系，融通了信贷和投资双方的货币余缺，因此，境外在非企业集群投融资工具也可称为"境外企业集群信用工具"或"境外企业集群金融工具"或"境外企业集群投融资产品"。境外在非企业集群投融资工具除具有一般投融资工具所具有的流动性、偿还期、安全性、收益性等特点之外，还具有特定性、集体性、整体性、准内源性和准外源性等特点。

境外在非洲企业集群投融资工具是与境外在非洲企业集群投融资模式相适应的金融工具创新，这种金融工具的创新不是偶然的，而是在非洲集群内企业为了更有效地投融资，采用剥离技术和组合技术的方法，对已有的基本金融工具进行改造，产生的新型金融工具，借以满足群内不同投融资者的多样需求。总体上，境外在非洲集群投融资工具的创新一般遵循着动态平衡式协调发展的规律。在金融市场上，投融资工具的产生要决定于金融市场的供求，当供求达到均衡时，投融资工具品种最稳定，不会产生新的投融资工具。当金融市场上存在投融资工具需求和供给不匹配时，金融市场就会发生变化，使得金融市场趋向均衡。均衡后的金融市场仍处于变化的经济环境之中，经济环境的变化对金融市场不断提出新的要求，打破原来的均衡体系，"未均衡——相对均衡——打破相对均衡"的反复过程贯穿于经济的从始至终。投融资工具创新是解决金融市场不均衡的有效途径，可以促使金融市场达到动态均衡，而金融市场的变化反过来又促成新的投融资工具，二者相互促进，相辅相成。

境外在非洲企业集群投融资新工具可以按不同标准进行分类。

第一，按投融资工具的流动性可划分为具有完全流动性的在非洲企业集群融资工具和具有有限流动性的在非洲企业集群融资工具。前者指的是在非洲集群"钞票"、集群活期存款或短期投资、群内互助担保融资或互助投资、关系型投融资、集群供应链投融资、团体贷款或团体投资等，它们在公众之中已取得普遍接受的资格。后者是指在一定的条件下，可以流通转让被人接受的投融资工具，如在非洲集群商业票据、集群存款凭证、集群股票、集合债券、集合票据、集合信托、集群产业基金、集群风险投资、集群保理融资等。

第二，按发行者的性质可划分为在非洲企业集群直接证券与在非洲企业集群间接证券。前者是指由在非集群内中小企业或集群财务公司所发行的集群股票、集合证券（集合债券、集合票据和集合信托）、集群抵押契约、集群产业基金、集群风险投资、集群保理、集群借款合同等凭证以及集群购买的国库券、公债等。后者是指由其他金融中介机构所发行的在非集群存款单、集群大额可转让存单、群内互助担保债券、关系型投融资债券、集群供应链投融资债券、集群人寿保险单等。

第三，按偿还期限的长短可划分为在非洲企业集群短期投融资工具与在非洲企业集群长期投融资工具。前者指期限在1年以下的信用凭证。如在非洲集群商业票据、集群银行票据、集群短期国库券、集群支票、集群信用卡、集群保理融资等，后者指期限在一年以上的信用凭证，如在非洲集群公债、集群股票、集群产业基金、集群风险投资、集群抵押契据等。群内互助担保投融资、关系型投融资、集群供应链投融资、团体投贷、集群人寿保险单等既可以是在非洲企业集群的短期融投资工具，也可以是在非洲企业集群的长期投融资工具，具体是看它们的期限是否超过1年。

第四，按照职能可划分为原生在非洲企业集群投融资工具和衍生在非洲企业集群投融资工具。原生投融资工具也叫基础投融资工具，主要是媒介储蓄向投资转化或者用于债权债务清偿的凭证。如集群股票和集合债券。衍生投融资工具是在原生投融资工具基础上派生出来的金融产品，包括集群远期合约、集群期货、集群期权互换合约等，它们的价值取决于相关原生产品的价格，主要功能是管理与原生工具相关的风险。

## 第六节　中非产能合作中不同产业集群式投融资的新模式

国务院《关于推进国际产能和装备制造业的实施意见》将钢铁、有色、建材、铁路、电力、化工、轻纺、汽车、通信、工程机械、航空航天、船舶和海洋工程等12个行业作为推进国际产能和装备制造合作的重点领域。中非"十大合作计划"中涉及工业、农业、贸易业、金融业、环保业、基础设施等产业，其中工业化合作是中非经贸合作未来发展的重点领域。所以，中非产能合作中集群式投融资的产业要以上述《意见》和"计划"为指引。

中非产能合作中的
集群式投融资

# 一、对非洲工业产业集群式投融资新模式

## （一）中国境外工业园区的简况

中国境外工业园区的建设已有20多年，最早创办的境外工业园区是1992年由中国电气进出口有限公司和越南方面合资建设的铃中出口加工区。海尔集团也早在1999年4月就在美国南卡罗来纳州建立了专供本企业使用的工业园区。之后，我国企业在境外投资建设专门或主要吸纳大陆企业的工业园区越来越多。据不完全统计，目前中资企业在海外投资兴建的各类境外工业园区已超过50个，其中超过一半的境外工业园区处于项目早期阶段，仍主要处于面向我国企业招商状态，但这些工业园区在未来有望形成相应的产业集群。如俄罗斯的乌苏里斯克经济贸易合作区，就是我国商务部于2006年批建的首批境外经贸合作区之一。合作区计划总投资20亿元人民币，引进我国企业60家，重点发展轻工、机电、木业等产业。到2014年1月，入区企业数达27家，其中鞋业企业最多、达16家，木业家具类企业3家，服装企业2家，其他企业6家。从发展态势看，园区已形成了中国在俄罗斯的境外鞋业产业集群，未来有望再引进家具企业，形成中国在俄罗斯的境外家具等产业集群。

## （二）境外在非洲经贸合作区的情况及缺陷

在第五章已经对中国境外在非洲经贸合作区的几种典型模式作了介绍，这里再结合浙江省在非洲的经贸合作区模式作进一步分析。由于浙江省经济多以中小企业为主、行业多向传统制造业集中的集群经济为特点，浙江省对非洲的经贸合作区建设也多以传统优势产业为主导。南部非洲的博茨瓦纳经济贸易合作区、尼日利亚的越美纺织工业园都属于这类境外经贸合作区，其主导产业都主要集中在纺织业、制鞋和轻工业等浙江省优势行业上。中国—博茨瓦纳经济贸易合作区于2007年3月3日正式启动。"合作区"由达亨控股集团和达之路国际控股集团负责建设，总投资5180万美元、占地5平方公里，拥有综合配套区、纺织工业园、综合产业区、高新园区、展览与贸易区

和物流园区。"合作区"的功能定位于集聚全球资源,打造南部非洲现代制造业基地、国际物流中心和自由贸易区。

越美纺织工业园(尼日利亚)成立于2008年,由诸暨越美集团投资兴建,投资近6000万美元,占地共800亩,建筑面积达到28万平方米,是中国在境外的第一个纺织工业园,也是尼日利亚国家最大的纺织工业园区。园区已有中国的20家企业入驻,涉及棉纺、织造、印染、服装等产业。

这些浙江省在非洲工业园区的建立不仅帮助了更多中国企业走出国门,参与国际竞争,更重要的是帮助一些非洲国家建立了相关产业,为东道国薄弱的工业经济发展打下了一定的基础,也为加快非洲工业化进程提供了可借鉴的模式和经验。这类境外在非洲经贸合作区一方面能够转移国内过剩产能,规避贸易壁垒和汇率风险,减少贸易摩擦,享受国内和东道国优惠政策;另一方面能充分利用外部经济,有利于中小企业在境外立于不败之地,成为浙江省企业对非洲集群式投资的有效平台和参与国际经济合作与竞争的新优势。

但是这类境外在非洲的经贸合作区也存在着一些缺陷。一是东道国没有相关配套产业链,很难形成产业优势。二是境外投资项目建材采购难、价格高,成本很难控制下来。三是境外园区建设所需资金庞大,仅靠企业的投资,与将要建设成具有世界级投资环境园区的资金要求相比缺口十分巨大,而这些境外企业的融资渠道和融资方式在我国的现有法律框架下比较有限,在当地的融资或与当地的融资合作也还没有实质性的开展。四是实际入园企业数与计划数相比较少,合作区建设对带动浙江省对非洲集群式直接投资的能力有限,没有达到人们之前预期的效果。五是企业境外研发创新能力不强,管理水平有待提高。六是对东道国的法律和投资环境不熟悉,在陌生的环境下,容易造成投融资决策失误。另外,企业外派人员由于文化差异、语言不通、风俗差别、道路生疏、安全风险等原因也给工作的开展带来一定困难。

**(三)境外在非洲工业企业集群投融资模式的创新**

在生产制造领域,中国境外在非洲企业集群式投融资模式的创新,应从单一生产投资模式逐步过渡到"研——产——供——销"一体化的境外先进制造业集群投融资模式,即以在非工业园为基础,以在非洲生产为核心,通过集群式投融资,建立研发(产品、工艺、管理等研发)、生产(精密生产、生产操控技术与生产运营能力)、供销(原料采购供应、产品销售)全产业链一体化的境外工业企业集群。

境外在非洲全产业链一体化工业企业集群的打造,一方面要有利于充分发挥国内外"两个市场、两种资源"的集群式投融资作用,转移国内过剩产能,在当地形成集群效应;另一方面要迎合非洲工业化的重大机遇,对非洲国家有实实在在的经济利益和外溢效应。第一,以在非洲集群主导产业为轴心,延伸产业集群投融资方向,打通"全产业链",建立一体化境外工业企业集群,共同争取更大的市场。如尼日利亚越美纺织工业园,虽然形成了一个所谓的从纺纱、织造、绣花、针织到整套服装完整的产业链,同时以工业园区作为招商平台,从清关到园区管理,为入住园区企业提供全套服务。但是严格地看,其产业链还不够完整,不能称作全产业链,还有向产业链两端纵深延伸的较大空间。第二,加强现有集群的装备、技术和管理改造,提升境外在非洲工业集群的层次。通过这些途径,可以使其从以劳动、资源密集型为特征的传统加工制造业集群,向以资本、科技型为特征的先进、高端制造业集群转型提升发展。第三,加大境外研发投入,提高境外在非洲集群在当地的自主创新能力。产业集群的重要特性之一在于它的创新性,在非洲中小企业工业集群如果缺乏适应当地市场环境的自主创新能力,就很难持续地发展壮大。在非洲中小企业工业集群的创新,不仅需要大量财力、物力和人力的投入,更重要的是应与当地的市场需要相结合,融入到当地的文化当中,嵌入到当地的经济体内,引入当地资本资金参与投资,根植于当地的社会资本网络,就地找到灵感、内涵和动力。第四,加强在非洲工业企业集群的投融资管理,提高外派人员素质,熟悉东道国的法律和投资环境,提高集群式投融资决策水平。

## 二、对非洲农业产业集群式投融资新模式

### (一)境外农牧园区的简况

我国已有不少企业在俄罗斯、巴西、非洲等境外场所投资建设了主要为本企业使用的农业园区,且不同企业在同一地区集聚的现象也已出现。2014

年 2 月江苏省商务厅和财政厅确认如皋市双马化工有限公司在印度尼西亚加里曼丹岛建设的农工贸经济合作区，成为江苏省首家境外产业合作集聚区，定位于农林种植与产品加工，规划大面积种植棕榈树。2015 年 9 月，湖南省商务厅、湖南省财政厅认定建设北欧湖南农业产业园、东帝汶农业高新技术开发区、老挝湖南橡胶产业园、湖南尔康（柬埔寨）农产品加工园区、俄罗斯贝加尔农牧产业园区、老挝农业产业园等 6 个境外农产品加工型园区。

### （二）境外在非洲农牧园区的情况及缺陷

如主要依托安徽省农垦集团在津巴布韦投资建设的境外非洲农牧园区，初步开发土地达 5 万公顷。2013 年 6 月 26 日，安徽省农垦集团等 27 家单位共同发起成立"皖企赴津合作开发联盟"，达成共同在非洲农牧园区的盟约。2013 年，联盟共组织 12 批国内政企团赴津巴布韦等非洲国家进行投资考察，考察范围涉及种养殖业、种子业、农业机械、食品加工、贸易物流等产业，联盟企业仅在津的协议投资总额就达 1700 万美元。至 2014 年 5 月入园企业已达 37 家。2014 年 11 月，四川省 7 家农业企业就联合赴乌干达建设农业产业园初步达成意向协议，重点发展水稻、棉花、食用菌、养鸡、农产品加工等产业。2016 年 6 月，江苏海企技术工程股份有限公司在坦桑尼亚投资建设的江苏—新阳嘎农工贸现代产业园已形成了以棉花为源头、以纺织为核心的产业基地，现已运行的海企纺织、海联农业、金锡物流和杰龙控股 4 个项目中的农业项目可以视为一个分园区或子园区。由此可见，中国境外在非洲的农牧园区很少，而且基本都处于初建阶段，目前虽然大体可以确定这些农牧园区的投融资领域，但还不能明确其运营模式和盈利模式。

### （三）境外在非农业产业集群投融资模式的创新

在大农业（包括农、林、牧、渔等）领域，中国农业企业对非洲集群式投融资模式的创新，应根据农业生产特点和农业高新技术特点，以非洲农业现代化、调整非洲农业生产结构、应用现代农业科技和园区自身利益最大化为主要目标，发挥已有的世界各种农业科技优势及非洲农业区域优势和自然社会资源优势，以农业高新技术的集体投融资和有效转化为特征，以在非洲农业企业集群化和现代化管理为手段，以研究、试验、示范、推广、生产、经营等活动为农业试验基地，充分利用外部有利的市场机会，对园区的各种资源要素进行有机整合，设计出适合本园区的最好盈利模式，积极拓宽园区农业盈利渠道，最大限度地创造园区农业价值，确保园区各个组成部分都能盈利和可持续发展。

集群式投融资建设境外在非高效农业产业化园区时，应注重获取规模经济和范围经济效应，通过扩大农业规模和增加农业品种来提高农业效率。为了扩大生产规模，集中使用农业生产要素，使单位产品的平均成本降低来获取盈利，或者提高土地效率，增加农产品产量来获取收益。境外在非洲农业园区的集群式投融资方向应有利于农业机械化、自动化的广泛使用，提高在非洲农业的机械化程度；有利于精耕细作，通过种植温室作物和园艺作物等高附加值农产品，提高当地土地生产率；有利于开源节流，使非常宝贵的非洲水资源得以科学高效地利用，把"不毛之地"变成了"粮果之乡"、"沙漠花园"。为了增加农业品种、推进农业现代化进程，对非洲农业集群式投融资应建设集农业生产、科技、生态、观光、休闲、娱乐、餐饮等多种功能为一体的综合性示范园区，延长在非洲农业产业链，使不同的在非洲农业产业链各环节都能实现价值，提高在非农业的抗风险能力。

集群式投融资建设境外在非洲现代农业科技园区时，应以科技含量高、科技成果转化率高的科技为依托，以农业新技术、新品种的示范推广和科技盈利为核心，提高农业科技服务质量，通过技术转化、旅游、培训等途径获取在非洲科技农业收益。境外在非洲现代农业科技园区的集群式投融资依靠在非农业科技产业化实现盈利，主要通过农业科技的孵化推广收益、科技中介有偿服务、科技成果转让、农业技术服务、培训、展示场地的有偿使用、会议收入、学生夏令营收益、园艺产品及会员卡的销售、门票收入方式盈利。

集群式投融资建设境外在非农业综合园区时，应设计选择好适应当地自然社会经济条件的农业综合园区经营模式，建立集农业、加工业、物流业、旅游业于一体的，融合了第一产业、第二产业、第三产业的在非综合农业综合园区，使其盈利模式遍及多个农业产业链以及产业链的各个环节。具体投融资思路可以借鉴国内上海孙桥现代农业开发区的经验。该区以高科技生物工程与设施农业相关的农产品加工为主导，以内外贸为纽带，以产销一体、农科游结合为经营思想，走出了一条以蔬菜、花卉为主体，种子种苗、绿色蔬菜、食用菌、花卉设施农业生产、农产品精深加工、细胞工程、微生物工程和基因工程相融合的生物技术产业，温室工程安装制造，与农业相关的物流交易、休闲居住、观光旅游、会展培训服务为主的盈利道路，成为浦东现代农业的一颗明珠。

## 三、对非洲商贸产业集群式投融资新模式

### （一）境外商贸市场的简况

目前，我国境外商贸市场以浙江省在境外投资建设的中国商品城、中国商贸市场为最多。从温州人于1998年7月6日在巴西建立首个境外中国商城（圣保罗中国商城）开始，至2014年，温州人又陆续在世界多地设立了16个境外中国商品城，将1000多家中国经营户带出国门。2014年，宁波人也陆续在世界各地投资建设了若干个中国"商品城"。2016年3月11日，浙江省中国小商品城集团股份有限公司与波兰华沙中国商城正式签订了市场合作框架协议，义乌中国小商品城首个海外分市场——波兰华沙分市场正式授牌，这意味着被誉为"全球最大的小商品批发市场"——义乌中国小商品城实体市场"走出去"了。波兰华沙中国商城是中东欧地区最大的批发市场之一，市场内金融、律师、会计、物流、报关、仓储等配套服务比较齐全。市场建筑面积15万平方米，目前入驻的商户约1000家，主营服装、鞋帽、箱包、床上用品以及日用小商品等，商品辐射波兰全国及德国、匈牙利、捷克、乌克兰、白俄罗斯等周边国家。境外商贸市场为我国商品的批发零售提供了国外聚集场所，是我国批发零售企业境外集群的实现形式之一。另外，境外物流园区作为中国境外商贸市场的升级版，除设有批发零售贸易市场之外，还为仓储运输、展览推介、电子商务企业提供场所。如阿联酋迪拜的两大中国商品物流中心"龙城"和"凤城"。龙城指的是2004年开业的中国商品（迪拜）分拨中心（DRAGONMART），占地50万平方米，由中国中东投资贸易促进中心与阿联酋Nakheel公司分别投资0.3亿美元、3亿美元建成的集市场、仓库、公寓为一体的境外物流园区，是我国在海外建立的规模最大、投资最多、档次最高、服务功能最全的经贸平台。其商业中心共设有3950个标

准商铺，已有超过1200家中国公司入驻龙城并居住在与之配套的国际公寓。凤城指的是由中国浙江龙门（集团）有限公司与阿联酋迪拜"米拉斯"控股集团公司共同开发建设的、位于龙城对面的"中国凤凰世纪广场"，占地约51.7万平方米。预定建成后在商品的种类、价格和品质等方面将与龙城互为补充，并形成规模经济效应和品牌优势效应。其他公司也在匈牙利投建"中欧商贸物流合作园"，在波兰投建"波兰新达中国商城"等。预计不远的未来，不断增加的境外物流园区将为我国商贸、物流、电商企业提供更多的国外集聚场所。

### （二）境外在非商贸城的情况及缺陷

浙江省企业集群式走入非洲的最初模式是在非洲建立大卖场式的境外商城，如南非的"中华门"和尼日利亚的"中华商业中心"。"中华门"位于南非首都约翰内斯堡市坎普顿公园区西部，占地10万平方米、营业面积达32000平方米，1998年由黑龙江省现代集团和浙江省华丰实业有限公司斥资2700万兰特（约合500万美元）买得。"中华门"地理位置十分优越，距离约翰内斯堡国际机场仅10公里，背靠亚历山大和坦比撒两大黑人聚居区，四周的M39号公路将其与约翰内斯堡中兰德工业区相连。同时，北至津巴布韦的N1高速公路、西至博茨瓦纳、东至莫桑比克的N4高速公路也分别从中华门邻近经过。此外，南非的金融系统十分发达，各大局部银行的总部都设在该市，金融服务网宏大完善。快捷的交通设施和发达的金融服务使货物的进出和资金的周转都十分便利。这些有利的条件使中华门成为一个商业旺角，是南非中国商品批发零售展销中心和中国商品进入非洲的集散地。

尼日利亚的"中华商业中心"主要集中在拉各斯和卡诺（尼日利亚第二大城市）。拉各斯、卡诺都有大规模的中国商城。大约2万多名华人在拉各斯及周边城市经商的影响力很大，主要从事服装、鞋帽、塑料制品、廉价手机、小电器等生意。以前经营模式是零打碎敲的零售，现在升级到了大规模的批发，其最大的优势在于销售量大、价格低廉，最大的作用在于丰富了当地市场品种、满足了当地消费需求。

这类境外在非洲商贸城模式不可避免地存在较多的缺陷。一是市场功能单一，商业价值链太短，没有形成境外营销网络和产业链条，无法产生流通商贸业集群效应。二是中国商城售卖的中国货虽然价格便宜，但大多数商品质量不可靠，甚至部分华商竞价甩卖、投机钻营、出售假冒伪劣商品，坑害了当地消费者，也从某种程度上损害了中国产品、整体华商和中国国家的形象。三是当地华人过于重商，一些华商基本不同当地居民往来和合作，也忽略了与当地政界及主流社会的交流，甚至有的华商只注重通过打擦边球、钻政策空子、贿赂当地官员等方式取得很多当地商人难以得到的优惠条件，致使一些当地人对华商的看法发生了逆转。四是多数华人持商务或者旅游签证短期经商，在当地属于非法就业，有的华人多次延期商务签证非法滞留，有的申请工作配额时编造工作岗位，如此种种行为均导致非方对中国实施严格的工作签证政策，并经常清查、罚款、扣押、遣返非法滞留华人。

### (三) 境外在非商贸产业集群投融资模式的创新

在流通商贸领域，中小企业对非洲集群式投融资模式的创新，应走从初级单一的大卖场（中国商城）投资模式逐步转向高级多元的境外商业集群投融资模式之路，即以中国商城为基础，以在非营销为切入点和核心，通过集群式投融资方式，建设以当地营销、品牌展示与管理、跨境电商、国际物流、商服信息等多元融合的境外商业集群。

境外在非洲中国商城已成为中国企业建立境外营销网络、开拓非洲市场的重要平台。中国中小企业要积极响应各级政府大力推动境外营销网络建设的号召，多渠道多方面不断地进行境外商贸模式的创新和转型发展。首先，通过建设海外（非洲）品牌展示（贸易）和品牌管理中心，来促进名、特、优、新产品以更高附加值抢占非洲市场。也可以通过借鉴义乌、绍兴国际商贸市场建设运营的优势和经验，转换在非洲经营模式，丰富商贸形式，完善市场功能，延长商业链，提高商品档次，努力形成中国产品的全球分销中心。其次，中国商贸企业可以凭借中国制造业"走出去"的优势，在产业链上下游的不同行业之间形成纵向的战略联盟，伴随核心制造企业走出国门，形成海外供应链联盟并协助其开拓分销渠道。同时，在非洲中国商贸企业和商人可以与东道国企业和经营户进行投融资、经营管理等方面的合作，采取本地化措施，引进当地国家资源、商品和劳动力，一方面消除当地居民对中国商品进入所产生的强烈恐慌甚至抵制心理，降低当地政府对本地产业的保护程度；另一面促进中国境外集群商贸业的规模化、专业化、品牌化和跨国化，提高中国境外商贸业的国际竞争力。最后，通过大力投融资来发展与在非洲商业集群相关的跨境电商、国际物流、数据信息等商贸服务业，实现中国集群商贸业的境内境外、前向后向、线上线下的互联互通、配合协作，形成立体多元的境外营销网络体系。

中国境外在非洲商贸企业也可以成立非洲商会，一方面牵头研究创新在非洲商业集群投融资模式，另一方面在加强与当地联系、沟通和协调的基础上，加强行业自律和管理，维护在非华商秩序，以确保在当地遵纪守法，正常签证，合理用工，保证商品质量，开展正当市场竞争，防止竞价甩卖、投机钻营、出售假冒伪劣商品，造福当地消费者，重树华商信誉，维护中国形象。

## 四、对非洲综合产业集群式投融资新模式

### （一）境外综合产业链合作的简况

中国对境外综合性产业的投资除了下面将要介绍的多功能综合型经贸合作区外，还有境外产业链合作。农业企业联合境外开发是境外产业链合作的例证。就工业和服务业企业而言，目前境外产业链合作仅见于少数企业。如2013年10月，主营轨道项目设备供应服务业务的中国北车子公司长春轨道客车股份有限公司与主营轨道项目建设业务的中国交通建设股份有限公司签署海外战略合作协议，双方将共同打造海外产业链市场开发平台。2014年4月中船重工（重庆）海装风电设备有限公司与重庆对外经贸有限公司达成产业链"抱团出海"合作意向。2016年6月，江苏省商务厅、省财政厅确认江苏海企技术工程股份有限公司在坦桑尼亚投资建设的江苏—新阳嘎农工贸现代产业园为江苏省境外产业合作集聚区，已形成了以棉花为源头、以纺织为核心的产业基地，现有海企纺织、海联农业、金锡物流和杰龙控股4个项目投资运营，为当地最大的生产加工区。虽然这些产业链合作仍处在萌芽状态，但随着我国企业对外投融资和承包工程在产业领域、项目规模、地理范围等方面的不断拓展，预计未来我国企业境外产业链合作将更为常见，且这种合

作有可能为相关产业上下游企业在境外集聚提供契机，很可能形成境外产业链上的综合性企业集群。

### （二）境外在非洲综合性经贸合作区的情况及缺陷

境外在非洲现有的多功能综合型（集加工、贸易、展览、物流、房地产等为一体的多功能、多行业的综合园区）经贸合作区的发展模式，基本遵循了："政府支持、企业主体、设施先行、招商引资、规划定位"原则，即在双边政府支持下，以中国国内大企业为经营开发主体，在具备一定的基础设施和软件服务的基础上，吸引国内外企业入驻，并形成一定的产业集群和发展定位。虽然中国中央政府和地方政府对投资企业给予财政、金融、海关等方面的支持和政策，非洲国家政府对合作区也给予税收减免、许可证一站式服务、资金利润自由汇出等一系列政策优惠，但其性质、范围、数量和程度都远不及自由贸易区政策那样开放、自由和优惠。这只能解决如前所述的部分问题，中非经贸合作仍然存在许多障碍和不确定性，只有将在非洲境外经贸合作区升格为中国在非洲境外自由贸易区与经济合作区，才是全面解决当前这些障碍和保障全面发展的长久之计。

### （三）境外在非洲综合产业集群投融资模式的创新

在综合经济领域，中国中小企业对非洲集群式投融资模式的创新，可以借鉴自由贸易区和跨境经济合作区的通行做法，由政府出面与当地政府在投融资等多方面合作，将在非洲的综合性境外经贸合作区（如南部非洲的博茨瓦纳经济贸易合作区）升格为中国境外在非自由贸易区与经济合作区，使之成为超国家的境外区域经济一体化组织（即中非跨洲区域经济贸易集团），并不断提高其境外区域经济一体化的形式，取得相应形式的政策，产生相应形式的经济、政治、外交等互惠利益。

通过中非政府和区域组织间的磋商合作，近期可将境外在非经贸合作区先升格为自由港、自由贸易区、保税区、出口加工、转口贸易区等当中的某一类自由经贸区，然后等条件成熟后再升格为综合性自由贸易区，区内原料、零部件、半成品和成品都可以自由进出，可以进行进出口贸易、加工生产、转口贸易、保税仓储、商品展销、制造、拆装、改装、加标签、分类、与其他货物混合加工等商业活动,具备进出口贸易、转口贸易、仓储、加工、商品展示、金融等多种功能,大大提高了自由经贸区的运行效率和抗风险能力。之后,再视中非经济政治发展需要,逐步建立基础更加稳固可靠、程度更加开放合作的多级跨洲区域经济一体化组织,不断提高中非合作的层次和质量,扩大中非合作的范围、加深中非合作的程度。

## 五、对非洲科技服务产业集群式投融资新模式

### (一)境外科技园区的简况

目前我国只有个别企业在境外建有科技园区。2012年6月,北京市中关村管委会和北京瀚海智业集团联合,在美国硅谷共同创建"中关村瀚海硅谷科技园"。入驻科技园的企业分为两类,一类是对中国市场看好的美国当地中小企业,另一类是由在美中国留学生或海外华人华侨在当地成立的小微企业。园区专门为后一类入驻的小微企业单独开辟出了孵化园地。截至2014年,属于后一类的入驻小微企业数达10家,同时,中国国内的各大高新技术产业园区纷纷在该科技园区设立了招商引资平台。随后,瀚海智业还协同其他公司,共同建立了淄博瀚海硅谷生命科学园、瀚海QB3生物医药孵化器、淄博瀚海慕尼黑科技园和瀚海加拿大科技园等。

### (二)境外在非洲科技服务产业集群投融资模式的新建

中国在非洲创建境外科技创新集群和现代服务业集群是大势所趋,是在境外发展高层次产业集群、获取更大竞争优势的新选择。所谓的科技创新集群是指在经济全球化背景下,由一定地域的企业、创新服务机构和以大学、研究机构为代表的知识中心等组成的,以市场需求为导向,通过创新链、价值链和物质链形成战略联盟或各种合作,在完善的知识和技术生产、交流扩散、共享和转化机制的作用下,聚集、使用和开发地域内外的各类创新资源,不断向外转移高新技术、产品以及服务的动态性网络系统。创新集群是中小企业集群的高阶形态,是一种以创新驱动集群经济发展的关键组织形式,是提高企业自主创新能力、获取技术优势的有效途径。

而现代服务业集群就是从事现代服务业的企业集群，是指服务领域内相互关联（互补与竞争）的现代服务企业与服务机构在一定地域内聚集，形成上、中、下游结构完整的、充满知识和技术创新活力的有机体系。现代服务业集群一方面突出体现的是知识含量比较高，尤其是基于信息技术的发展、以高新技术为支撑的服务业，即知识密集型服务业；另一方面，随着某种经济社会活动的不断扩大，专业化运作的成本优势和规模效应得以充分体现。随着服务业发展日趋知识密集化、技术密集化，服务业越来越显示其代表先进生产力的特征，服务业正取代工业在国民经济中的地位，成为反映和判断一国或地区经济现代化水平的重要标志。

但是在中国现已被批准建立的境外在非洲经贸合作区，没有一个是这种"上水平、提层次"的境外科技服务合作区。这对于中国通过集群式投融资进行中非产能合作来说是一大遗憾，需要加大力度发展境外在非科技服务型合作区或产业集群。

在科技和现代服务业领域，中国中小企业对非洲集群式投融资模式的新建，应走高层次起步之路，通过集群式投融资，在非洲创建以科技创新和交易为核心的境外科技创新集群和现代服务业集群。首先应把是否具有先进的科技术水平和管理水平，是否能促进中非产业结构优化升级，是否能够促进境内外互惠互利共赢发展，作为重要的考量标准。其次应积极进行投融资方式的创新，分别建立与科技创新集群和现代服务业集群特征相适应的境外在非洲集群式投融资模式，以促进在非洲科技产业和现代服务业的发展。

中非产能合作中的
集群式投融资

Chapter 7

# 第七章 中非产能合作中的基础设施业集群式投融资

非洲实现工业化的前提在于其基础设施的不断完善。非洲基础设施建设是中非合作的重点和优先领域。非洲经济起飞与结构性转型急需基础设施建设，基础设施建设也是中国对非洲投融资合作的优势与经验所在。中国对非洲进行基础设施投融资和中非投融资合作是一种跨境基础设施投融资，跨境基础设施投融资归根结底仍是基础设施投融资，但与一般基础设施投融资又不一样，它是在一般基础设施投融资框架下，多了一些诸如国际性、互联互通性和复杂性等特殊具体约束条件的一般基础设施投融资。本章研究以此为基础，构建对非洲基础设施集群式投融资合作的新模式，以此加快非洲工农业现代化所需要的当地基础设施建设步伐。

## 第一节 非洲基础设施的现状及未来需求

### 一、非洲基础设施的现状

#### （一）非洲基础设施严重落后

相对于世界其他国家（地区）和区域而言，非洲的基础设施十分落后。第一，交通运输方面，非洲国家大陆总面积已占到了世界陆地总面积的23%，但其铁路总长度占世界铁路总长的比重仅为7%，且大部分集中在非洲大陆四周的沿海地区，在非洲的54个国家中竟然还有13个国家没有铁路。撒哈拉以南非洲地区每千平方公里的公路密度仅为204公里，远低于世界平均944公里的水平。非洲的普通公路和高速公路密度分别仅为世界平均水平的1/4和1/10，而"金砖四国"（巴西、俄罗斯、印度、中国）的铁路和公路密度分别高达非洲的4.9倍、2.3倍，其他发达国家就更高出非洲很多。而非洲大陆的运输成本与发达国家相比却要高出63%，运输成本已占其出口总额的30%～50%，非洲16个内陆国家（津巴布韦、南苏丹、马里、尼日尔等）的这一占比更是高达75%。

第二，电力方面，整个非洲国家的总发电能力仅为11.4万兆瓦，只相当于德国一个国家的发电量。非洲大陆大约有50%的国家电力严重缺乏，至少仍有5亿非洲人口没有用上电。很多非洲人能买得起手机，但是没有地方充电。非洲农村地区的通电率平均仅有12%。非洲电力价格高出亚洲地区2~3倍。"金砖四国"的电量高出非洲54个国家总和的2.4倍。

第三，水资源方面，只有60%的非洲人口可以用上干净的水源，而40%的非洲居民缺乏安全饮用水。截至2014年3月初，南部非洲数百万居民仍然过着缺乏清洁饮用水和公厕等公共卫生设施的生活。

第四，通信方面，非洲的电话和互联网普及率是世界最低的地区。虽然在2010~2013年非洲固定宽带用户保持着两位数的增长势头，但截至2014年5月初其占全球总数的比重仍不足0.5%，非洲的移动宽带普及率为19%，互联网连接率仅为10%。

从2013年9月底国际商业观察（BMI）发布的撒哈拉以南非洲地区基础设施市场商业环境指数来看，撒哈拉以南非洲地区基础设施市场商业环境指数较低，综合评价地区平均值仅为44.5分，最高的加纳的综合评价也仅为53.8分，其中基础设施市场商业环境指数高的大多为非洲南部国家，而非洲东部的国家则较低。[①]

从世界经济论坛（WEF）发布的《全球竞争力报告：2014~2015》全球绝大多数国家交通、电力、通信等基础设施建设水平综合评分（其中1分代表最落后，7分代表最先进，全球平均水平为4.2分）来看，中国得分为4.3分，略高于全球平均水平。非洲除个别国家外，绝大多数处于平均水平以下，也进一步说明非洲基础设施的落后。

### （二）非洲基础设施严重落后的原因

第一，非洲基础设施的投入不足。大部分非洲国家把基础设施建设的重心放在了新建项目上，而忽视了对已建成设施的运营维护和修复、对其投入显然不足，撒哈拉沙漠以南地区共约30%的已建成基础设施急需维修。大部分非洲国家对本国的基础设施项目投入相对较多，而对跨国的区域性基础设施项目的投入不足。基础设施投入结构不合理，相对来说电力基础设施的投

---

① 资料来源：正点国际（www.qqfx.com.cn）非洲司，非洲基础设施建设发展现状，2016年4月15日。

入更是不足、不平衡，在撒哈拉沙漠以南地区，中等收入国家在能源方面的投入高出低收入国家5倍。到2010年，只有29%的非洲家庭能够用电。非洲乡村基础设施在减贫和可持续开发中应重点加大投入，但实际上乡村基础设施的投资却严重不足，仅有33%的农村人口能够使用全天候公路，而在其他低收入国家，这一比例为49%。

第二，非洲基础设施运营管理水平低。非洲国家的铁路由于轨距标准不统一，甚至同一个国家内部不同地区间也存在多种轨距，整个非洲大陆或区域的铁路基本上不能互联互通，再加上铁路路基质量普遍较差、运营管理水平低、承载能力和车速都较低，因此明显偏少和落后的非洲铁路线路也不能更充分发挥其作用。

第三，非洲基础设施服务价格高昂。非洲的基础设施是世界上最薄弱的，不仅基础设施网络覆盖率非常低、发展很不平衡，而且基础设施服务的价格也非常高。非洲基础设施服务中公路运输、水、电、移动电话、互联网等的支付费用都比世界其他发展中国家高出数倍。例如，非洲手机的预付费每月为12美元，高出南亚地区的2美元整整5倍。高昂的基础设施服务费用大大减少了非洲居民对基础设施的消费支出和消费总量，在一定程度上增加了基础设施的建设成本，不利于当地区域经济的合作和发展。

总之，十分落后的非洲基础设施已经成为当地国家和区域经济发展的瓶颈，交运、能源、水务和电信等基础设施的严重不足，极大地制约着非洲的经济起飞、社会发展和人民生活，甚至影响非洲将丰富的自然资源转换成现实的经济财富。

## 二、非洲基础设施的未来需求

### （一）非洲基础设施项目融资缺口巨大

非洲基础设施建设不仅项目少，而且融资的缺口巨大。非洲基础设施的建设项目从2003年的5个增加到2013年的35个，翻了7倍，但与全球基础设施建设项目数相比，非洲地区的基础设施建设项目占比很低，2003~2013年的平均占比为7.88%，其中2006年最低为3.67%。非洲每年的基础设施融资需求额为930亿美元，占非洲地区GDP的比重为15%，而每年的基础设施的实际投资额则为450亿美元，不到融资需求额的一半。从非洲基础设施项目融资规模来看，2003年非洲的5个基础设施融资规模为12亿美元，2013年的35个基础设施融资规模达101亿美元，其融资规模占全球融资规模的比重仍很低，2003~2013年平均融资规模占比为3%。[①]

### （二）非洲基础设施建设对外国投资资金的需求趋增

正因为非洲基础设施建设资金需求巨大，所以近年来吸引了不少外国投资者对非洲基础设施的大量投资。据安永会计事务所2013年6月报告，2012年整个非洲有800多个在建基础设施项目，总投资额超过7000亿美元，其中37%涉及动力项目，41%涉及运输项目。另据德勤咨询公司2013年12月报告，在2013年6月前开始动工的322个非洲地区大型基础设施建设项目中，36%为电力能源项目，25%为交通设施建设项目，项目总价值超过2227亿美元。非洲基础设施项目建设的资金多数来自于非洲外部，例如东非约24%的大型项目资金来自于世界银行等国际金融机构，约17%来自中国，13%来自美国和欧洲国家，其余的来自非洲开发银行和其他外国投资者。

非洲基础设施投资的重点领域为能源和交通运输。据非盟2012~2020年非洲基础设施发展的优先行动计划，涉及的基础设施建设领域包括能源、交通运输、水资源、通信，预计总投资规模达679亿美元，其中能源和交通运输的投资规模分别为403亿美元、254亿美元，占比分别达59.35%、37.4%。能源方面，水电站和火电站是建设的重点，例如安哥拉整个电力电源结构中水电占据了70%。东非与中非两个地区预计投资规模分别为233亿美元和215亿美元，占非洲大陆总预计投资规模的比重分别为34.31%、31.66%，为非洲大陆基础设施投资的重点地区。

非洲基础设施建设在保持快速增长的同时，未来的需求也十分旺盛。据《国际商业监测》报告，撒哈拉以南地区2014年的建筑市场增长率将为8.3%，高于全球3.5%的水平。这主要是由于非洲基础设施严重缺乏、加快基础设施建设现已成为非洲各国的共识和政府的努力方向。如2013年5月举

---

[①] 资料来源：正点国际（www.qqfx.com.cn）非洲司，非洲基础设施建设发展现状，2016年4月15日。

行的第 23 届世界经济论坛非洲会议，就将加快非洲战略性基础设施建设列为主要议题。同时也是非洲工业化、城市化快速发展的客观需要。据预测，未来 10 年，非洲超过百万人口的城市将由现在的 30 个增加到 60 个，未来 30 年，非洲将会有 60% 人口居住在城市，从而说明非洲基础设施的需求十分巨大。

## 第二节 中国对非洲基础设施的投融资合作情况

### 一、中国对非洲基础设施投融资合作的现状

过去几十年间，中国累计帮助非洲地区修建铁路 5756 公里、公路 4335 公里、港口 9 个、机场 12 个以及会议中心、政府办公楼和议会大厦几十个，为改善非洲基础设施滞后的状况做出了实实在在的贡献。正如非洲经济研究机构执行主任莱马·森贝特（Lima Senbet）所说，中国对非洲投资的帮助当地弥补了基础设施短板，"如果没有中国的帮助，大多数非洲国家可能依然在艰难地为重大基础设施项目筹资"。[①]

#### （一）中国对非洲援建的基础设施

中国对非洲基础设施的建设始于对非洲援助。2010 年 12 月国务院新闻办发表的《中国与非洲的经贸合作》白皮书称，中国政府重视并支持非洲国家基础设施条件的改善，通过援建、工程承包、投资合作、扩大融资等多种方式，帮助非洲国家兴建了许多公路、桥梁、铁路、机场、港口、电力、通信、给排水、住宅、医院等基础设施，对非洲国家经济社会的发展产生了积极的影响。中国也鼓励支持国内相关企业参与非洲基础设施建设，并要求国内企业"重合同、守信用"，保质完成非洲国家基础设施项目的建设。多年来，中国政府不仅援助建成了诸如 1860 公里长的坦赞铁路、总建筑面积 5.8

---

[①] 资料来源：新华网 http://news.xinhuanet.com/world/2015-12/03/c_128495411.htm。

万平方米的埃及开罗国际会议中心、索马里贝莱特温—布劳公路、毛里塔尼亚友谊港、突尼斯麦热尔德—崩角水渠、坦桑尼亚国家体育场等一大批基础设施项目，而且中国政府提供了大量优惠性质贷款，并支持中国金融机构扩大对非洲商业贷款规模。特别是中非合作论坛成立以来，中国不断加大对非洲融资力度。2007~2012年，中国累计向非洲提供了150亿美元优惠性质贷款。

中国企业主动承担国际、社会责任，积极从事惠及非洲国家人民群众的公益事业，不仅向非洲国家捐资修建医院、学校、道路、桥梁、水井等，还捐赠了大批物资，赢得了非洲所在国政府、民众的充分肯定和高度评价。

### （二）中国承建非洲的基础设施

中国工程企业通过竞标，以高质量、低造价的优惠条件，在非洲承建了包括住房、道路、机场、炼油厂、电信网、水电站等在内的大批非洲国家急需的重要基础设施，诸如阿尔及利亚喜来登酒店、埃塞俄比亚全国电信网、苏丹麦洛维大坝、安哥拉社会住房、利比亚沿海铁路、尼日利亚拉各斯轻轨等。

另据德勤咨询公司报告，2011年，中国企业在非洲完成的承包工程营业额为361亿美元，占中国对外承包工程完成营业总额的三成。2012年，中国企业在非洲完成的承包工程营业额为408.3亿美元，比2009年增长了45%，占中国对外承包工程营业总额的35.02%。2013年6月前非洲开工的322个大型基础设施建设项目中，由中国公司承建的达12%，涵盖领域包括铁路、公路、港口、油气田及发电站等。截至2013年年底，中国企业在非洲累计签订的承包工程合同总额已近4000亿美元。

近两年来中国在非洲基础设施建设中有代表性的道路项目有：2013年2月由中国铁建中土集团全部采用中国标准承建的尼日利亚首条现代化铁路——拉各斯至卡诺现代化铁路，全长1315公里，合同总额83亿美元；2013年6月，中工国际公司与埃塞俄比亚糖业公司签署的埃塞俄比亚瓦尔凯特糖厂项目合同，合同金额6.47亿美元；2013年7月尼日利亚与中国电力建设集团签署的2000万千瓦燃气电站及电网建设项目合作备忘录，总额达200亿美元，为尼方与国外公司签署的最大电力合作协议；2014年5月竣工的由中交集团设计施工的、全长78公里的亚的斯亚贝巴—阿达玛高速公路一期工程，是埃方第一条高速公路，也是东非地区规模第一、等级最高的高速公路，是非洲互联互通的样板工程；2014年11月，中国铁建与尼日利亚当局签署的尼日利亚沿海铁路项目合同，总金额达119.7亿美元，为中国对外工程承包史上单体合同金额最大的项目；2014年11月，中国路桥与安哥拉公司、葡萄牙公司组成的联合体中标的安哥拉新宽扎河大桥建设项目，合同总额约合1.1亿美元，是中资企业自2003年大批进入安哥拉市场以来与外国公司合作中标的第一个重大政府公共工程。

近两年来中国在非基础设施建设中较大的电力项目有：2013年5月开工的由中国电建集团承建的尼日利亚宗格鲁水电站项目，总装机容量为70万千瓦，合同总金额为12.94亿美元；2013年12月由中国电建集团向中国进出口银行融资3.15亿美元而承建的赞比亚卡里巴北岸水电站扩机项目5号机组正式启用，包含两台18万千瓦水轮发电机组；2013年12月竣工的由中国电力建设集团承建的加纳布维水电站项目，是加纳仅次于阿克松博电站的第二大水电站；2014年2月由中国电建集团承建的苏布雷水电站项目，是科特迪瓦最大的水电站工程，总装机容量27万千瓦。

## 二、中国对非洲基础设施投融资合作的典型模式

如前所述，中国对非洲基础设施投融资合作的模式最初是援建模式，现在以工程承包模式为主，将来要转换为以"直接投资+融资"合作为主的模式。

### (一)"援助+投资+贸易"的混合体模式

在长期的实际操作中，中国对非洲基础设施投资采取了"援助+投资+贸易"的混合体模式。1996年我国实施"走出去"战略后，在"韬光养晦、和平崛起"的外交理念下，对外投资既考虑地缘政治关系，也考虑互利双赢和经济指标因素。在外交先行、政府主导推动之下，我国逐步探索并形成了援外与互利合作相结合兼具政治经济合作性质的、两国政府干预形成的新型中非质量好、造价低的经贸合作模式。

中国投资非洲基础设施的主要方式是：我国政策性银行给予非洲东道国优惠的贷款，而项目施工指定由我国大型国企承建。具体流程是：首先双方政府磋商达成优惠贷款的框架协议；然后由我国的政策性银行（主要是国开行和进出口行）与接受国政府部门签署融资项目的贷款协议；最后由接受国主管部门或国有公司与我国企业签订基础设施的建设协议。

### （二）"能源+基础设施"的安哥拉模式

我国对非洲基础设施投资也采取了"能源开发+基础设施建设"的安哥拉模式。21世纪初，中国政府与安哥拉政府立足于相互尊重国家主权、互不干涉内政的原则，在双方政府支持引导下由两国企业在平等互利的基础上，签订了相关基础设施建设和自然资源开发协议。如2004年3月，中国商务部和安哥拉财政部签署双边贷款协议，由中国进出口银行向安哥拉政府提供总额为20亿美元的商业贷款，专用于中国公司招标。协议中虽并未涉及自然资源（如石油等）的交易，但之后在两国政府的协助下，按市价签署了买卖合同，将还款与投资有机地结合起来了。同时，中国企业在安承建了医院、学校、供水、输变电线路、卫生、教育、公共工程等众多项目。这一模式实现了合作双赢，融资贷款风险以获取自然资源的方式加以控制，也为国内基建企业拓展了海外非洲业务；既解决了安哥拉优势自然资源的销售困难问题，又解决了安哥拉基础设施建设资金缺乏的问题。因此，中安框架协议下的安哥拉模式被称为"资源换取基础设施"协议。

上述对非洲基础设施投资模式中，基础设施项目及贷款事先均由中安双方政府协商达成优惠贷款框架协议，贷款利率也比一般商业贷款利率有较多优惠，因而这种对非洲基础设施的投资具有援助和开发性质。对非洲基础设施建设以及资源买卖，一般由中安两国国有控股公司，基于市场主体地位进行平等互利谈判而达成协议。我国国有控股企业在非洲参与基础设施投资，其扩张战略以及其他类型的决策，主要按市场规则由商业因素来决定，并非是由中国政府直接政策干涉的纯政府行为，而是一种国家政策与公司商业行为的混合产物。正由于中非双方企业层面的协议与中非两国政府之间的框架协议密切相关，因此也被认为我国对非洲基础设施的投资是集援助、投资、贸易一体化的新型经贸合作模式。

## 第三节 中国对非洲基础设施投融资合作的现实条件

### 一、中国对非洲基础设施投融资合作的有利条件

#### (一) 中非资源要素互补，能够相互弥补短板

中国和非洲国家的经济和产业结构具有明显的互补性，在自然资源、资金、管理、技术和投资政策等方面均具有互补优势。在自然资源方面，中国伴随着经济的持续高速增长和需求的不断扩大，自然和矿产资源的瓶颈日益凸显出来，无论是质量还是数量，国内现有的资源都已远远不能满足经济社会发展的基本需要，尤其是石油、铁矿砂、铜等资源性产品对外依赖性不断地提高。而非洲却拥有丰富的各种资源，人类已探明的 150 种地下资源，在广袤的非洲大陆均有储藏，尤其是稀有贵重矿产资源的储量非常巨大，至少有 17 种资源的储藏量位居世界第一。但由于非洲工业发展不足，其资源能源消费一直处于较低的水平，产品大部分用于出口。在技术和管理方面，非洲缺乏基础设施建设的关键技术，非洲国家本地因基础设施建设工程的施工技术和管理能力不足，使之在获取施工设备、材料和劳工等方面都存在困难，严重制约了非洲国家基础设施的建设。而中国承包商在技术、设备、管理等方面竞争力比较强，可以凭借其具备完全的海外建筑工程和基础设施项目的施工管理能力，并在国内材料和设备生产行业的支持下，按国际通行规则竞标承揽工程，能够积极参与和完成非洲基础设施的建设。在投资政策方面，非洲各国政府为了吸引外企积极参与当地基础设施的建设项目，在税收、资金补贴等方面出台了一系列优惠政策。而中国政府自 2000 年中非合作论坛启动以来，也实施了一系列鼓励和支持对非洲投资的措施，如与非洲 26 个国家签订了双边促进和保护投资协定，与非洲 8 个国家签订了避免双重征税协定，建立了对非洲投资的协调机制，设立了中非发展基金和中非合作基金，为在非洲投资的中国企业提供资金支持，为中国对非洲基础设施投资创造了一个

良好的政策环境。

### (二) 中国的资金和外汇储备相对充足

非洲基础设施建设需大量的长期资金,但非洲绝大多数国家是贫困的发展中国家,当地各国政府普遍不具备充足的财政资金储备,而大量吸引外资难度又比较大,世界银行等国际性开发金融机构和非洲开发银行等也没有足够资金来满足非洲国家基础设施建设的巨大资金需求。而中国近些年来国内经济持续增长,GDP 现已超过 10 万亿美元,成为了世界第二大经济体,经济实力日渐雄厚,同时,中国又是高储蓄的国家,2013 年国民储蓄率占国内生产总值的比值达 50%,资本形成总额占国内生产总值的比值为 48%。国民总储蓄量保持的高增长,带来的是较高的对外投资能力,因此,中国在保证满足国内投资需求的同时,有较充分的资金对非洲国家进行基础设施建设领域的投资。2014 年中国的总储备(包括持有的货币黄金、特别提款权、外汇资产等)为 3.9 万亿美元,其中美元外汇储备占绝对大比例。在美元仍作为主要国际支付手段的情况下,中国对非洲基础设施建设投资将非常便利。

### (三) 中国基础设施行业优势产能对接非洲需要

改革开放以来,中国各级政府始终将基础设施建设作为一项重要的经济任务来抓,不断加大对其的投资力度。经过几十年高强度、大范围的开发建设,中国基础设施取得了长足发展的同时,在各种复杂地理条件下的基础设施建设和成套设备提供领域也积累了大量经验,新技术、新工艺、新商业模式不断运用,在桥梁、公路、隧道、高铁、港口、机场等建设中创造了很多世界第一和世界奇迹。同时,培养了一大批拥有先进技术工艺、勇于开拓创新、具有国际竞争力的大型工程承包企业,它们能以较低的成本完成全球客户招标的高难度基础设施建设工程任务。根据 Engineering News-Record 2015 年全球最大的 250 家工程承包商最新排名,中国内地有 47 家承包商入围,其中在全球最大的 10 家工程承包商中,中国公司占据了 6 席,并且排名的前四把交椅一直在中国公司手中。虽然中国这些工程承包企业规模排名靠前,但它们 2015 年的海外营收排名却比较靠后,在将国内的基础设施建设产能向非洲国家转移方面,它们实力充足,愿望迫切,如果把庞大的国内基础设施产能和竞争力与非洲需求对接,将大大提高我国这些工程承包企业的国际市场竞争力。

**(四)中国有大量的高层次基础设施类人力资本**

中国是世界上人口最多的国家,拥有劳动力的数量高达 8 亿人,预计到 2030 年前这一数字不会出现下降。中国的人力资源规模优势将在较长时期保持不断上升的趋势,尤其是高等教育毕业生人数呈现不断递增的态势,2015 年高校毕业生达 749 万人,预计到 2020 年大专以上学历人口将达到 2 亿人。据《国家创新蓝皮书》统计,2011 年中国的科技人员数量为 6300 万,占全世界总量的 1/4,超过美国等发达国家研发人员数量,居世界第一。中国的人力资源成本虽然近些年来有所上升,但与高昂的欧美人力资源成本相比仍然低廉,人力资源成本优势依然巨大。另外,近些年来随着企业"走出去"的步伐加快,中国的大量工程技术人员走出国门,参与了包括非洲国家在内的世界各地的基础设施工程建设项目,积累了大量的丰富经验,这些有海外丰富工程建设经验的技术人员都是非洲基础设施建设所需要的高质量人才。

## 二、中国对非洲基础设施投融资合作的不利条件

**(一)"地缘政治+"模式抵御外部不良影响的力量不足**

中国对非洲基础设施投资采取的"援助+投资+贸易"的混合体模式和"能源开发+基础设施建设"的安哥拉模式,都与我国的地缘政治战略有关。地缘政治战略是新中国成立时无私援助非洲的重要动机。中非关系虽然在 20 世纪 80 年代有所波折,但 90 年代中后期中非关系大为改善、经济交往大幅增长。非洲对我国是具有重要地缘政治战略意义的地区,但往往也是美国等多国政治势力渗透和争夺的地区,非洲被西方国家长期视为它们自己的势力范围和获取资源的主要来源地,英国石油、荷兰的壳牌和总部在巴黎的道达尔等欧洲公司,以及埃克森—美孚、雪佛龙等美国公司一直在非洲拥有强大的势力,日本和韩国企业也已纷纷进入非洲,中国企业的加入显然加剧了对非洲基础设施、能源资源等的竞争。因此,我国不得不花费更多的成本打造对我有利的地缘政治环境,采取带有更优惠的援助性混投模式,才有可能进

行中非双赢或多赢的基础设施建设。但这种模式是把"双刃剑",当我国与非洲国家执政党保持友好往来关系时,混投模式有利于中国境外在非基础设施项目的协调,从而顺利推进和深化中非跨洲经济合作;大规模的中国在非洲基础设施混合投资,容易成为所在国不同政治势力争夺权力时攻击的目标,再加之西方势力的介入搅局,地缘政治风险随时加大。

以资源换取基础设施的安哥拉模式并非中国首创,中国与安哥拉合作的这种模式一直奉行不干涉他国内政的原则,与国际货币基金组织等在给非洲提供融资贷款时附加"人权""民主"等条件相比,中国安哥拉模式不对非洲国家提出任何政治要求,反而中方给其提供的更多优惠条件赢得了安哥拉政府的高度赞誉,其结果是这种模式被广泛认可和推广,随后,中国接连在刚果、苏丹、津巴布韦等国家以该模式获得了(金)铜钴矿、石油等资源的开采权,同时也获得了大量的非洲基础设施施工项目。中国安哥拉模式在非洲取得的巨大成功,自然受到了在非洲具有重要地缘政治利益的西方国家的排斥和敌视,就连西方国家拥有极大话语权的国际货币基金组织和世界银行也将这种"安哥拉模式"大加渲染,指责中国不附加条件的借贷会加重非洲外债负担,抵消了他们在减轻非洲外债方面做出的努力。中国对非洲采取的"地缘政治+"基础设施投资模式,不仅提高了在非洲基础设施的竞争成本,而且削弱了抵御其他地缘政治集团不良影响的力量。

(二)非洲基础设施的投融资和原材料成本较高

首先,在非洲基础设施建设的融资成本较高。中国对非洲基础设施建设需要庞大的资金,虽然我国政府大力支持和极力鼓励对非洲投融资,也成立了专门的中非发展基金和中非合作基金,但我国企业获得的对非洲投融资资金还明显不足。尤其是随着国际投融资市场格局的变化和欧、美、日、韩等国开拓非洲投融资业务的加强,我国企业在非洲投融资的渠道、方式、模式、方法等方面没有更多的优势。其次,在非洲基础设施建设所需原材料的成本较高。由于非洲很多地区基础设施建设所需的电力和原料市场都不成熟,在非洲当地购买基础设施建设所需原材料就是一大困难,原材料无论是数量上还是质量上都不能满足在非中国承包商的要求。有的非洲地区只有一家水泥厂,垄断之下水泥价格很高。考虑到原材料的可得性、质量和价格,在非中国承包商不得不从中国采购，甚至非洲一些地方连一颗钉子都买不到要从中国国内运过来。但随着中国对非洲基础设施投资力度的不断加大，从中国国内采购原料终究不是长久之计，同时也会影响到对非洲基础设施项目施工的可持续性。最后，在非基础设施建设的人力成本较高。非洲当地缺乏大量的基础设施熟练技工，这不仅提高了中国在非基础设施建设项目的人力成本，而且也给当地雇员的本土化管理也带来了困难。

### （三）适应海外工程建设环境的能力较差

中国在非洲工程承包企业对非洲工程承包行业方面的政策法规、资金运作、习惯做法、办事效率等方面的特殊情况了解不够、认识不足，也缺乏在非基础设施的专业运营资质和相关经验，对在非洲的这些新环境、新情况、新问题并不能及时适应，需要花费较多的时间去了解、掌握和磨合。非洲国家对中国基础设施的投资也有许多期待，包括建设更多的基础设施项目、更多地向非洲国家转让基建技术、雇用更多的非洲工人，切实保护非洲当地的环境等，增加了中国工程承包企业在非对基础设施投资环境适应的难度。非洲工程项目的监理多为西方公司，由于西方监理公司与中国工程承包企业在施工规范、合同条款理解的差异，对中国工程承包企业的合作上总体不够理想，这加大了我国承包方与在非外国基础设施监理公司的合作难度。在非洲一些项目的西方国家监理公司自身缺乏经验还蛮横刁难中国基础设施承包企业，严重影响正常的基础设施项目施工进度。此外，中国在非洲工程承包企业在适应非洲当地劳工、环保等标准或要求方面做得不够，不够注重非洲当地人的利益，忽视非洲当地社会责任，往往会导致劳工、环保纠纷，影响在非洲基础设施建设进度。

### （四）中国在非洲工程类企业的国际竞争力不强

20世纪90年代以前，中国对非洲投资的主体主要是国营企业，这些国企中也有一些规模排名靠前的大型工程承包商。进入90年代之后，随着民营和私营企业的逐步发展壮大并开始走出国门后，在非洲的中国工程承包企业数量逐渐增加起来。与欧美大型国际承包商相比，中国境外在非洲工程承包企业尤其是民营中小企业的国际竞争力较弱。而欧美有竞争实力的大型国际承包商也积极调整在非洲的业务布局，对非洲基础设施的投资增加较快。日本、韩国公司在其政府的支持下也正在增加在非洲的投资活动。巴西、俄罗斯企业也都表现出对参与非洲基础设施建设的兴趣。在多个强国进入非洲基建领域的情况下，中国在非洲工程承包企业面临的国际竞争压力不断增大。另外，随着越来越多的中国企业涉足非洲工程项目，中国在非洲工程类企业也出现了恶性竞争的现象，在参与非洲基础设施建设项目投标过程中报价过低，甚至低于成本价报价，一旦中标后则以次充好，影响到工程质量，甚至出现个别项目没有到期就兑现的情况，给国家和工程承包企业造成了一定的经济损失和不良影响。如果这种情况得不到有效的控制和协调，在非洲基础设施建设行业的中国企业内部竞争秩序可能进一步恶化，不利于中国在非洲工程承包企业国际竞争力的提高。

## 第四节　对非洲基础设施集群式投融资合作的新模式

未来中国对非洲基础设施的投融资合作有待从援助和工程承包模式为主向"直接投资+融资"模式转型升级。中国对非洲进行国际直接投资的方式主要包括以国际合资经营、国际合作经营和国际独资经营为主的绿地投资和国际并购两种方式，以绿地投资为主。中国对非洲进行国际融资的方式主要包括以政府贷款、出口信贷、国际金融机构贷款为主的官方补贴方式融资和以国际商业银行贷款、国际债券或股票融资、项目融资和资产证券化融资为主的市场方式融资，官方补贴方式融资和市场方式融资相结合，以市场方式融资为主。目前，国际上流行且非洲感兴趣的基础设施建设投融资方式主要是项目融资中的 PPP、BOT 模式，因此，本章主要探讨基于对非洲基础设施集群式投融资的国际集群式 PPP、BOT 新模式。

### 一、国际（在非）集群式 PPP 新模式

#### （一）非洲跨境 PPP 模式介绍

PPP（public-private partnership）就是公共部门和私营机构之间针对特定

公共产品生产而建立的长期合作伙伴关系,是公私合作共同完成某个公共工程项目建设的一种新型融投资模式。在该模式下,政府、营利性企业和非营利性企业等多方基于某个基础设施项目而形成相互合作关系。PPP 是政府项目的融投资体系,但私营机构发挥重要作用,在基础设施项目产业链中,从设计咨询和施工建设等传统承包业务,分别向上游(投融资)和下游(运营管理)延伸,从而为公共部门提供整合的基础设施项目全寿命全方位的服务。PPP 包括广义 PPP 和狭义 PPP,广义 PPP 泛指公共部门与私营部门为提供公共产品而建立的各种合作关系。公私部门间达成的供给与管理合约、交钥匙合约、特许租赁与特许经营、公共资产私有化都属于广义 PPP 范畴。而狭义 PPP 主要是包括 TOT、BOT 等在内的一系列项目融资模式的总称。一般所说的 PPP 指的是狭义的特许租赁和特许经营项目。不管是广义上还是狭义上,PPP 实际上不是一个具体的融投资模式,而是一系列投融资模式的总称。PPP 合作各方参与某个基础设施项目建设时,公共部门或政府并不是把项目的责任全部转给私人企业,而是由参与合作的各方共同承担责任和融资风险。不但私营部门要出资,公共部门或政府也要出资占有股份,一般占股本金的 10% ~ 30%,公共部门或政府不仅规定基础设施的标准和框架,还要始终参与项目重大事项的决策、协调与监督。通过 PPP 合作形式,合作各方与各自单独行动相比可以获得更为有利的结果。

近十几年来,非洲各国在基础设施领域广泛引入私营部门投资,特别是 PPP 模式在非洲得到广泛应用。跨境 PPP 模式已成为外国私营部门参与非洲基础设施项目的主要形式。1990 ~ 2012 年,非洲有 52 个国家在基础设施建设时采用了 PPP 模式,PPP 投资规模已占到非洲基础设施私营资本投资总量的 79%,其中 437 个 PPP 项目已完成融资关闭,项目投资金额累计达 1596.4 亿美元。从国别分布看,超过 75% 的 PPP 投资额集中于南非、尼日利亚、摩洛哥、埃及、阿尔及利亚、肯尼亚等少数国家。从行业分布看,PPP 投资集中于市场化程度较高的电信项目尤其是移动通信项目,以及非洲基础设施中最急需发展的电力和交通项目。从实施主体看,复杂程度强、投资金额大,对投资者运营能力要求高的大多数非洲 PPP 项目,非洲本土工程企业基本上都无力承担。在已实施的非洲 PPP 项目中,近 80% 的都由外国工程公司设计投资和运营管理，其中超过一半的由欧美大型跨国工程公司主导。[①]

在基础设施项目产业链中，参与合作的私营部门能获得较高收益的不是处于价值链中端的工程建设，而是处于价值链两端的融投资及运营管理。目前，中国企业参与在非洲的基础设施项目时，已经开始由工程建设承包转向设计采购施工（EPC）环节，业务链延伸至工程设计和成套设备采购，但还很少涉及投融资和运营管理，全价值链运作 PPP 项目的能力很有限，尚处于基础设施项目价值链的低端环节。主要原因是 PPP 模式是近 30 年来在发达国家新兴的类型复杂多样、运作没有定法的基础设施项目公私合作投融资模式，我国推广应用的比较晚，政府大力推行才是近两年的事。目前，我国国内法律和政策层面尚没有 PPP 的权威界定，学界也缺乏系统深入的研究成果，企业缺乏必要的 PPP 知识普及和培训咨询手段，大部分企业对 PPP 模式的认识和理解或片面或不到位，不了解和不掌握 PPP 项目模式的复杂流程和专业技术。国内 PPP 市场尚处于发展的初级阶段，少数企业在国内积累的 PPP 项目运作的初步经验不具有国际普适性，很难在国外行得通，而大部分国内企业国际化 PPP 项目实施的经验又严重不足，对国际通行 PPP 项目的合同结构、交易模式、运作方法、技术工具、风险工具等都不熟悉，对 PPP 项目全寿命期风险识别和管控能力也亟待提高。中国企业在非洲基础设施项目价值链中往往只是在某个如工程承包环节上具有优势，但就整个 PPP 项目而言，尚缺乏全生命周期（设计、开发、融资、建设、运营）的实施管控能力。

中国企业如果能突破之前的建筑承包商、设备供应商的角色，真正参与或者引领在非基础设施 PPP 项目的全过程，就能获得国际分工价值链中的高附加值部分，进而完成自身 PPP 业务的升级，占领非洲基础设施项目价值链的高端环节。此外，在非洲 PPP 模式也给中国企业提供了一种通过商业化方式控制、投资和参与运营维护非洲基础设施的战略通道，可以改善中国企业在非洲资源和工业化领域投资的配套条件。

### （二）中国在非洲 PPP$_{IC}$ 新模式的探讨

国际集群式 PPP 模式（英文简写为 PPP$_{IC}$）就是在国际范围内主要以集群

---

[①] 资料来源：World Bank. PPIAF，PPI Project Database。

式手段募集私人部门资本（主要是私有私营企业资本）的跨境 PPP 模式。$PPP_{IC}$ 的性质、功能、作用和运作与 PPP 没有根本区别，在许多方面与 PPP 相同，所不同的主要有：（1）$PPP_{IC}$ 是跨境进行的，PPP 在国内进行；（2）$PPP_{IC}$ 是开放的，可以是双边的，也可以是多边的、国际性的，而 PPP 一般是封闭的；（3）$PPP_{IC}$ 资金来源渠道更广泛，PPP 资金来源渠道相对狭小；（4）$PPP_{IC}$ 运作和管理更复杂、风险更大，PPP 运作和管理较复杂、风险较大；（5）$PPP_{IC}$ 可能产能集群效应，PPP 可能只有资金积累和风险分散效应。

中国在非洲 $PPP_{IC}$ 就是中国在非洲与非洲国家合作实施的 $PPP_{IC}$，中国在非洲 $PPP_{IC}$ 的基本结构见图 7.1。中国在非洲基础设施项目 $PPP_{IC}$ 模式是中非双边或多边政府合作的特许经营权项目，中非双边或多边政府联合特许协议是 $PPP_{IC}$ 融投资方式的运行基础。一般情况下，中非双边多边政府通过签订联合特许权协议，选择有足够能力的跨境（中国或其他国家）私营企业组织设计、建设、经营、维护和管理，并由该跨境私营企业负责成立专门的 $PPP_{IC}$ 项目公司，作为中非联合特许权人承担在非洲该基础设施项目合同规定的相关责任和偿还贷款的义务。$PPP_{IC}$ 项目模式是高度的资本密集型业务，比一般的 PPP 模式复杂得多，运作难度非常大，其中核心是融资和风险管理，融资成功与否直接关系到投资资金的落实，风险管理的好坏直接关系到项目的成败。

中国在非洲 $PPP_{IC}$ 项目投融资模式的当事人非常多也非常复杂，主要包括以下几类当事人：项目出资人（投资商）、融资人、贷款人、保险人、担保人。出资人是指为该 $PPP_{IC}$ 项目提供资本金的企业（包括中方集群式投资企业和零散投资企业、非方企业，以及其他国家企业）、个人（中国、非洲等国家愿意投资该项目的所有自然人）、政府（中非双边或多边政府）和财务投资者（中国、非洲等国家投资该项目的非金融性机构投资者）等；融资人是指为开发、建设和经营该 $PPP_{IC}$ 项目而专门成立的中国境外在非经济实体（中国在非 $PPP_{IC}$ 项目公司）；贷款人是为该 $PPP_{IC}$ 项目公司提供直接或间接融资的金融机构（包括中国相关金融机构、非洲当地金融机构、其他国家或国际金融机构或区域金融机构）；保险人是指为该 $PPP_{IC}$ 项目融资人提供保险的跨国大型保险公司；担保人是指为该 $PPP_{IC}$ 项目融资人提供融资担保的担保机构或个人或其他政府。

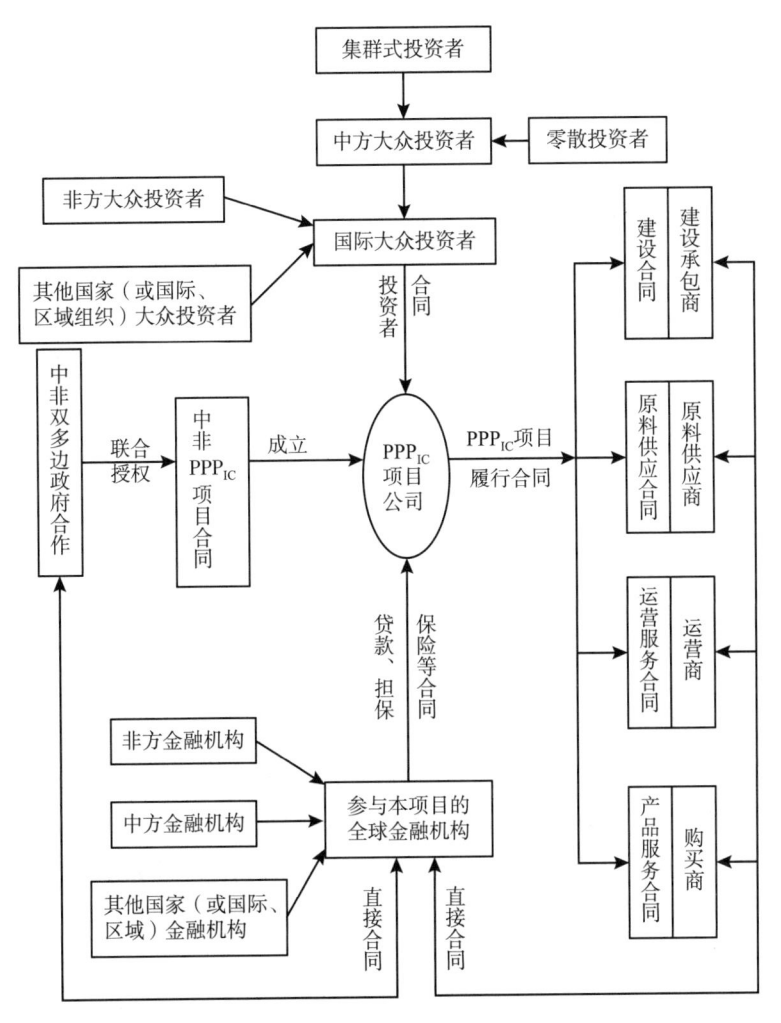

图 7.1　中国跨境在非洲基础设施 $PPP_{IC}$ 结构

各种合同或协议在中国境外非洲基础设施 $PPP_{IC}$ 项目中发挥着关键作用，是维系相关各方精诚团结、顺利完成项目的纽带，参与各方通过签订一系列合同或协议来确立和调整彼此之间的权利义务关系，构成在非洲基础设施 $PPP_{IC}$ 项目的合同或协议体系。加强对在非洲基础设施 $PPP_{IC}$ 合同或协议的谈判、起草、签约、履行、变更、转让、解除、终止直至失效的全过程全面管理，通过协议或合同正确表达在非基础设施 $PPP_{IC}$ 项目中参与各方意愿、合理分配风险、妥善履行义务、有效主张权利，是中非双方政府和国际社会各方参与资本长期友好合作的重要基础，也是在非洲基础设施PPP$_{IC}$项目顺利实施的重要保障。在非洲基础设施PPP$_{IC}$项目的基本合同或协议通常包括PPP$_{IC}$项目合同或协议、股东合同或协议（包括中方集群式投资者和零散投资者、非方大众投资者及其他国家、国际、区域大众投资者合同或协议）、履约合同或协议（包括工程承包合同或协议、运营服务合同或协议、原料供应合同或协议以及产品或服务购买合同或协议等）、融资合同或协议、担保合同或协议和保险合同或协议（包括中方金融机构、非方金融机构以及其他国家、国际、区域金融机构的融资、担保、保险等合同或协议）等。其中，PPP$_{IC}$项目合同或协议是整个PPP$_{IC}$项目合同或协议体系的基础和核心。在非洲PPP$_{IC}$项目合同或协议体系中，各个合同或协议之间并非完全独立，而是紧密衔接、相互贯通的，合同或协议之间存在着一定的关联或"传导关系"。

中国在非洲基础设施PPP$_{IC}$项目参与各方中，中非双方政府发挥着"四两拨千斤"的作用，始终参与到PPP$_{IC}$项目的全过程当中，中非双方政府不仅协商规定在非基础设施PPP$_{IC}$项目的标准和框架，还要参与在非PPP$_{IC}$项目的重大事项决策、协调与监督。中非双方政府在非洲基础设施PPP$_{IC}$项目中要按协商比例出资占有股份，双方出资合计金额一般占项目总股本金的10%~30%。同时，中非双方政府按最初确定的风险分配方案分担一部分项目风险，减少承建商与投资商风险，降低融资难度，提高项目融资成功的可能性，从而实现中非政府各个部门、私营投资企业或机构合作各方的"互利、共赢"，创造更多的跨国经济社会效益。

## 二、国际（在非）集群式 BOT 新模式

国际集群式BOT新模式（英文简写为BOT$_{IC}$）就是在国际范围内主要以集群式手段承接东道国政府特许协议项目的跨境BOT模式。中国在非BOT$_{IC}$就是中国在非洲与非洲国家合作实施的BOT$_{IC}$，是BOT（build-operate-transfer，即建设—经营—转让）的一种跨境应用新形式，非洲基础设施项目由非洲东道国政府（或中非多边政府）通过特许协议，在规定的特许期内，将该项目授予某一跨境私营企业（如中国大型工程公司）设立的项目专营公

司，该项目公司负责项目的投融资（采取集群式投融资手段在中国、非洲东道国、全球其他国家，以及国际或区域性机构募集项目所需资金）、建设、运营和维护，并用该项目经营所得偿还贷款，特许期满后，将基础设施无偿移交给非洲东道国政府。

由于中国在非洲基础设施 $BOT_{IC}$ 项目的费用非常巨大，被特许跨境股东（如中国大型工程公司）的出资只占项目总资金的极小比例，绝大部分资金为其他大众投资的股权和各类机构巨额贷款形成的债权，$BOT_{IC}$ 项目公司的这种"小股权、大债务"的资本结构特点，加上在非 $BOT_{IC}$ 项目投资期限较长，涉及项目融资、建设、运营和转让的各个阶段，风险就非常巨大。所以，分担风险对于在非洲基础设施 $BOT_{IC}$ 项目就显得尤为重要，项目有关的各种风险，需要在项目投资人（借款人）、贷款人以及与项目有利害关系的其他参与者之间进行分担，其中非洲东道国政府往往要为 $BOT_{IC}$ 项目作出许多保证，如保证外汇的可兑换和可汇出；保证投资人可在本国以外设立账户，使其所得收入和贷款能顺利入账；保证 $BOT_{IC}$ 项目产品或服务的市场需要；保证承担法律变更的风险；保证有关税收优惠、原材料供应以及土地征用等。尽管如此，$BOT_{IC}$ 项目对非洲东道国依然有很多优点，如不增加非洲东道国的外债和财政负担，能比公共部门投资该项目取得更好的投资效益，学到国外先进的 BOT 项目承建与运营的技术和管理经验，加快与国外金融机构、国际金融机构和境外具有竞争优势的企业在经济技术等各方面与非洲东道国当地金融机构和企业的合作步伐，促进非洲东道国当地金融机构和企业的快速成长。

$BOT_{IC}$ 是 $PPP_{IC}$ 的典型模式，与 $PPP_{IC}$ 相比，中非双方政府和公共部门对在非洲基础设施 $BOT_{IC}$ 项目不出资，仅规定该项目设施或服务产出的标准和框架，全部项目资金由"私方"（非洲境内外多方投资者）筹资，中非双方政府在该项目特许期开始到结束移交设施前的整个过程中，不参与或很少参与该项目具体的投融资、设计、建设、运营维护等活动，而由被特许的 $BOT_{IC}$ 项目公司完全负责，因此，在非洲基础设施 $BOT_{IC}$ 项目公司在按比例分享项目回报的同时，也要承担并与各投资方分担全过程的绝大部分风险。

总之，对应中国在非洲基础设施 $PPP_{IC}$ 项目和 $BOT_{IC}$ 项目的复杂性，其投融资不是简单的"业主"问题，也不单是投资者问题，而是涉及整个价值链系统的完整链条，它包括众多国内外相关利益主体、拟建设的跨境在非洲基础设施项目自身属性、不同待建非洲基础设施之间的比较、开放性项目投融资模式设计、集群式投融资方式的特性和效应、项目涉及国家（区域）的制度和社会舆论环境等诸多因素，项目各主体既要各司其职，又要有效衔接，密切配合。换句话说，中国在非基础设施 $PPP_{IC}$ 项目和 $BOT_{IC}$ 项目的建设，不仅是跨境金融（投融资）问题，而且是国际政治、国际经济、国家外交、涉外文化等问题，是国家主权、国际关系、全球产业布局、不同国家多样化社会环境和非洲当地自然生态等诸多领域的结合体，涵盖了战略、政策、技术、人才等多个层次，涉及投融资、贸易、对外援助、跨境经济合作等各种经济活动，表现为货物、人员、资金、技术等多种要素在中非及相关国家（地区）间的往来与流动。因此，中国在非洲基础设施 $PPP_{IC}$ 项目和 $BOT_{IC}$ 项目的建设，应有战略眼光、系统思维、全局考虑、规划实施。

中非产能合作中的
集群式投融资

Chapter 8

# 第八章 中非产能合作中的能源矿产业集群式投融资

中非能源矿产的合作具有互补优势和广阔的发展前景。一方面，中国经济30年的持续快速增长，对能源矿产的需求急剧增大，但国内能源矿产供给不足，能源矿产生产不能满足经济增长的需要。而非洲国家蕴藏着丰富的能源矿产，但非洲国家普遍经济发展不足，对能源矿产的需求较少，能源矿产供给（或潜在供给）大量过剩。另一方面，中国在能源矿产开采、运输、加工等方面积累了雄厚的资本、先进的技术和丰富的管理经验，而非洲国家发展能源矿产业却存在缺乏资金、缺少人才和缺欠技术三大瓶颈，但又难以找到融资、融智和融技的渠道。充分利用内外"两种资源、两个市场"，既是中非国家能源矿产合作发展战略的要求，也是中非企业互促提高可持续发展能力的选择。中国能源矿产企业集群式"走入"非洲是中非能源与经济合作发展的必然。

## 第一节 非洲能源矿产业的发展现状

### 一、非洲能源业的发展现状

#### （一）非洲能源储藏丰富，油气产供量增长较快

第一，近年来非洲大陆油气资源与供应保持稳定增长。据《BP世界能源统计评论》（*BP Statistical Review of World Energy*）资料，非洲探明石油储量从1991年的604亿桶增长到2011年的1324亿桶，占世界的8%。同期，非洲探明天然气储量从9.5万亿立方米增长到14.5万亿立方米，占世界的7%。过去10年间，非洲石油产量从2001年的每天789.7万桶增长到2010年的每天1011.4万桶，天然气产量从1315亿立方米增长到2136亿立方米，2010年非洲油、气产量分别占世界的12.2%和6.7%。全球每消费5桶石油中就有1桶来自非洲，预计未来全球新增石油供应的1/3将来自非洲。

巨大的油气储量吸引了全球众多的油气公司汇集非洲。目前，有大约500家石油公司活跃在非洲大陆的油气勘探领域，它们也在积极探寻非洲新

的石油天然气资源。

第二,非洲油气资源的储存、生产与供应比较集中。70%以上的油气资源储量和产量都集中在非洲北部和非洲西部。2011年,阿尔及利亚、埃及、尼日利亚和利比亚"四大国俱乐部"探明的油、气储量分别占非洲探明总量的76.1%和91.7%,油、气产量分别占非洲总产量的59.7%和90.4%。但是,非洲能源版图正在向西、向东和向中部非洲扩大,传统"四大国俱乐部"的能源主宰地位将可能受到较大冲击。非洲"新能源俱乐部"(即西非地区包括安哥拉深海区盐下田、加纳深海新边疆区、毛利达尼亚深海新区、黄金海岸深海区和加蓬深海盐下田。东非包括莫桑比克深海新区、坦桑尼亚深海新区、肯尼亚陆上和深海新区。中部非洲陆上新区包括乌干达、尼日尔、苏丹和南苏丹以及乍得等国家)出现后,2000~2012年短短几年间,"四大国俱乐部"就出现了历史上首次新增资源量和产量均少于其他非洲国家的情形。

非洲不断增长的新油气资源对全球资源供求作出了较大贡献。据统计,2000~2012年间,全球新增常规和非常规油气资源超过了8000亿桶油当量(其中常规资源为3800亿桶油当量,非常规油气资源为4200亿桶油当量)。同期,非洲累计发现的常规油气资源量为600亿~700亿桶油当量,占全球新增常规油气资源3800亿桶的20%。

第三,非洲能源产量中的大部分用于出口。非洲大陆虽然油气资源丰富,但当地消费水平低,可供出口的比重大。2001~2010年间,非洲石油产量从789.7万桶/日增长到1011.4万桶/日,同期石油消费仅从251万桶/日增长到337.7万桶/日,增速极为缓慢。2011年,非洲石油产量为880.4万桶/日,占世界产量的10.4%,同期石油消费为333.6万桶/日,仅占世界消费总量的3.9%。2011年非洲石油出口716.6万桶/日,出口量占产量的比重高达62.1%。国际能源机构资料表明,非洲目前拥有世界人口的15%,一次能源消费仅占全球一次能源消费的15%。预计到2035年非洲人口将增长到占全球的1/5,但其一次能源消费占全球消费的比重仍将保持基本不变。非洲的原油尤其是西非原油含硫低、油质高,特别适宜加工和提炼,可以轻易加工提炼为汽油、柴油和取暖用油,具有特殊的战略意义。

(二)能源严重短缺制约了非洲各国的经济发展

非洲虽然能源储量丰富、产量大增,但许多非洲国家仍然依赖昂贵且不可靠的化石燃料发电，煤炭、石油和天然气发电仍占非洲发电总量的81%。目前，非洲的发电能力为147吉瓦，其中68吉瓦来自撒哈拉以南地区。非洲人口占全球人口的15%，约有6亿的非洲人口仍未通电。占全球15%的非洲人口的能源使用量仅为全球基本能源使用量的5%，即非洲人均能源消费量是世界平均水平的1/3。电力不足极大地限制了非洲各国经济的发展，由于电力不足而致使非洲的经济损失高达其GDP的4%。在撒哈拉以南的48个非洲国家中，有30个国家经常性的停电，停电所造成的经济损失在马拉维、乌干达和南非占其GDP的5%。非洲一些国家，如刚果、赤道几内亚和毛里塔尼亚50%的电力以及西非17%的电力均来自于小型柴油发电机，其发电成本往往超过40美分/度。在非洲各国化石燃料发电行业亟待发展的同时，丰富的太阳能和风能资源也有待大力开发，非洲各国政府开始高度重视这些新能源的发展，但还没有进入实质性大规模开发使用阶段。

## 二、非洲矿产业的发展现状

### （一）非洲矿产资源丰富，矿产业发展潜力大

非洲是世界上最古老的、面积仅次于亚洲的第二大陆。在面积约达3020万平方公里的非洲大陆上，蕴藏着丰富的矿产资源。金、金刚石、铂族金属、铝土矿、铀等重要矿产资源储量均居世界首位，铬、锰、钒、钛、铜、镍、石油和天然气等矿产资源也非常丰富。其中，占全世界储量20%的铀和铬铁矿、30%的锰矿和铝土矿、20%以上的钒和铬、52.4的钻石矿、90%的铂族金属、50%以上的金资源、60%的金刚石和42%的磷矿，都集中分布在非洲。此外，铅、锌、锑、重晶石等矿产资源储量也很可观。非洲矿产资源不仅非常丰富，而且大多数矿床品位高、分布连续、易于规模化开采。

由于受自然地理、社会历史、经济发展等诸因素影响，非洲大陆各地区、各国的矿产资源勘探和开发程度差别较大，南非地区和西非地区矿产资源勘探与开发程度较高，而其他地区矿产资源勘探与矿产开发程度相对较低。南非是非洲矿业开发最为发达的国家。其他如加纳、科特迪瓦、几内亚、莫桑比克、赞比亚、坦桑尼亚、塞内加尔、毛里塔尼亚、刚果、马达加斯加等非

洲国家的矿业开发也比较活跃。近年来，非洲国家加大了矿产勘查投入的力度，矿产勘查投资比明显高于世界平均水平。与此相对应，非洲生产的矿产品也非常丰富，特别是一些金属矿产品和宝石，如铂族金属、锰、金、铬、钴、铜、钒、镍、钛、铀、铝矾土、金刚石等，在世界上占有重要地位。

非洲各国的矿业经济发展也是很不平衡的，矿业产值占其 GDP 的比重差别较大，大的超过 GDP 的 40%，如加蓬、北非的阿尔及利亚等；小的仅占 GDP 的 1% 或不足 1%，如塞内加尔、吉布提和乌干达等。矿业产值占其 GDP 比重大的许多非洲国家，矿业在国家经济发展中占有重要地位，有些是经济发展的支柱。如 2011 年博茨瓦纳的金刚石业产值约占国内生产总值的 40%，占政府收入的 50%，占全国出口总值的 75%。刚果（布）矿业占 GDP 的 50%、加蓬占 50%。只有少数非洲国家的矿业不太重要，如冈比亚、佛得角、几内亚比绍等。

矿产资源丰富和开发程度好的大多数非洲国家的矿产品出口，在国家对外贸易中占有重要地位。纳米比亚、赞比亚、刚果（金）、尼日利亚、博茨瓦纳、利比亚、赤道几内亚、阿尔及利亚等不少国家矿产品的出口份额超过了全国出口总额的 50%。肯尼亚、乌干达等国家虽然矿业产值在 GDP 中的比重不大，但矿产品出口在外贸中却占重要地位。矿业对许多非洲国家来说极为重要，不仅靠其出口创汇，发展当地经济，而且还是这些非洲国家就业的主要领域，如毛里塔尼亚铁矿行业的就业人数约占其现代工业就业岗位的 10%，是该国除政府机构外的第二大就业领域。

### （二）非洲各国相继出台鼓励外商投资矿产业的政策

近些年来，非洲许多国家为改善营商环境，不断出台、修改了矿业法，逐步调整了矿产业和资源政策，尤其在土地出租、矿权转让许可、矿产资源销售及税收等方面都采取了宽松而又优惠的政策，鼓励吸引外国资本进入本国的矿产资源勘探和开发领域。埃及、肯尼亚、毛里求斯、苏丹、利比亚、尼日利亚等非洲国家相继出台了鼓励外资的政策措施。布基纳法索、塞内加尔、博茨瓦纳等 28 个非洲国家完成了 58 项经济法规改革。非洲国家还纷纷通过与其他国家签订"投资保护协定"和"避免双重征税协定"的办法来保障其营商环境。目前，非洲国家的这两类"协定"分别已达 696 个和 459 个，其中约有50%的"投资保护协定"、60%的"避免双重征税协定"是与发达国家签署的，这使得非洲的营商环境大为改观。

## 第二节 未来非洲能源矿产业的发展前景

### 一、非洲传统能源将继续稳步发展

非洲高速的经济增长、快速的工业化和城市化、迅速壮大的中产阶层，都需要迅猛发展油气、电力等能源来支撑。据估计，到2030年，非洲将增加250吉瓦的容量满足未来的能源增长需求。在过去几年，西非、东非和中部非洲一些国家发现的重大商业油气资源，改变和扩大了非洲的能源版图，也预示着非洲的油气生产与供应将继续稳步增长，其出口能力和对国际能源市场的影响将继续扩大，尤其是未来非洲的天然气生产与供应增长具有相当大的潜力。

### 二、非洲将是未来世界新能源的巨人

"非洲并不缺乏能源，只是能源没有被合理利用。"（谢赫·安塔·迪奥普，1985）。肯尼亚《商业日报》刊文指出，可再生新能源能使非洲成为世界能源巨人。国际可再生能源机构（IRENA）报告称，非洲拥有全球最好的生物能、地热能、水能、太阳能和风能等可再生新能源资源。太阳能可在整个非洲大陆发展，而生物能和水电在非洲中部和南部地区有发展潜力，非洲北部、东部和南部主要有风能，非洲东部大裂谷具有大量的地热潜能。未来20年非洲对电力的需求将扩大10倍，其重要来源是可再生新能源，其中太阳能和水电将成为非洲未来可再生能源发展的主力。2013年非洲可再生新能源只占非洲大陆能源需求的5%，未来15年内可能会增加到22%。到2030年，约1/4的非洲电力需求将由可再生新能源提供，是目前水平的4倍多。随着技术成本的下降，非洲可再生新能源会越来越便宜，但从现在到2030年

期间，配电基础设施的发展和扩建平均每年需要投资 700 亿美元。

IRENA 敦促非洲各国政府加快制定和完善促进可再生新能源发展的规章制度和增大对其投资的力度，积极创造可再生新能源推广使用的有利条件。发展可再生新能源已经成为了席卷非洲大陆的一种趋势，非盟最近宣布，未来 10 年将向可再生新能源投资 200 亿美元。2015 年 12 月 3 日巴黎峰会提出的非洲可再生新能源计划预计，到 2020 年新增 10 吉瓦可再生新能源发电容量，并预期到 2030 年"动员非洲的潜力"以达到至少 300 吉瓦，该计划估计将于 20 年内耗资 5000 亿美元。随着非洲地区社会稳定以及政府对可再生能源发展的重视，非洲的可再生新能源产业发展将迎来一波高潮。

## 第三节　中国对非洲能源矿产业的投融资情况

### 一、中国对非洲能源的投融资状况

#### （一）中国对非洲能源投融资的总体情况

近年来，中国对外的能源投资快速增长，2005~2012 年我国能源行业对外投资占据整个对外直接投资总额的 46%。2005~2013 年，我国能源行业对外直接投资的国家（地区）有 89 个，其中对加拿大、澳大利亚、巴西、美国、伊朗、哈萨克斯坦、印度尼西亚、俄罗斯、越南、尼日利亚、瑞士、伊朗、法国、厄瓜多尔、阿根廷、新加坡、尼日尔、英国、哥伦比亚和委内瑞拉等前 20 位国家（地区）的能源投资占对外能源行业总投资量的 67.6%。我国能源行业的对外投资主要集中在拉美、北美和非洲等资源储量丰富的地区，投资额占能源行业对外投资总量的 46%。对东南亚、西亚和欧洲也具有较大的能源投资规模。对澳洲、中亚、东亚及俄罗斯、南亚的能源投资量相对较小，但这些地区将是我国未来对外能源大力投资的目标国家（地区）。

目前，中国对非洲投资的领域几乎涵盖所有的行业部门，但分布主要集中在建筑业、采矿业（能源矿业）、制造业、科研和技术服务业、农林牧渔业、文化娱乐业等17个行业大类。其中，建筑业、采矿业（能源矿业）、制造业以及科研和技术服务业等四个行业在2013年占当年中国对非洲直接投资的比重达90%，采矿业（能源矿业）占比24%，居第二位。截至2013年末，中国对非洲直接投资存量累计排名前五位的采矿业（能源矿业）、建筑业、金融业、制造业及科研和技术服务业，占中国对非洲直接投资存量的85%，其中，采矿业（能源矿业）占比为26.4%、建筑行业26.1%。而2013年中国对非洲直接投资流量中，建筑业占比约40%，采矿业（能源矿业）占27%。

### （二）中国对非洲电力的投融资情况

目前，全球都在倡议着力推动非洲的电力发展和安全，如联合国的"人人享有可持续能源"倡议（SE4ALL）、美国的"电力非洲"倡议、非洲—欧盟的"千年发展目标"倡议和日本的"非洲发展东京国际会议"（TICAD）等，其目的都是欲通过推动非洲电力的发展来支持和促进非洲经济的增长。在此大背景下，中国在非洲电力行业的积极行动，无论是规模上还是影响上都引起了国际社会的关注。据国际能源署（IEA）与中国社科院数量经济与技术经济研究所2016年联合发布的《促进撒哈拉以南非洲电力发展：中国的参与》（以下简称《报告》）称，"中国承建的项目占2010~2015年撒哈拉以南非洲新增发电总装机容量的30%。2010~2020年，中国承建的新增发电装机容量中有56%来自可再生能源，包括大型水电项目。"中国对非洲电力项目的资金支持和工程承建，为非洲电力行业的发展、拓展非洲电力普及的范围和促进非洲经济的增长等方面作出了积极的贡献。

中国企业在非洲电力行业的投资范围广、力度大、影响深。过去5年里中国企业显著提高了在非洲的业务参与程度，参与了非洲所有一次能源（除核电外）和各种规模的项目，而来自经济合作和发展组织（OECD）国家的援助机构却不太愿意为非洲大型水电大坝或煤电站融资。《报告》统计的超过200个2010~2020年非洲电力项目中，中方承建或将承建的新增发电装机容量巨大，约17吉瓦，达到撒哈拉以南非洲现有电力装机容量的10%，相当于芬兰的电力总装机总容量。在输配电领域，中方承建的非洲电力项目覆盖整个电网产业链，包括从跨境输电线路到非洲本地城市和农村配电网等。

2010~2020年，由于非洲电网发展和发电装机容量的增加，约有1.2亿非洲人将通过接入电网获得电力，中国承包商在其中有着30%的贡献。

按照一般逻辑，中国企业在非洲直接投资的主要有利因素是成本优势。然而，在《报告》中发现，中国企业在非洲的电厂承建成本总体上低于世界其他地区的成本，但却高于在国内的建设成本。中方在撒哈拉以南非洲承建电厂的隔夜成本基本处于其他经济体的典型项目成本区间之内。但风电、煤电和气电项目成本基本处于全球成本范围的高端，主要原因是中国企业在非洲投资、承建能源电力项目时，在物流、配套、设备进口等方面存在一系列的障碍，如非洲的物流成本和项目所需设备从西方进口的成本都更高。

### （三）中国对非洲新能源的投融资情况

非洲的新能源行业发展前景非常美好，但中国能源企业在其进军的路上却存在诸如资金、技术等种种阻碍和重重困境，如果能克服这些障碍可不失为一条进入非洲新能源市场的新路径。好在中国国内新能源产业的快速发展，行业内一些大的新能源企业积累的大量资本和先进技术，为进入非洲新能源市场做好了准备并已先行投资非洲新能源产业。据世界自然基金会2012年的《一个充满活力的伙伴？探索中国在非洲可再生能源开发中的催化剂角色》报告公布，过去10年中国成了非洲可再生能源领域的主要投资者。报告指出，过去5年，中国为非洲29个国家的70多个水电项目提供融资和施工建设，截至2007年年底，中国资助33亿美元为非洲建设了10个主要水电站项目，提供了6000兆瓦稳定电力，占撒哈拉以南非洲水电供应的30%。在其他可再生能源领域，中国对非洲投资也很迅猛，仅2009年中国就宣布帮助非洲建设100个清洁能源项目。中国可再生能源公司尤其是风能和太阳能公司大规模开展对非洲投资，融资150亿美元建设当时最大的项目——莱索托高地电力项目，为莱索托开发风能和水力发电项目。2013年4月，中国工商银行与南非标准银行签署200亿兰特（1美元约合9兰特）协议，联合支持南非开发可再生能源项目。此外，中国公司在南非建设一座容量100兆瓦的太阳能工厂，在肯尼亚西部新建一座20兆瓦的水电站，在坦桑尼亚建设一个风能太阳能混合项目，在加纳建设中国—加纳可再生能源技术转移南南合作项目等，中非新能源领域里的合作方兴未艾，潜力巨大。

中国对非洲新能源领域的大规模投资与合作,有力地消除了非洲发展可再生能源的"资金缺乏和技术欠缺"两大瓶颈问题,促进了非洲能源的安全和技术转让,推动了非洲可再生能源产业的发展,促进了非洲能源结构的调整和多元化,减少了非洲对石化能源和价格波动较大能源的依赖及其对森林的大量或过度采伐,增强了非洲应对气候变化的能力。

## 二、中国对非洲矿业的投融资状况

### (一) 中国对非洲矿业的投融资的总体情况

中国对非洲矿业的投资在近些年来有了突破性的进展。2004年,中国对非洲投资的矿业项目仅有5个,但到2011年就增长到114个,2013年对非洲矿业投资的项目数为85个。2004~2013年我国对非洲矿业投资的项目数达492个,共涉及非洲国家41个,占非洲54个国家数量的75.9%。

从投资目的地(国)来看,中国投资非洲的矿业项目在非洲各大区域都有所开展,但分布不均匀。中国对非洲的矿业投资项目大多分布在赤道以南非洲地区。尤其南部非洲是中国对非洲矿业投资较为集中的区域,2004~2013年中国在南部非洲投资的矿业项目数达208个,占对非洲矿业投资项目总数的42%。中国对非洲的矿业投资项目沿海多于内陆。中国对非洲矿业投资项目的分布已从最初以南非、阿尔及利亚和赞比亚等少数地区为主,扩展到了现在的整个非洲地区,其中赞比亚、刚果(金)、津巴布韦、坦桑尼亚、尼日利亚、莫桑比克、苏丹、南非是我国矿业投资主要的目的国,中国对这8个国家的矿业投资项目数占对非洲矿业投资总项目数的59%。

从投资主体所有权性质来看,中国对非洲矿业投资的主体包括中央国企、一般国企、事业单位以及民营企业等。2004~2013年参与非洲矿业投资的中国企业有347家,总共投资492个非洲矿业项目。其中,国有企业投资的项目有290个,占总投资项目数的58.9%;民营企业投资的项目有202个,占总投资项目数的41.1%。在早些年,国有企业对非洲矿业投资一直处于绝对的主导地位,国有企业控制的对非洲矿业投资项目数占中国对非洲矿业投资项目总数的大部分,近年来民营企业对非洲矿业投资项目呈逐渐增加的趋势,但国有企业和民营企业在选择矿业投资目的国方面存在显著差异。国有企业对非洲矿业投资广布非洲大陆，投资项目覆盖了70%以上的非洲国家。国有企业紧随国家对非洲战略，在国家政策导向下，为完成国家在非整体布局，既在自然资源丰富、经济条件较好的非洲国家进行矿业投资，同时也更多地投资于政治风险较高、经济基础较差的非洲国家。而民营企业更多地选择在撒哈拉以南的经济发展水平相对较高、政局稳定、与中国有良好合作历史的非洲国家进行矿业投资，如尼日利亚、津巴布韦、莫桑比克、赞比亚、马达加斯加、南非、刚果（金）等29个非洲国家，占非洲53.7%的国家。

从投资领域来看，中国矿业企业对非洲投资主要集中在矿产品开采生产、技术设备投入、基础设施工程建设、矿产品贸易、投资、综合6个领域。2004~2013年中国矿业企业对非洲矿产品开采生产的投资项目273个，占项目总数的55%；技术设备输出项目103个，占总数的21%。截至2013年，中国对非洲矿产品开采生产的投资项目已覆盖非洲33个国家，覆盖率达61.1%，主要集中分布在交通便利的沿海和资源相对丰富的非洲南部地区。中国对非洲矿产技术设备投入类和基础工程建设类投资项目均覆盖了30个非洲国家，覆盖率各为55.6%。赞比亚、刚果（金）、坦桑尼亚等是中国在非洲矿产品开采生产集中国，其技术设备投入类项目和基础工程建设类项目也都相对集中。中国对非洲矿产品贸易项目数量较少，且主要集中在非洲沿海国家。投资类项目数量过少，综合类项目主要与企业综合实力有关，皆未体现出明显的区位特点。

### （二）中国有色矿业集团在非洲投资的个体情况

作为大型央企、"世界500强"的中国有色矿业集团是中国有色行业最早"走出去"的企业之一，其海外业务已经遍布全球80多个国家（地区），拥有境外重有色金属资源量2000万吨，形成了采选冶炼、设计、施工、监理、技术服务、国际贸易、物流为一体的完整产业链条，产品涉及40余个有色金属品种。通过自主投资、自主建设、自主经营方式，中国有色矿业集团在境外建设了一批标志性的有色金属矿山和冶炼厂，在"一带一路"沿线的20多个国家（地区）形成了有色矿业先发优势。尤其近年来，在我国和东道国的大力支持下，中国有色矿业集团的国际产能合作不断升级，在境外拥有有色金属矿山8座、冶炼厂8个，境外有色金属产能达到60万吨/年，境外有色金属矿业工程累计完成产值超过 64 亿美元，正在执行的境外有色金属工程项目合同额超过 50 亿美元，冶金装备产品出口到全球 20 多个国家（地区）。中国有色矿业集团通过对外直接投资，将中国的资金、技术、设备和管理带到了海外，拉动了集团整体业务的快速健康发展。

中国有色矿业集团在非洲的投资从 1998 年成功进入赞比亚开始，并以赞比亚为核心，逐步辐射拓展到刚果（金）、南非市场。目前，中国有色矿业集团已在中南部非洲累计投资超过 27 亿美元，拥有各级出资企业 19 家，打造了中国在中南部非洲最大的有色金属工业基地。中国有色矿业集团在中南部非洲投资的重大项目主要有位于赞比亚的谦比希铜矿、卢安夏铜矿、谦比希粗铜冶炼厂、谦比希湿法冶炼厂、中国经贸合作区和刚果（金）的马本德湿法冶炼项目、利卡西湿法冶炼项目、匹马矿业项目。

中国有色矿业集团还十分注重与国内优势大型企业"联合出海"，在境外"共筑未来"。与宝钢集团、中国一重、中国西电集团、中远集团、中国铝业、有色研究总院、北京矿冶总院、中航科技集团、中国黄金、中国铁建、中国诚通等 10 余家央企以及金川集团等国内有色企业，在境外资源开发等领域开展了深度合作。在非洲，与中信集团合作建设安哥拉社会住房项目和阿尔及利亚高速公路项目，与中铁资源合作建设刚果（金）铜矿项目，与中国机械工业集团合作建设埃塞俄比亚发电工程，与中国黄金集团合作建设刚果（布）铜矿项目等。尤其依托出资企业中国十五冶金建设集团有限公司，在非洲承建的工程项目遍及赞比亚、南非、阿尔及利亚、埃及、苏丹、埃塞俄比亚、刚果（金）、安哥拉等多个国家和地区。

## 第四节　中国对非洲能源矿产业投融资的既有模式

### 一、中国对非洲能源的典型投融资模式

#### （一）中石油"苏丹模式"

1995 年 9 月，苏丹总统巴希尔访华时表达了希望中国投资苏丹石油勘探

开发的愿望，得到了中国政府的积极肯定回应。经外经贸部批准，中石油与苏丹签订了 6 区石油勘探开发协议，与马来西亚国家石油公司、加拿大塔里斯曼公司和苏国家石油公司共同组建国际财团联合开发 1/2/4 区石油资源，从此开启了中国与苏丹石油合作的序幕。此后，中石油联合其他石油公司，分别于 1996 年、2000 年、2005 年和 2007 年获得 1/2/4 区、3 左区、15 区和 13 区的石油开发权。在下游，1997 年，中石油与苏丹合资建设并扩建拥有世界第一套加工高含钙、含酸原油的延迟焦化装置喀土穆炼油厂，2000 年投产，2006 年原油加工能力达 500 万吨/年。2001 年又建设年产 1.5 万吨聚丙烯的石油化工厂。2001 年 3 月建成了加油站。另外，中石油还在苏丹兴建输油管线，1999 年，参与建成的 Heglig 油田至苏丹港输油管线长 1506 公里，输油能力 21 万桶/日。2003 年，建成的苏丹 6 区油田至喀土穆炼油厂输油管线长 716 公里。2006 年，建成苏丹 3/7 区至苏丹港输油管线长 1370 公里。十多年来，中石油在苏丹的石油类项目从陆上发展到海上，从上游拓展到下游，涵盖了勘探、开发、生产、输油管道、炼油、石油化工、成品油销售、服务等领域，在非洲建立了上下游一体化的完备的石油工业体系。中国在苏丹油气领域的巨大成功引起了举世瞩目，多个非洲国家均希望中国采用"苏丹模式"对其油气领域进行投资。

中石油苏丹模式有其显著的特点：在投资方式，中石油以参股、控股和绝对控股等合资方式为主兼有独资等方式进入苏丹油气上下游市场进行"绿地新建"投资。在投资过程上，中石油采取渐进方式进入苏丹油气市场。从油气市场上游开始，先进入苏丹 6 区、1/2/4 区，后拓展到 3/7 区、15 区和 13 区。先在地下勘探、井筒工程，后到地面油田建设。中石油在苏丹油气市场上游取得成功的同时，又进入其炼油、石工和成品油销售等下游领域。总之，中石油进入苏丹油气市场的过程就是由小到大，由点到面，从头到尾，逐渐扩展到苏丹油气上下游产业链各个环节，最终形成苏丹（境外）油气一条龙产业体系的历程。在融资方式上，中石油苏丹石油项目首次尝试了企业自筹资金与利用援外优惠贷款相结合的融资新模式。在 6 区项目上，中石油在自筹 2 亿元资金的同时，又申请到了援外优惠贷款 1 亿元（中国政府对苏丹的优惠贷款是 1.5 亿元人民币，经苏丹政府同意，其中的 1 亿元由中国进出口银行转贷给中石油），此后的 3/7 区项目又获得此种贷款 4 亿元。在承包方式上，中石油以 EPC 总承包模式（对整个工程的设计、材料设备采购、工程施工实行全面、全过程的"交钥匙"承包）与苏丹合资兴建炼油厂，把中国的物资、设备、技术与服务带入苏丹（国际）石油市场。

"苏丹模式"是中石油秉承"互利双赢，共同发展"的国际合作理念，主要依靠自身的实力通过国际公开招标方式进入苏丹市场，完全按照国际规范和标准运作，在当地全面履行企业社会责任，与苏方进行产能合作的典范。

### （二）中石化"安哥拉模式"

2002 年结束内战后的安哥拉急需重建资金之时，西方国家却纷纷撤离安哥拉，只有中国对安哥拉"雪中送炭"。2004 年，中国进出口银行与安哥拉财政部签署了 20 亿美元的贷款框架协议和大规模基础设施合作协议。同时，中石化与安哥拉政府签署长期石油供应协议，双方约定安哥拉以对华原油出口收入作为贷款担保，安哥拉将在未来 17 年内，每天为中国提供 1 万桶原油（后增至 4 万桶），这种"以基础设施换资源"的援助模式也称为"安哥拉模式"。2006 年，中石化与安哥拉国家石油公司达成合作协议，中方占股 75%、安方占股 25% 合资组建中石化—安哥拉国际石油公司，并投资 30 亿美元在络比托建设原油处理能力达 24 万桶/日的炼油厂。中石化又通过招标方式获得安哥拉 17 号勘探区 27.5%、18 号勘探区 40%、15 号勘探区 20% 的股权，三区块的储油量分别达 15 亿桶、10 亿桶或 7 亿桶。2007 年 5 月中安签署了 5 亿美元的贷款协议。2007 年 9 月，中安两国签署了第二个协议金额仍为 20 亿美元的框架合作协议，还款期限延长至 15 年，利率降至在伦敦银行同业拆借利率（Libor）的基础上只加 1.25%，其余条款内容与 2004 年第一份框架合作协议基本相同。另外，此次协议更加关注于安哥拉本土企业和工人的参与、提高安哥拉的发展能力。2007 年，中安与 BP 联手开发的安哥拉海上 18 区块的大 Plutonio 项目正式投产。2009 年，中石化、中海油共同出资 13 亿美元收购了马拉松石油公司在安哥拉第 32 区块 20% 的权益。"安哥拉模式"既解决了以安哥拉为代表的发展中国家融资难的问题，又解决了中方作为援助国的贷款安全问题，中安合作自此进入了快速发展时期。

"安哥拉模式"是综合考虑了中安双方现实需求而形成的一种新援助模式，但援助的内容又大大超出了传统意义下援助的范围，而是更多地考虑了市场因素、采取了市场化手段，以贷款换资源，形成了一种将投资、援助和贸易捆绑在一起的"资源—信贷—项目"一揽子合作模式，并在项目运作中积极与其他国家其他同行竞争公司在安哥拉油气领域的合作，建立了一种多赢共生的双多边经贸投资合作关系。这一新的境外融投资模式，将中国对非洲战略和"走出去"战略紧密结合，既解决了受援国安哥拉的融资难问题，又解决了施援国中国的贷款安全问题，成为了中非投资合作的范本，被广泛推广到中国与非洲其他资源富国的合作中去。

## 二、中国对非洲矿业的典型投融资模式

如前所述，中国对非洲矿业的投融资，以中国有色矿业集团为代表，在中南部非洲成功探索出了"赞比亚模式"。1998年，通过国际竞标方式，中国有色矿业集团取得了赞比亚谦比希铜矿的控股权，之后又陆续在赞比亚和刚果（金）开发了5个矿山和6个铜冶炼厂，形成了年产铜精矿含铜10万吨、粗铜25万吨、阴极铜8万吨的矿业生产能力，成为在赞比亚最大的中资企业。其中，赞比亚谦比希铜冶炼厂是中国有色行业在非洲和境外投资的第一个处理硫化矿的火法冶炼厂和中国在非洲和境外投资最大的铜冶炼厂，有力推动了国内铜冶炼产能和冶金技术的"走出去"。中国有色矿业集团还针对当地氧化矿丰富的实际情况，将湿法冶炼工艺先后带入赞比亚和刚果（金），进一步推动了我国矿业成熟技术、先进装备和冶炼优势产能的"走出去"。依托在赞的矿业资源项目，中国有色矿业集团还启动了赞中经贸合作区的建设，为国内有色行业和相关产业搭建了一个集群式"走出去"的平台。该合作区是我国在非洲建立的第一个境外经贸合作区，也是赞比亚政府宣布的第一个多功能经济区，规划总面积17.28平方公里，区内注册及使用功能设施用户已达48家，协议投资额达15亿美元，年产值达到18.5亿美元，初步形成了以有色金属矿冶为主，加工、机械、建材等配套产业为辅的境外产业集群。2015年3月31日，赞比亚总统伦古亲临中国有色矿业集团总部，对集团"赞比亚模式"取得的成效给予充分肯定。

在中国有色矿业集团"赞比亚模式"取得巨大成功的同时，也面临较多的困难和风险。一是经贸合作区建设方式带来的困难和风险。赞中经贸合作

区的建设方式是由中国有色矿业集团在异国他乡一次性投入,再逐步招商,虽然可以取得政府补贴和贷款,但容易导致开发规模过大和一次性投入过多。由于经贸合作区建设具有"初期投资大,直接回收慢"的特点,尽管经贸合作区的战略意义重大,然而在短期来看,事实上直接回报给开发企业的仅限于土地出租和出售、物业收入、公用设施开发收入、商业地产收入、区内企业服务性收入等,难以尽快收回合作区初期的巨大集中投入,将来一旦东道国国内投资环境恶化或东道国市场和需求发生变化,则损失就较大。二是合作区管理入区企业面临的困难和风险。建成赞中经贸合作区只是第一步,如何吸引国内外企业入驻经贸合作区,以及如何管理入区企业也是建区企业(中国有色矿业集团)面临的任务之一。虽然中国有色矿业集团是我国有实力、有成功海外经营经验的大型国有企业,但如何吸引和管理入区企业还没有经验,面临巨大的挑战。入区企业(目前主要是中国企业)希望它们自己在海外不仅是要谋求发展,更重要的是先要在谋求生存的基础上的再发展。如何在进驻本经贸合作区的中小企业之间形成一个协调一致的集群治理机制,从而使得赞中经贸合作区得到持续发展,是中国有色矿业集团为主的包括经贸合作区内所有企业共同面临的严重挑战。

## 第五节 对非洲能源矿产业集群式投融资合作的新模式

### 一、集群式供应链与集群式供应链联盟

#### (一)集群式供应链

集群式供应链(cluster supply chain, CSC)是产业集群和供应链之间耦合成的一个敏捷性网络组织系统。即在集群特定地域中,存在围绕同一产业或相关产业价值链不同环节的诸多研发机构、供应商、制造商、批发商和零售商,甚至是终端客户等组织,以"供应商—客户"关系,通过"信任和承诺"的非正式松散方式或正式紧密契约方式连接,形成基于本地一体化的单链式供应链。集群式供应链中核心企业的非唯一性和生产相近性,导致在该

地域中供应链的多条性和生产相似性，形成了每条单链式供应链企业内部之间相互协作和不同单链式企业跨链间的相互协调，以及游离于这些单链式供应链之外，但在集群地域之中的众多专业化配套中小企业，作为对这些单链式供应链生产的配合、补充和协调。集群式供应链其实是一种"源于企业，但不限于企业，依于集群，但不囿于集群"的组织，是纵向企业相互分工协作、横向环节相对完整的供应链结构体系。网络是这个组织的显形结构轮廓，在此背景基础之上是隐形、有向的链状架构。在这个组织中如果没有供应链特征，群内企业会因此产生同质化、无差异化产品的倾向，最终的结果是相互间的恶性竞争；如果只具有供应链特征而没有网络特点，该组织会因只有合作而无竞争沦为低效率的组织（黎继子、刘春玲，2006）。集群式供应链的产业分为基本产业、辅助产业和附属产业三大类。地理区位、显性内部关联性和隐性内部关联性三者交集确定了集群式供应链的有效"场势"范围。集群式供应链具有本地一体化的完整性、信任联结方式的根植性、单链为基础的多核性、时间竞争的大规模定制性、中小企业定位的普遍适用性等特征。

（二）集群式供应链联盟

集群式供应链战略联盟（cluster supply chains strategic alliance，CSCSA）是以战略联盟思想对集群式供应链进行有效管理的一种组织形式。即是指在产业集群背景下，以诚信为宗旨、各方共同利益为前提，以提升产业核心竞争力、实现多赢为目标，以协商产生具有一定约束力的契约或协定为纽带，将产业聚集区域内部与外部供应商、制造商、分销商（或代理商）、零售商、消费者等组成一条或多条纵向一体化供应链，与政府机构、科研院所、中介机构、金融机构、行业协会等形成一条或多条横向一体化服务组织，相互耦合而成的资源共享、优势互补、共享利益、共担风险的一种长期、互惠、紧密的新型网络化战略合作组织（袁科峰、张晓霞，2015）。

## 二、中国在非能源矿业集群式供应链投融资新模式

（一）跨境集群式供应链（TCSC）投融资新模式的含义与主体

跨境集群式供应链（transnational cluster supply chains，TCSC）投融资则

是借助境外产业集群（如境外经贸合作区）所连接的多条供应链和链上跨境核心企业信用实力，解决跨境供应链上其他企业投融资问题的一种较为有效的双多边金融综合安排。跨境集群式供应链投融资是一种供应链投融资的特殊形式，是考虑了产业集群和跨国投融资环境的供应链投融资，包括跨境集群式供应链投资和跨境集群式供应链融资两个方面。中国对非洲能源矿业领域的集群式供应链投融资是跨境集群式供应链投融资在产业和国别（国际区域）方面的具体表现，其含义、主体、构成、运行、特征、功能、作用等与跨境集群式供应链投融资基本一致或相似，故不另作赘言。

跨境集群式供应链投资（transnational cluster supply FDI，TCSCI）可以有不同的理解。从投资资金注入境外的时间节点来看，有集体对外初始投资和集体对外追加投资；从对外投资地域对象来看，有集体对外多点分散投资（投资于多个国家、多个地方、多个企业）和集体对外单点集中投资（集中力量建立境外产业集群）；从对外投资方式来看，有对外集体"绿地投资"和对外集体并购重组投资；从产业链的角度来看，有多层级多链条的复杂网络型境外供应链投资和少层级少链条的简单网络型境外供应链投资（集体对外投资可能发生于供应链的各个环节）。境外供应链与境内相关供应链以及其他国家相关供应链的联合投资，一起构成了跨境供应链投资，甚至全球供应链投资。

跨境集群式供应链融资（transnational cluster supply finance，TCSCF）就是把境外产业集群（如目前的境外经贸合作区）所连接的跨境（包括境外产业集群供应链、境内相关供应链以及其他国家相关供应链）供应链上的一个或若干个核心企业及其相关的上下游配套企业作为一个整体，根据供应链中企业的交易关系和行业特点，制定出基于货权、股权、债权及现金流、物流、信息流、人才流等控制的整体金融解决方案的一种双多边融资新模式。跨境集群式供应链融资的目的是解决跨境上、中、下游企业融资难、担保难的问题，通过打通跨境上、中、下游融资瓶颈，降低跨境供应链条融资成本，提高核心企业、配套企业及整个供应链体系的国际竞争力，增强跨境供应链和产业集聚的吸引力。

跨境集群式供应链投融资能否有效运作，关键取决于跨境供应链上的各个参与者能否联合起来，以一定方式建立起长期稳定的战略合作与协作关系。

而跨境集群式供应链战略联盟（transnational cluster supply chains strategic alliance，TCSCSA）则是负责建立、维持、协调和管理这种协作关系的、规范跨境供应链网络及其内部多种类型企业投融资行为的总主体。跨境集群式供应链联盟通过契约（协议）或权益（参股）或合作章程等一系列协调制度体系，对跨境（或跨国）集群式供应链进行有效管理。如果跨境集群式供应链没有建立起稳定的战略联盟，就算跨境供应链网络依然存在，而链上各个环节的企业可能仍然相互不合作或合作不紧密，仍然各自为政或各自行事，那么这些跨境集群式的供应链一定多数处于链条断裂状态，一定不会产生应有的系统效应。而一旦跨境集群式供应链战略联盟建立起来后，就与没有建立跨境集群式供应链战略联盟的情况大不一样。在组织形态上，集群式供应链战略联盟建立起来后，就会自然产生具体负责跨境供应链上企业管理协调事务的、以提升产业核心竞争力为目标的一个长效、稳定的网络化战略合作组织机构（下设跨境集群式供应链战略联盟投融资部门）。在主要任务上，跨境集群式供应链战略联盟减弱了产业境外集群发展的弊端，弥补了集群式供应链对集群管理和控制的不足，对境外集群内企业进行科学管理和规划。在构成要素和运行机制上，跨境集群式供应链战略联盟以明确的宗旨和目标，通过契约联盟形式将跨境集群式供应链及其相关成员或机构"拧成一股绳"，建立起境外产业集群外部和内部供应链的良好合作机制。

**（二）从 TCSC 视角看中国对非洲能源矿业投融资既有模式的缺陷**

如前所述，中石油"苏丹模式"、中石化"安哥拉模式"及中国有色集团"赞比亚模式"都不同程度地采取了对非洲集群式投融资的方式，形成了不同特点的境外（在非）集群式供应链的雏形，但都还不是完整意义上的跨境集群式供应链投融资，也都还没有建立起跨境集群式供应链战略联盟，也未形成跨境集群式供应链战略联盟投融资。

中石油"苏丹模式"只是在苏丹建立了一条由一个企业（中石油）主导的内部正式关系紧密的单链式供应链，供应链中核心企业的非唯一性（多条化）和生产相近性（集群区域一体化）特征不明显，所形成的是唯一单链式供应链企业内部间的相互协作和游离于这个单链式供应链之外、为数不多的配套企业的配合、补充和协调，而没有形成多条不同单链式供应链内部以跨链间的相互协调。

中石化"安哥拉模式"中的供应链就更简单了，只是一种由投资、援助和贸易捆绑在一起，外加一些基础设施建设业务，而形成的"资源＋信贷＋项目＋基础设施"链条不完整的境外（中国在非）集群式能源投融资供应链，它的生产相近性（集群区域一体化）特征不明显，但相对来说，单链式供应链条数不是唯一的，而是数条，但供应链都很不完整，甚至不能称其为供应链。

中国有色矿业集团的"赞比亚模式"集群式供应链，似乎比前两种的唯一单链和不完整链要成熟一些，在赞比亚建立了境外经贸合作区，这符合生产相近性（集群区域一体化）特征；又在区内聚集了主、辅两个层次、不同产业的数十个企业，这相当于形成了至少两条单链式供应链，但这两条链也不是完整的单链式供应链。

### （三）跨境集群式供应链（TCSC）投融资新模式的构成与运行

跨境集群式供应链投融资新模式是一个综合性的、集群整体的双多边投融资复杂系统，其基本构成包括三部分（见图8.1）：境内集群内多条单链式供应链（或供应链网络）、境外集群内多条单链式供应链（或供应链网络）和跨境集群式供应链投融资联盟。其主体是个多层次的投融资体系，即跨境集群式供应链联盟投融资部门（如境外集群供应链财务公司）是该投融资体系中的一个总投融资主体，在跨境集群式供应链投融资关系中，处于最顶端的投融资主体，但它的投融资行为只是一种中间代理或协调的关系，真正的跨境供应链投融资实体则为跨境集群供应链上的各企业。而跨境集群供应链网络上的企业可以是链上的基本产业企业、辅助产业企业和附属产业企业，也可以是链上的供应商、制造商、分销商（或代理商）、零售商等，还可以是大型企业、中小型企业。可见，这是一种"单一投融资主体，多元投融资实体"架构的跨境集群式投融资组织体系。其投融资方式和投融资工具灵活多样，除传统的国际、国内直接投融资方式和投融资工具外，主要根据跨境集群式投融资项目的需要设计出创新性的特定的集群式供应链投融资方式和投融资工具。

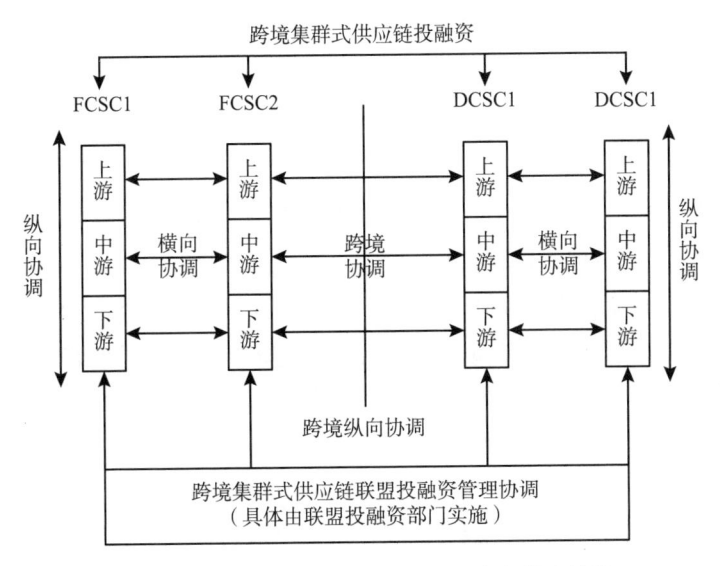

**图 8.1 跨境集群式供应链联盟投融资新模式结构**

跨境集群式供应链的复杂网络系统构造了一个双多边投融资内部金融市场，在这个内部金融市场上，跨境集群式供应链联盟投融资部门起到了关键作用，对跨境集群式供应链内部来说，其相当于一个金融机构，起着调节跨境集群式供应链上企业投融资余缺的作用。对跨境集群式供应链外部来说，其又相当于一个融资企业，在汇总跨境集群式供应链上企业投融资需求后，向境内外政府机构、金融机构或国际机构获取"汇总"投融资金额，然后按其所报把这个投融资金额再分配到跨境集群式供应链上各个投融资企业。国内供应链（DCSC）和国外供应链（FCSC）在同一供应链上的企业发生着纵向的投融资关系，国内供应链和国外供应链在不同供应链上的企业发生着横向的投融资关系，国内供应链与国外供应链之间的跨境企业发生着纵向或横向的投融资关系，其中跨境集群式供应链企业的投融资关系由跨境集群式供应链联盟投融资部门通过契约等方式加以协调。跨境集群式供应链投融资可以是对外投融资，也可以是对内投融资；可以由多条国内链条联合向国外某一链条（或某一链条上的一个或多个环节）投融资，也可以由多条国外链条联合向国内某一链条（或某一链条上的一个或多个环节）投融资；可以由国内一个链条（或某一链条上的一个或多个环节）向多条国外链条投融资，也可以由国外一个链条（或某一链条上的一个或多个环节）向多条国内链条投融资。

**（四）跨境集群式供应链（FCSC）投融资新模式的特点与作用**

跨境集群式供应链战略联盟除具有产业集群、供应链以及战略联盟的整体性、相关性、目的性和环境适应性等一般特质外，还具有目标共同性、疆界模糊性、动态竞合性、动作高效性、战略协同性、可约束性和系统复杂性等独特性。与此相适应，跨境集群式供应链融资有自身明显的特点：（1）投融资主体不再是单一国家的单一企业（或机构），而是整个跨境集群供应链（链上所有国内外企业及TCSCSA），通过对TCSCSA及链上有实力核心企业的责任捆绑，就可以对与整个跨境集群式供应链相关的资金流、物流、信息流进行有效的控制。（2）投融资范围比一般供应链投融资广，超出了一国的范围，基于跨境集群式供应链但不限于跨境集群式供应链所涉及的国家，可以在全球范围、向各类经济主体或机构投融资。（3）授信方式为组合关联授信，着重分析跨境集群式供应链内各主体执行合同的履约能力，围绕整个跨境集群式供应链链条，全过程分析供应商、制造商、经销商、零售商、最终用户等不同跨境主体的投融资需求，全方位了解投融资信息、提供"量体裁衣式"的一揽子跨境集群式供应链综合金融服务方案。（4）投融资风险分散化处理，将贷款风险控制向前或向后移至跨境集群式供应链上的其他交易环节，降低供应链上企业投融资风险，提高信贷资产质量，增加银行投贷积极性。（5）投融资产品并非单一的投融资产品，而是各类产品的组合序列，银行根据跨境集群式供应链各节点的投融资资金需求特性嵌入相应的投融资产品组合，形成跨境集群式供应链投融资产品集群效应。

跨境集群式供应链投资是为了解决对外供应链投资巨额的资金缺口问题，聚集众多分散的资金集中对外投资，能够产生跨境投融资的规模经济效应和范围经济效应、节约跨境集群式投融资成本、提升跨境集群式投融资创新能力、降低跨境集群式投融资风险、提高跨境集群式投融资的成功率、提高链上企业国际竞争力以及促进产业结构调整升级等方面的积极作用。

中非产能合作中的
集群式投融资

Chapter 9

# 第九章　中非产能合作中集群式投融资的促进与协调机制

正如前所述，以中非全面战略伙伴关系的建立和中非"十大合作计划"的提出为标志，中非合作正步入跨越性新的历史阶段，合作类型和形式不断创新和逐渐多样化，合作内容正从互补性贸易（商品输出）合作向互补性产业资本（资本输出）合作升级、从中短期项目合作向长期合作扩展，投融资合作方式正从单一企业对非洲投融资向企业抱团对非洲集群式投融资转变。作为中非合作重点的中非产业对接和产能合作，采取对非洲集群式投融资方式既有必要性和可能性，也有紧迫性和艰巨性，其成功的关键在于建立一个能够促进与协调对非洲集群式投融资合作的双多边机制，以便动员中国、非洲合作国家、其他愿意参与的国家以及国际和区域组织的所有力量融入到中非产能合作的人类宏大工程当中来，实现中非"合作共赢、共同发展"的美好愿望。

## 第一节　对非洲集群式投融资的政府主导

### 一、中国政府的倡导与推动

#### （一）提升对非洲集群式投融资的战略地位

中国开展对非洲的集群式投融资，是国际产业转移和中非产能合作的具体表现，也是非洲各国工业化进程的迫切需求。目前，我国企业尤其是中小企业对非洲集群式投融资最大的制约因素之一就是理念思维与战略制定能力不足。提升对非洲集群式投融资的战略，将是中国企业开拓非洲市场、发展面向非洲的开放型经济的首要选择。

1. 对非洲集群式投融资战略提升的定位。

中国已在非洲的一些国家进行了集群式投资，建立了若干个中国在非洲境外经贸合作区。但是，中国在非洲建立的境外经贸合作区数量还很少，而且大多数都是传统型的中小企业集群式境外投融资（事实上以对非洲投资为主，对非洲融资微乎其微），产业对象处于低端价值链上。虽然国家有关部门和各级地方政府都高度重视，并积极采取措施鼓励和支持企业集群式"走出去"，但企业尤其是中小企业对非洲的集群式投融资只是一种"政府引导，企业主导"为原则的政府扶持下的企业自发性对外单边投资行为，缺乏对非洲集群式投融资的战略高定位和行动强指导。只有全面再认识企业尤其是中小企业对非洲集群式投融资的战略意义和重要性，提升企业尤其是中小企业对非洲集群式投融资战略的层次，才能促进开放型经济的发展走上一个新台阶。

未来中国对非洲投融资要以"基于双边、构建多边、着眼全非"为基准，全面提升对非洲集群式投融资战略，具体地表现为：第一，从目前的自发性企业战略上升到未来的有组织性政府战略；第二，从目前的低端价值投融资战略上升到未来的高端价值投融资战略；第三，从目前的单边独资投资战略上升到未来的双边投融资合作战略；第四，从目前的传统产业领域的一元化战略上升到"传统＋新型"产业的多元化战略。并以此为目标，企业、区域（政府）、国家和非洲层面都应站在更高的起点上，总体谋划中非产能合作中的对非洲集群式投融资布局，在制造业、高新技术产业、绿色经济产业、基础设施建设、新能源开发、现代服务业等方面，制定对非洲投融资战略的相应规划，深化落实和拓展中非"十大合作计划"，推进中非全面合作战略伙伴关系进一步发展。

2. 对非洲集群式投融资战略提升的策略。

对非洲集群式投融资战略提升是中国实现"一带一路"伟大战略构想的新启程，是非洲加快工业化进程对中国的新需求，是中非构建全面战略合作伙伴关系的新契合。但是对非洲集群式投融资战略提升面临着中国自我挑战、国际挑战和非洲当地挑战等多方面的挑战。提升对非洲集群式投融资战略需要有迎接机遇和克服挑战的策略。

对非洲集群式投融资战略提升的本国自强策略。政府鼓励和支持企业及集群组织必须抓住"一带一路"建设和国际产能合作的更有利的环境和难得的历史机遇，站在更高的新起点上联合研究制定"高、大、上"的集群式"走出去（投资非洲）、引进来（非洲融资）"的集群战略，合理选择适合自身企业和集群特点的对非洲投融资新路子。国家宏观层面和省市区中观层面都应尽早制定统一的对非洲投融资总体战略规划，并分别制定非洲地区或国别投融资战略规划、非洲行业投融资战略规划，明确对非洲投融资的战略目标、战略步骤、战略措施、效益指标、地区（国别）分布、行业分布以及各类行为主体的分工协作等一系列完整内容。加快完善对非洲投融资的财税、投融资、产业等政策和法律，健全对非洲投融资的管理与监督机制，建立和完善对非洲投融资企业的配套服务体系，如风险预警和风险补偿机制、技术和信息服务、培训和咨询服务等。

对非洲集群式投融资战略提升的国际合作策略。中国政府应加强对中非投融资合作的客观、准确的宣传报道，通过及时公布符合国际惯例的相关具体数据、中非合作高层国际论坛、举办专题研讨会、中非合作成功经验推广等方式，营造有利于中非投融资合作的国际舆论环境。以互利共赢发展原则为基础，加强对非洲投融资的国际合作，建立多样化的中非投融资的双边、多边、区域、次区域开放合作模式，构建稳定、安全和优惠的中非投融资双多边工作与经贸合作机制，争取东道国政府在土地使用、税收优惠、审批等多方面的支持，形成一个更为稳定、安全和优惠的国际政治和经济环境。积极参与和充分利用世界贸易组织、国际货币基金、世界银行、非盟组织等国际（区域）组织在中非投融资合作中的作用，通过多边贸易体制和多边投资体制，以及国际惯例和国际投融资协同政策，不断加大国际协调解决对非洲投融资问题的力度。大力发展服务于中非经贸和投融资合作的"主力平台"，扩大中非投融资合作，增强非洲各国经济的"造血"机能，促进当地经济发展和民生改善，实现中非互利共赢和可持续发展。

对非洲集群式投融资战略提升的当地融合策略。政府要求和帮助企业尤其是中小企业对非洲集群式投融资时，应积极注意与非洲当地经济社会发展的融合。在战略制定上，应考虑中非经济、社会、文化发展需求和差异，也应考虑非洲国家政治经济走向、体制变革与中长期发展战略等因素，把其融入性作为对非洲投融资战略制定的重要依据之一。在项目选择上，应优先考虑非洲国家社会经济规划中重点发展的产业和重点开发的地区，尽量将企业发展的规划融入到东道国的发展规划中。在投融资方式上，一定要打破单一的中方独资的局面，千方百计让非洲企业通过合资、合营、合作、联合、联盟等多种方式柔性融入到中国在非洲的投融资当中，形成中非企业投融资合作主体，利益共享，风险共担，改变其对中国企业的原有"旁观者"态度，增强其"主人翁"的主动性、积极性和责任性。在人员使用上，应为非洲国

第九章 | 中非产能合作中集群式投融资的促进与协调机制

家创造更多就业岗位，尽量吸纳当地人员并进行文化、理念等"融合"培训教育，增强当地员工对中方工作要求的适应性，减少自我封闭运营所带来的风险。

## （二）健全对非洲集群式投融资的法律和政策

要建立健全对非洲集群式投融资的政策和法律，涉及中国完善对外投资管理的机制，尤其是加强对外投资的立法问题。中国至今尚未出台对外投资法，没有形成完善的对外投资法律体系，对外投资法律体系的缺失也成为对非洲投资的重要障碍，急需研究制定一部符合国际规则惯例和中国国情的"对外投资法"，来规范对外投资活动和保障对外投资权益。尽快出台《海外投资保险法》《对外劳务合作法》《对非洲集群式投融资管理办法》等相关法律法规，保护对非洲投融资主体的利益。

研究制定对外投融资（包括对非洲集群式投融资）的相应促进与支持政策措施，包括对公司开展海外投融资与合作的税收优惠和关税优惠鼓励；相应的金融、保险促进与支持政策措施；相应的外贸外援促进与支持政策措施等。通过完善的对外投融资的法律法规和政策，一方面激励和促进对非洲集群式投融资，另一方面，保护对非洲集群式投融资。鼓励企业"走出去"就必须先通过对外投融资的法律法规和政策手段为之铺路搭桥、保驾护航，而不是鼓励没有国家层面任何保护保障措施的对非洲集群式投融资，不能把肥羊赶入虎口、任人宰割，而是互利共赢的中非产能合作，通过对外投融资的法律法规和政策实施中非"产能合作直通车"和"外事直通车"。

在中国倡导共建"一带一路"和国际产能合作的新形势下，中国政府需要放弃过去的管理体制，深化改革，加强制度创新，进行对非洲投融资管理部门的调整，打破现有部门之间"条块分割、各自为政、多头管理"的格局，在中非合作论坛后续行动委员会的框架下，成立由国家发改委或其他某个综合部门牵头的对非洲投融资工作领导小组，统一负责研究制定对非洲投融资的重点领域和区域布局、投融资长远规划和行动计划及相应政策，加强相关各部门之间的沟通与协作，协调对非洲重大投融资项目和企业对非洲集群式投融资行为，避免恶性竞争，实现互利共赢，构建对非洲投融资和产能合作的促进体制机制。

### (三) 培育对非洲集群式投融资的主体和人才

对非洲集群式投融资活动的进行，归根结底是由企业和人才去完成的。中国政府需加大力度培育具有国际竞争力的对非洲集群式投融资主体，以保证有大量合格的企业和人才去成功展开对非洲的集群式投融资。一方面，采取各种措施鼓励和支持对非洲集群式投融资大型企业（主要是国有或国有控股企业）做大做强，尤其是涉及战略性投融资的基础设施企业、能源矿产企业、农业企业、高新技术企业、金融电信等服务企业，打造在国际对非洲投融资竞争中有核心自主知识产权与品牌和竞争力的大型跨国企业。另一方面，积极培育对非洲集群式投融资的民营中小企业。民营企业产权明晰，制度灵活，市场敏锐性强，应是对非洲集群式投融资的主力军，但目前在中国对非洲投融资和中非产能合作中，民营企业数量虽然不断增加，却存在着"风险高、保费贵；融资难、融资贵；公共服务不足、咨询费贵"的"三难三贵"和"国际化程度不高、应对东道国的危机管理能力不高、跨文化整合能力不高以及企业海外凝聚力不高"的"四不高"问题。针对这些问题，中国政府需多措并举，重新审视和研究制定对外投融资的管理制度，利用财政、金融、税收、产业等政策来引导民营企业对非洲集群式投融资，提升民营企业参与中非国际产能合作的竞争力。还有一方面，就是注意培育对非洲集群式投融资的企业战略联盟，凝聚众多企业的集体力量，发挥协调作用，有组织、有计划、有步骤地开展对非洲集群式投融资。引导和鼓励企业创新对非洲集群式投融资的商业运行模式，建设高水平的中国在非洲境外经贸合作区和多种形式的对非洲集群式基础设施投融资合作 PPP、BOT、集群式供应链等模式。通过商业模式的创新，实现中国企业在全球价值链体系中从低端的"汗水制造"向高端的"智慧创造"的转变，提升中国企业在国际产业分工体系和中非产能合作中的竞争地位。

大力培养对非洲集群式投融资的专业人才。集群式投融资、跨境集群式投融资是新型的投融资模式，相关专业人才奇缺。国家应鼓励和支持高等院校开办集群式投融资的专业或课程，或与相关部门、企业联合举办集群式投融资的培训班，尽快增加对非洲集群式投融资专业人才的数量，提高对非洲集群式投融资队伍的专业水平。建立多元化海外和在非洲人才机制，大力实施"中高级管理人才国际化，基层管理人才及操作人员本土化"的海外人力资源战略。始终坚持把培养和引进国际化中高层精英人才作为国家未来"海外人才战略"的核心。中高级国际化人才即具有国际经营能力、熟悉国际运营模式的高级人才。中高级国际化精英人才的开发，应采取内部培养和外部延揽相结合的措施，建立国内与非洲东道国的联合培养机制。设立国际化人才培养专项基金，利用外籍雇员在语言和经验上的优势，充分发挥海外在非洲华侨华人专业人士的作用，构建多层次的对非洲投融资人才培养和开发体系。

### （四）拓宽对非洲集群式投融资的渠道和平台

充分发挥银行性金融机构在对非洲集群式投融资中的主渠道作用。国家要继续坚定不移地深化金融改革，加快利率和汇率完全市场化步伐，稳步推进资本项目放开，鼓励民营银行快速发展，支持银行业"走出去"、进入非洲投融资。商业银行主要发挥对非洲集群式投融资的融资支持作用，利用其现有或扩大的海外网点和境外经营管理的经验，尽快提升对非洲集群式投融资和中非国际产能合作项目的投融资支持能力。配合国家人民币跨境支付系统建设，加快在非洲布点，增加在非洲中资银行机构的商业存在。扩展在非银行业务范围，积极开展"外保内贷""内保外贷"等多种跨境银行业务。鼓励银行业开展跨境"投贷结合"业务以及与投资银行的合作，提升海外在非洲金融资产的经营能力。政策性开发银行主要发挥对非洲集群式投融资和中非产能合作的融资引领撬动作用。利用国家丰富的外汇储备扩充主权投资基金，利用主权投资基金，不仅可以弥补对非洲集群式投融资和中非产能合作的资金缺口，增强相关产业的国际综合竞争能力，而且可以长期利益绑定，减少政治风险，提升资本的长期经营能力。以国开行、进出口银行、亚投行等政策性金融机构对非洲投融资为引领，动员其他金融机构和社会资本参与对非洲投资，完善和创新跨境对非洲PPP模式，构建政策性开发性金融与民间资本之间的利益分配机制，激发民间资本活力。

提升和完善非银行性金融机构对非洲集群式投融资的能力和功能。第一，继续注重基金机构对非洲集群式投融资。一方面，发挥好中非发展基金、中非合作基金、中非中小企业基金在促进对非洲集群式投融资中的重要作用。另一方面，建立其他种类的支持对非洲集群式投融资的基金，如中非民间产业投资基金、中非集群式投融资专项基金等，为企业投资非洲提供资金和经济、技术担保，帮助企业规避跨境在非洲投融资的风险。第二，鼓励境内对外合格投资机构（QDII）的发展。境内对外合格投资机构是国内民间资本对外直接投资的重要渠道，其专业化的投资知识和投资经验仍是个体投资者所需要的。第三，加强中国出口信用保险公司等从事对外投融资保险业务的其他企业的对外投资保险功能，并加快出台《海外投资保险法》，引导和促进涉外保险机构对非洲集群式投融资保险业务的规范运营。

开辟民间资本对非洲集群式投融资的新渠道。结合当前我国的混合所有制改革，政府、国有企业及民间私人部门联合组建对非洲投融资实体，可以鼓励民间资本参与到国有资本、主权基金等控股或控制运营的对非洲投融资项目中来，也可以鼓励和支持由民间资本控股或控制运营的对非洲投融资项目，国有资本、主权基金等作为投资人参与该项目。鼓励民营龙头企业、金融集团等联合产业链上、中、下游众多民营中小企业组成产业联盟"抱团出海"，进行对非洲集群式投融资，发挥不同领域企业的比较优势和集群的整体优势，共同开拓非洲投融资市场。

积极发展人民币、证券、保险、信用担保、融资租赁等离岸市场，发挥其对非洲集群式投融资过程中的保障作用。第一，随着人民币国际化战略的深入推进和人民币跨境结算的扩大，大力发展人民币离岸在非市场，构建更加市场化的人民币指数，有效化解在非洲投融资的汇率风险。第二，鼓励保险业在海外和非洲设立分支机构，开展海外和非洲投融资保险业务，扩大离岸在非投融资保险范围，设计更加灵活的离岸在非保险品种，降低离岸在非保险费率。第三，鼓励国内证券机构在海外和非洲重点国家建立分支机构，为在非洲企业提供全面的投资银行业务支持，为对非洲集群式投融资合作项目提供债权、股权等多种离岸直接融资服务。第四，鼓励金融集团、商业银行加大对离岸在非信用担保、融资租赁等业务的投资与合作，为海外在非洲集群式投融资项目提供离岸配套服务支持。

**（五）完善对非洲集群式投融资的配套和服务体系**

建立由政府、企业与第三方合作的、常态化的对非洲集群式投融资的风险防控机制、应急救助机制和化解经营风险机制。虽然现在非洲的投融资环境有了明显的改善,但目前非洲大陆仍为世界上投资风险最大的地区。能否处理好对非洲投融资风险问题,关乎中非经贸和中非产能全面合作的长远大计。要改变以往对非洲投资"不计(或几乎不计)成本"、"不问(或少问)风险"、"大干快上"的思维和做法,未来对非洲的集群式投融资要认真深入评估投融资风险,对潜在风险较大的项目据实取舍。对目前已经展开的对非洲投融资大型项目进行全面彻底的风险排查和评估潜在风险,根据评估结果采取风险应急防范和处置措施。中国政府也应着手建立系统、完整、权威的对非洲投融资风险评估预警机制,为对非洲投融资的企业提供风险评估、风险提示服务。更要加紧建立对非洲投融资的风险补偿机制,为对非洲集群式投融资企业提供更广泛和合适的风险保险、政府补贴、海外投资风险准备金制度[1]等服务。

完善中非国际产能合作和对非洲集群式投融资的信息服务机制。积极动员各方力量,搭建以政府为主体的中非国际产能合作和对非洲集群式投融资的信息平台与情报网络体系,定期发布相关报告,帮助企业及时了解投资非洲的相关政策、非洲市场环境和投融资商情等。改进对企业信息服务及发布方式,通过国内主管机构、国家驻外使领馆、海外商会及海外平台型企业、跨境电商企业等机构,为广大对非洲投融资企业提供全方位的投融资信息和海外风险信息。研究建立跨国中非产能合作的重大项目库,向相关对非洲投融资企业提供境外项目信息。

## 二、非洲合作国政府的配合与支持

### (一)寻找中非合作的更大更长远的契合点

总体上来说,中非产能合作与非洲工业化进程高度契合,中非双方互有需要、互有优势,中国优势产业和产能符合非洲工业化需要,而非洲具备承接中国优势产能的强烈意愿和需求。深化中非产能合作恰逢其时,中非经贸

---

[1] 海外投资风险准备金制度就是准许企业在一定年限内,每年从应税收入中提取相当于一定比例投资额的资金作为风险准备金,积累年限内用于弥补海外风险损失,期满后准备金金额按比例逐年计入应税收入中纳税。

全面合作前景广阔。但是，中非国际产能合作的中国供给与非洲需求不一定完全对接，合作创新的方式也不够，双方应求同存异、相互靠拢，在不断发展的坚实基础之上，寻找中非合作的更大更长远的契合点，采取集群式投融资合作的新模式，使中非产能合作最大限度地推动非洲工业化进程。

增强非洲国家和人们对中非国际产能合作和对非洲集群式投融资的认可。国际产能合作是由中国首次提出并推动实施的国际经济合作新方式，对非洲集群式投融资也是中国企业对外投资活动的创新实践，各国对其都不太熟悉，都处于探索之中。中国倡导推动的国际产能合作面临其他包括非洲的合作伙伴国的滞后反应问题。中国从提出国际产能合作到现在，对国际产能合作的认识和探索也还不到两年，其他经济合作伙伴国包括非洲国家对这种新的国际经济合作方式还处于审视时期，对其的认识、熟悉和接受有一个时间过程，然后才可能参与进来，与中国一道建立有效的国际产能合作管理体制及制定有效的相关政策。

中非产能合作和对非洲集群式投融资，既要考虑中国过剩优势产能的输出问题，也要考虑非洲国家的现实愿望和工业化需求问题。非洲各国对中非产能合作充满的期待主要聚焦于三个方面：希望中非产能合作能够对接"非洲2063发展规划"和非洲未来发展的七个优先领域的需求，帮助非洲发展培育本土配套工业，打造高端制造业；希望中国加强对非洲的农业援助，把中非产能合作的出发点放在非洲农业产能化上，解决非洲粮食安全问题，注重对非洲农业援助过程中的种植、仓储、加工、市场推广相结合；希望扩大中非教育合作，深化教育合作、加强技术培训，培养非洲工业化建设所需的自然科学、技术以及工程类极度短缺的人才。

此外，我国企业与非洲各国开展国际产能合作和对非洲集群式投融资，还可能面临当地产业配套能力弱、政策法规缺失、当地社会抵触、市场需求和生态链条没有培养起来等一系列困难。应当采取各种积极措施，与当地政府、企业和社会共同努力，尽快改善中国企业在非投融资和营商的环境。

## （二）争取非洲国家更多更优惠的外商投融资政策

中国政府帮助非洲国家进行政治、经济制度建设和体制改革，通过政治、经济制度建设和体制改革，帮助非洲国家选择正确的发展道路，消除非洲一些国家的政局动荡和绝大多数国家的经济落后,增强非洲国家的政治稳定性、经济发展性和政策连贯性,以利于中国企业对非洲更大范围的长期投融资。

中非国际产能合作和对非洲投融资,对中国来说是对外投资,对非洲来说是引进外资。中非国际产能合作和对非洲投融资,利在当代中非,福在千秋非洲,中非双方有责任、有义务共同采取促进措施,实现双方合作共赢发展。在中国采用规范的对外投资法律法规和优惠的对外投资政策促进对非洲投融资的同时,非洲也应该采用对应的法律法规和优惠政策来吸引外商投融资非洲。中国政府应积极努力,督促非洲国家建立健全《外商投资法》《外商投资保险法》《外国劳务合作法》《外商投融资管理办法》等相关法律法规,保护中国在非投融资主体的合法利益。

中国政府应争取非洲各国对中国投融资非洲的企业,给予比现在更优惠的经济及投融资政策,如财税关税优惠政策、金融与投融资优惠政策、产业优惠政策、投资与贸易便利化政策、用地用人优惠政策等,最好是给予中国企业像中国经济特区的政策、超国民待遇的政策,最起码是同等国民待遇政策、保障中方投融资权益不受损害的政策。否则,歧视性的、损害权益的对华经济及投融资政策,不仅会伤害广大对非洲投融资中国企业的感情,而且极其不利于中非国际产能合作及中非长远全面合作发展。

### (三) 善于吸收和利用项目所在非洲本国的资金

中非国际产能合作是个史无前例的跨两大洲涉及 50 多个国家二十多亿人口的巨大工程,对非洲集群式投融资不单是中国一个国家的事情,更多的是中非共同的事情,也欢迎其他国家和国际组织的参与,所以它应是开放性聚集资金的。中国对非洲集群式投融资理所当然地可以充分吸收和利用非洲国家当地的资金资本。通过非洲当地货币市场利用境外短期资金,通过非洲当地资本市场利用境外长期资金进行直接融资。

## 三、双多边的合作与协调机制

### (一) 中非双多边投融资合作机制

建立健全中非经贸与投融资合作的多双边机构。一方面,对中国最近几年单方面成立的对非洲投融资机构如中非发展基金、中非合作基金、丝路基金等进行扩容，吸收非洲国家、非洲区域组织及其他国家或国际、区域组织的资金资本，将其变为一类由中国控制主导的双多边开放式基金，扩大基金的规模实力，增强对非洲投融资的能力。另一方面，由中国牵头、联合非洲54个国家组建中非经济合作与发展组织（下设中非投融资合作部门，其中就有促进中非集群式投融资合作的职能），其模式可以借鉴经济合作与发展组织（OECD）的做法，成立一个具备法人资格的常设机构——由中非1+54个发展中国家构成的政府间跨洲国际区域性经济组织，旨在共同应对全球化背景下与市场经济国家不对等竞争所带来的经济、社会和政府治理等方面的更大挑战，并把握全球化带来的更多机遇，为中非双方提供在经济合作与发展上进行广泛而深入合作的高度机制化模式，进一步加强中非经贸与投融资领域的深度合作，创新集群式投融资合作的模式，促进中非经济社会的长远共赢发展。其工作方式是通过构建起来的中非经合机制，创设秘书处、委员会、工作组和专家组，主要负责处理经济合作事务。其中包含一种高效决策机制，其始于中非及全球相关数据收集和分析，进而发展为对中非经济合作与发展政策的集体讨论，然后达到认识统一并做出决策和实行。

形成中非双多边投融资合作协定、协议与政策的机制。中国政府主动出面与非洲国家协商谈判，尽快达成有关中非投融资保护的双边和多边协定。推动与有关非洲国家已签署的共同行动计划、投融资协定、重点领域合作谅解备忘录等双边共识的尽快落实。在努力签署中非双边或区域性的投融资协议的基础上，形成中非经贸与投融资的国际政策机制，即在中非经贸与投融资领域里形成中非1+54个国家愿望汇聚而成的一整套明示或默示的原则、规范、规则、制度、政策和决策程序。其功能主要体现在：第一，通过其成员制定或认可的一系列中非经贸与投融资原则、规范、制度、规则和政策，对机制内的成员起到一定制约作用。第二，对于不遵守机制要求的成员，对其进行惩罚。第三，可以为其成员提供可靠的信息以及信息交流的平台，加强成员之间的信息交流，从而解决信息不对称问题。第四，促进中非经贸与投融资国际机制在多领域、多层次的不断延展，可在全世界形成该国际机制的互联网络，进而带动国际经贸与投融资制度化的增强，使国际经贸与投融资行为主体的行为日趋规范化。

加快完善中非合作的对话与交流机制。首先，充分发挥好中非合作论坛的重要作用。中非合作论坛自2000年成立以来以"平等磋商、增进了解、扩大共识、加强友谊、促进合作"为宗旨，制定实施了一系列中非友好互利合作的重要纲领性文件和重大举措，取得了丰硕成果；通过峰会、部长级会议、外长联大政治磋商、高官会和论坛中方后续行动委员会秘书处与非洲驻华使团磋商等平等对话机制积极开展对话，增进了中非的相互理解和政治互信，现已成为中非开展集体对话的重要平台和促进务实合作的有效机制。但中非合作论坛还需要进一步增加协商性、开放性和透明性，进一步提高认同度和高深度，进一步加强论坛机制化建设，将其发展成为一个新型的中非合作对话机制，拓展合作领域和途径，丰富合作内涵，推动中非在工业化、农业现代化、基础设施建设、能源矿业、产能合作、贸易投资、金融与投融资、人力资源开发、科技、教育、文化、卫生、减贫、法律、地方政府、青年、妇女、民间、智库、媒体等领域建立和完善分论坛机制，深化相关领域合作，使论坛框架下中非合作更加务实和富有成效，取得更多实实在在的成果，更好地惠及中非人民。其次，由中宣部领导，国务院新闻办公室、国家外交、民政、新闻媒体等部门牵头，协同智库单位专家学者和社会知名人士，形成与非洲东道国的执政党、在野党、NGO、高校、研究机构、媒体等方面的多层次立体交流机制，营造中非国际产能合作和对非洲集群式投融资合作的舆论氛围。最后，加强对中非跨文化领域的研究和传播，推动"走出去"的民营企业更好地开展中非跨文化的交流和融合，增强中非跨国企业文化和中非跨国投融资理念的多样性、认同性和协调性，进而促进中非投融资和经贸合作发展。

### （二）与国际（区域）组织机构合作的对非洲投融资机制

强化与国际（区域）组织机构的双多边金融合作，共享投融资成果，提高跨境资金的聚集程度，直接推动中国和非洲合作经济的发展。目前，在中非产能合作的集群式投融资过程中，可以争取合作的国际性经济金融组织和机构主要有世界贸易组织、国际货币基金组织、国际清算银行、世界银行集团、国际商会等，区域性国际金融机构主要有欧洲中央银行、欧洲开发银行、亚洲开发银行、非洲开发银行、非洲进出口银行、西非经济货币联盟（成立共同的中央银行——西非国家中央银行)、中非货币联盟(成立共同的中央银行——中非国家银行)、泛美开发银行、伊斯兰银行等,但是,现有这些全球性和区域性金融机构大多数是由发达国家主导的多边开发金融体系,对发展中国家的金融支持明显不足。

在现有多边金融机构存在弊端和不足、中非产能合作和非洲基础设施建设融资存在较大缺口的背景下,扩展新开发银行和亚洲基础设施投资银行的功能和范围是多边开发金融体系的重大深化创新和有益补充。金砖国家开发银行(New Development Bank,新开发银行,俗称"金砖银行")是由巴西、俄罗斯、印度、中国和南非金砖五国倡导成立、2015 年 7 月 21 日开业的跨区域的开发性金融机构。金砖国家新开发银行总部设在中国上海,初始资本为 1000 亿美元,由 5 个创始成员平均出资,主要服务于金砖国家以及其他发展中国家的基础设施建设,对金砖国家具有非常重要的战略意义,将成为自 1991 年欧洲复兴开发银行成立以来设立的第一个重要多边贷款机构。新开发银行在初始运营阶段的贷款发放对象将主要为金砖五国。未来,新开发银行作为一个开放的机构还将吸收新成员加入,金融支持对象也将扩展到更大范围,不只面向 5 个金砖国家,而是面向全部发展中国家,作为覆盖拉美、欧洲、亚洲和非洲等多个区域的多边开发金融机构,是对世行等国际性或区域性机构对非洲金融支持不足的补充。

亚洲基础设施投资银行是由国家主席习近平于 2013 年 10 月 2 日倡议筹建、2015 年 12 月 25 日正式成立的全球首个由中国倡议设立的政府间性质的亚洲区域多边金融机构。亚投行总部设在北京,法定资本 1000 亿美元。2015 年 4 月 15 日,亚投行的意向创始成员国有 57 个,其中,域内国家 37 个、域外国家 20 个。此后,陆续还有一些国家申请加入。亚投行成立的宗旨在于促进亚洲区域的建设互联互通化和经济一体化的进程,加强中国及其他亚洲国家和地区的合作。并与其他多边和双边开发机构紧密合作,推进区域合作和伙伴关系,应对发展挑战。目前,亚投行主要为亚洲地区的新兴市场和发展中国家提供融资。未来,亚投行的业务对象也可以扩展到包括非洲国家等范围。

(三) 中非双多边投融资协调机制

充分利用国际投融资协调机制解决中非产能合作中投融资出现的争议、

矛盾和问题。所谓国际投融资协调机制就是世界各国政府和有关国际机构为维持世界投融资的正常运行，对国际投融资活动进行联合干预、管理和调节，以及相互调整、相互适应的方式及其起作用的过程。中非联合组建像欧盟委员会那样的超国家的中非投融资合作协调机构，形成权威的中非投融资摩擦争端协调与处理机制。

借助"第三方"的公正调解，化解中非投融资争议、摩擦和争端。借助世界银行集团的多边投资担保机构（MIGA）化解中非产能合作中投融资领域出现的摩擦争端。成立于1988年的MIGA的宗旨是向外国私人投资者提供政治风险担保，包括货币移动限制、征收风险、政府违约、内乱和战争风险担保等，并向成员国提供相关投资促进服务，加强成员国吸收外国资本的能力，推动外商直接投资流入发展中国家。作为担保业务的一部分，MIGA也帮助各国政府和投资者解决其担保的投资项目产生的争端，防止潜在损失索赔要求的升级，使得投资项目继续顺利实施。MIGA还帮助各个国家制定、实施吸引外国投资的国家战略，并在线免费提供有关投资商机、商营环境和政治风险担保等方面的信息。

也可以借助国际投资争端解决中心（ICSID）化解中非产能合作中投融资领域出现的摩擦争端。ICSID是依据《解决国家与他国国民间投资争端公约》而建立的世界上第一个专门通过调解和仲裁方式解决国际投资争议的仲裁机构，专为解决政府与外国私人投资者之间的争端提供便利，其宗旨是在国家和投资者之间培育一种相互信任的氛围，从而促进国外投资不断增加。ICSID受理争议双方完全自愿提交该中心的调解和仲裁。

## 第二节　对非洲集群式投融资的社会组织力量

### 一、充分发挥国内社会组织在对非洲集群式投融资中的助推作用

中非产能合作和中非经贸投融资全面合作的主导是政府、主体是企业、服务是社会组织。这里的社会组织系民间组织、非营利组织，即国外所称的

非政府组织,在我国是指党政机关、企事业单位之外的各类民间性组织,主要包括:(1)社会团体,即冠以协会、学会、研究会、商会、促进会、联合会等名称的,基于一定社会关系形成的会员制组织;(2)民办非企业单位,即由民间出资成立的,直接提供各种社会服务的民办学校、医院、福利机构等非会员制组织;(3)基金会,即基于一定财产关系而形成的财团性组织;(4)中介组织,如法律、会计、审计、经管咨询等社区活动团队。我国的这些社会组织(民间组织)不仅在国内经济建设和社会发展中发挥着重要作用,而且在对外对非洲的经济、文化等交往中应同样发挥重要作用。因此,国家应鼓励和支持建立分国别、分行业的涉非商会等民间社会组织,为中非国际产能合作和对非洲集群式投融资提供多样化的社会服务,主要表现在五个方面:一是沟通中非政府与人民群众的联系,成为中非政府与群众之间沟通交流的桥梁和纽带;二是助力于中非经济、社会、文化等的合作共赢和中非新兴市场经济体的发展完善,为满足中非人民群众的物质文化需求、维护中非市场秩序创造条件;三是组织一批中非全面合作所需要的优秀专家学者、专业技术人员和管理人才,使之成为中国社会主义现代化和非洲工业化建设的一支生力军;四是弘扬中华民族的传统文化和美德,引进和吸收非洲文化中的积极成分为我所用,有效地促进中非文化的融合和发展;五是扩大中非国际交往的渠道,在中非国际事务中继续并增强发挥其不可替代的作用。

目前,比较活跃的有关中非合作与发展的民间组织主要有中非民间商会、中国非洲国家贸易促进会、中非友好发展基金、中非合作论坛、中非发展基金、中国非洲经贸投资促进会、中非社、中国非洲联合工商会、非洲中华总商会等。

其中,中非民间商会(China Africa Business Council,CABC)是由联合国开发计划署、商务部中国国际经济技术交流中心和中国光彩事业促进会共同发起,经中央领导同意、民政部批准,于2006年10月23日正式成立的、由在非洲从事经贸合作以及有意愿"走进"非洲从事经贸合作的企业、团体和个人自愿结成的全国性、非营利性社会团体。第一届理事会会长由时任中央统战部副部长、全国工商联第一副主席、中国光彩事业促进会副会长胡德平先生担任,业务主管单位是中央统战部。2012年3月31日第二届理事大会通过了业务主管单位变更为全国工商联的决议,并选举第九届全国工商联副主席、第十届中国民间商会副会长、科瑞集团董事局主席郑跃文为第二届理事会会长。中非民间商会现在接受业务主管单位中华全国工商业联合会、社团登记管理机关中华人民共和国民政部和行业主管部门的业务指导和监督管理。宗旨是引导中国民营企业"走出去"，和非洲企业一起，开拓非洲市场，助力非洲发展；通过与国内、国际合作伙伴建立密切的联系网络，创造出有利于中非经济技术合作的良好环境，以务实的方式推动中非合作、南南合作。进一步加强光彩事业的国际交流与合作，扩大光彩事业的国际影响。业务范围是宣传政策、提供服务、反映诉求、维护权益、加强自律并和全国工商联及有关部门交办事项。提供的服务主要是指举办经贸活动，促进交流与合作；提供信息、法律、融资、技术、人才、培训等方面服务；增进与境外工商社团的交往，促进会员的国际交流与合作。提供的服务具体有：（1）专门机构服务，如法律事务、对外宣传、签证商旅、人力资源等；（2）投融资服务，如基金业务、投资并购、投资银行、证券债券、授信融资等；（3）国际联络服务，如联合国机构、驻华使领馆、驻外使领馆、投资合作促进机构、国内外商会等；（4）信息咨询服务，如非洲政治经济动态日报、非洲经济信息周报、国际政治经济周刊、国别地区研究报告、行业领域研究报告等；（5）政府事务服务，如外交部、商务部、国家发改委、中国贸促会、全国工商联等。中非民间商会结合多年经验和资源，汇编了"非洲投资指南丛书"共九本，包括《投资环境概览》《金融支持服务》《政策文件汇编》《法律风险研究》《培训案例选编》《风控安保救援》《在非投资中企名录》《国别行业投资》《可持续发展及企业社会责任》，旨在让企业和读者了解真实的非洲，为企业投资非洲提供决策参考。

## 二、积极防范非洲本地社会组织对非洲集群式投融资造成的社会风险

当社会组织已成为许多国家国内和国际议事议程的重要参与者时，中国企业在开展对非洲投融资过程中，不仅要和非洲东道国政府保持良好的合作关系，而且要处理好与非洲本地社会组织的关系，因为中国在非洲投融资企业的营运经常会受到当地各类社会组织的影响，而这些社会组织维护或代表

地方、国家乃至全球等不同层次的利益诉求，成为中国在非洲企业履行社会责任的重要压力来源，形成中国在非洲企业生产经营的社会组织风险，这些非洲东道国社会组织风险对中非投融资项目造成的负面影响日益显现，应引起中国对非洲投资企业和政府的高度重视和防范。

中国对非洲投资的能源矿业、公共基础设施、装备制造业、国际产能合作等项目不仅将对非洲国家的自然环境产生直接影响，而且往往涉及土地征用问题，还可能涉及包括原住民在内的居民迁移以及劳工权益等问题，因而中国企业对非洲集群式投融资面临的社会组织风险主要源于非洲东道国政治生态与社会利益日趋多元化和复杂化，非洲当地社会组织的环保、征地、森林、安置、劳工等各种"维权"诉求增强，西方外部势力通过各种渠道介入非洲当地非政府组织形成对中国在非洲投资的制约，西方主流媒体通过片面报道与大肆渲染来"抹黑"中国的对非洲投资活动、中国企业与非洲当地社会组织及媒体的沟通与协作不足等因素。非洲当地这些社会组织风险因素可能造成中国对非洲投资企业的经营损失，如因其导致对非洲投资项目夭折或延搁，造成项目投资方前期投入资金无法回收及资金使用成本增加等损失，以及非洲东道国就业机会、税收等方面的损失。非洲当地社会组织风险因素也可能引发当地政治、社会甚至安全等风险，还有可能对中国的国家形象造成不良影响，甚至将会迟滞中国对非洲全面合作战略伙伴关系的正常进程。

今后，中国企业对非洲集群式投融资时，应从投资前期准备开始、在项目建设进程的整个过程全方位防范当地社会组织风险，以保障对非洲集群式投融资项目的顺利实施。第一，强化对非洲投融资项目规范化运作的同时，加强在非洲投资项目生态环境、人文特征、社区利益的综合考量，多听取当地社会组织和专家的意见，提高在非洲投资项目的公众参与度，自觉承担社会责任，采用高标准对投资项目进行环境评估，全面做好可能引发的各种问题的预案。第二，中国对非洲投融资企业应强化与非洲东道国相关社会组织的沟通、协调工作，摸清其具体的利益诉求，寻找出各方的共识点，强调投融资项目对当地发展的积极意义，强化对投融资项目所采取的保障措施，以争取当地社会组织的理解和支持。第三，中国政府可以通过资金扶持、人才培养等各种优惠措施，鼓励中国本土社会组织"走入非洲"，与非洲国家社会组织进行对话、沟通，化解中国对非洲投融资过程中面临的社会风险。第四,中国对非洲投融资企业、"走入"非洲的中国社会组织以及中国政府,都可以充分利用当地的媒体、智库等资源,或者与当地媒体、智库单位合作,用当地语言讲好中国故事,更好地宣传中国对非洲投融资项目对当地经济社会发展的重要意义以及投融资项目的可靠性、经济性和环保性。通过当地媒体、智库宣传,大大增强中国对非洲投融资项目信息的透明度,争取当地居民、社会组织和国际社会对中国在非洲投融资的理解,避免中非双方可能发生的不必要的各种冲突。

## 第三节 对非洲集群式投融资的智库作用

### 一、智库应在中非产能合作中发挥更大的作用

智库就是思想库、智囊团,又称头脑企业、智囊机构、顾问班子等,是指以公共政策为研究对象,以影响政府决策为研究目标,以公共利益为研究导向,以社会责任为研究准则的专业研究机构,是现代领导管理体制中不可缺少的一个重要组成部分。其主要任务是提供咨询,设计各种方案,为政府决策献计献策;反馈信息,追踪调查研究已实施方案,向决策者反馈运行情况;进行诊断,分析现状、问题产生的原因,寻找解决症结问题的方法措施;预测未来,运用科学的调查研究方法,提出各种预测决策备选方案。智库有官方智库(公共研究机构)和民间智库(私营研究机构)之分,也有营利性智库(盈利性研究机构)和非营利智库(非营利性研究机构)之分。智库尤其是现代新型智库是一个国家思想创新的源泉,也是一个国家软实力和国际话语权的重要标志。随着智库在各国经济社会发展和国际事务的处理中发挥越来越重要的作用,其发展程度正成为一个国家(或地区)治理能力的重要体现。

中非产能合作是一项巨大的、横跨两大洲惠及中非 50 多个国家长期繁荣发展的系统工程,更需要高水平、国际化的智库来支持。近些年来,我国特别重视有中国特色的新型智库的建设。党的十八大提出:"坚持科学决策、

民主决策、依法决策，健全决策机制和程序，发挥思想库作用"。2013年4月，习近平主席对建设中国特色智库作出重要批示。2013年11月，十八届三中全会明确提出要建设中国特色新型智库。2014年10月27日，深改组六次会议审议通过了《关于加强中国特色新型智库建设的意见》，要求从国家战略高度，把中国特色新型智库建设作为一项重大而紧迫的任务切实抓好。经过几十年的发展，我国涌现出了包括党政军智库、社会科学院、高校智库和民间智库四种类型的一大批智库，其中，也有一些涉非智库和中非合作智库，这些智库在深入研究非洲与中非合作问题的同时，采取了诸如中非合作论坛、中非智库论坛、中非联合研究交流计划、中非媒体智库研讨会、中非智库"10+10"合作伙伴计划等多种形式研讨、交流、宣传、报道非洲与中非合作的最新发展情况和最新研究成果，在助推中非全面合作战略伙伴关系和发展中非国际事务中扮演着关键性角色，不仅影响着中国和非洲大陆内部的各项重大政策动向，而且影响着中国和非洲舆情动态以及外部关系。但这些智库在推动中非双方思想沟通与政策交流、提升中非国际话语权、推动中非产能合作等方面还存在巨大的空间，中非双方应高度重视和发挥智库在中非产能和投融资合作中的更大作用。

未来涉非智库和中非合作智库对中非产能合作的研究，要特别关注中非产能合作的系统性和配套性问题，聚集主要包括中非双方的国内外各领域专家学者来共同研讨。尤其需要探讨以下个问题：第一，中非产能与投融资合作的创新形式（如集群式投融资）问题，第二，中非产能与投融资合作的安全与风险防范问题。第三，人才、教育和大学的功能问题。为未来中非产能与投融资合作提供强有力的智力支持。第四，中非产能与投融资合作需要特别关注的法律、环境和生态问题以及金融、汇率、海关等方面的差异与问题。

## 二、国家支持中非产能合作智库发展的政策

促进智库需求形成和扩大的政策。随着经济社会、科学技术和管理方式的不断发展，现代决策的科学性、专业性、系统性也日益增强，决策与参谋相分离，决策过程中专业性、技术性较强的论证工作交由具备相应资质的智库来完成，而政策方案由政府选取（决策）并负责执行。同时，决策又离不

开参谋，参谋是决策过程中不可缺少的一个环节，政府必然购买智库的决策咨询服务，形成了政策咨询（即参谋或智库）的"需求市场"。目前，公共政策咨询制度化已经成为许多国家实现科学化决策的重要举措。借鉴国际经验，中非政府在国际产能和投融资合作过程中，应规范政府的科学决策程序，将中非智库的决策咨询作为决策的必要环节。政府不仅应作为中非产能和投融资合作决策咨询服务的委托方，与智库作为中非产能和投融资合作的受托方，双方建立基于合同的合作伙伴关系；而且应建立健全智库为中非产能和投融资合作建言献策的各种渠道，使之正规化、常规化、多元化和动态化，最大可能地发挥智库促进中非全面合作发展的作用。

通过改进经费支持的方式提高智库的质量和效率。智库的研究经费来源对其思想倾向和决策咨询服务质量产生了重大影响。目前，我国大部分智库是官方和半官方性的，其经费主要来源于财政拨款。这种"供养"方式致使智库等、靠、要现象严重，滋生拉关系、走后门、"跑部钱进"等不正之风，抹煞了智库的积极性、进取性和创造性。我国应借鉴美国、英国等许多国家非常重视并为智库提供大量专项资金的做法，改变对智库经费的现有资助方式，以"科技计划""项目支持"等竞争性方式取代简单的政府"财政拨款"，以项目招投标和申报等形式取代通行的"内定""任务式"的方式，以设立民间智库发展专项基金方式资助有突出贡献的民间智库，使包括中非合作智库在内的各类智库都以平等机会参与相关决策咨询服务，促进其成长为我国智库领域包括中非产能和投融资合作领域的重要力量。

实行优惠的税收政策支持智库发展。智库具有较强的公益性，许多国家在税收政策方面给予其一定的支持，智库享有免征企业所得税和财产税的优惠政策，公司和个人对智库的捐赠可从应缴纳的税额中扣除。目前，我国的税收政策所涉及的智库主要是数量较少的民间智库。根据我国现有的《企业所得税法》规定，民办非企业法人型民间智库从事的公益性业务享受免征企业所得税优惠政策，而公司法人型民间智库并不能享有相应的税收优惠政策。为促进公司法人型民间智库包括中非合作智库的发展，应对其承担的财政性经费课题免征企业所得税，对其承担的其他公益性研究课题给予与民办非企业法人型民间智库相同的税收优惠，对企业、社会组织和公民个人为公益性研究项目提供的捐赠给予适当的税费减免。

建设智库所需要的信息网络系统。信息、资料、数据、舆情是智库研究的"生产要素",能否得到及时、全面、准确的"生产要素"对于智库的生存和发展产生决定性影响。西方国家十分重视对智库信息上的扶持,一方面,通过驻外使馆、贸易部、联合国等国际机构取得有关国外咨询业务或项目的相关情报,再通过国内有关部门传递给各个智库。另一方面建立健全各种数据库和联机检索系统,为智库搜集、处理和提供大量的信息。而我国政府对智库尤其是对中非合作智库的信息支持还较弱,面向中非全面合作研究和决策的信息相当缺乏,在相关大型数据库和联机检索系统的建设方面滞后,中非合作智库发展所需的信息共享机制尚未建立起来。对此,应加快完善中非合作智库的信息支持政策:一是进一步扩展中非政府信息共享的范围,更多地共享面向中非产能和投融资合作研究和决策的信息;二是充分挖掘和利用PC互联网、移动互联网、云计算、大数据和量子通讯等新兴信息化技术,加快建立中非产能和投融资合作大型数据库和联机检索系统,为中非合作智库搭建数字化信息平台;三是破除政府信息的使用壁垒,使各类中非智库都能平等地、充分地使用各种信息;四是探索建立各种中非智库联合组织(如中非智库协会、中非智库联盟等),充分汇聚中非各领域的专家、学者、公民、企业、官员和媒体等多方智慧,实现中非信息的互联互通和研究成果共享;五是充分发挥驻非使馆、非洲国家贸易部、非盟组织、联合国等非洲和国际机构的优势,取得有关非洲、国外咨询业务或中非产能和投融资合作项目的相关情报,供国内智库研究参考。

用完善的法律政策保障智库的合法权益。美、日等发达国家不仅制定了一系列相关法律法规,用法律法规来支持和保障智库的发展,而且在政府决策过程中把咨询定为必经的法定程序,规定政府项目的前期论证、中期运作、后期绩评等各个阶段都必须有不同的咨询报告作为参考。而我国对智库的法律法规支持仍然非常薄弱,虽然2014年10月深改组审议了首个《关于加强中国特色新型智库建设的意见》,但还没有颁布关于智库的专门法律法规,甚至还可能存在阻碍智库发展的法规和政策。对此,应不断完善相应的法律支持政策:一是进一步完善政府决策的相关法律,把智库咨询包括中非产能和投融资合作咨询作为政府决策的法定环节,贯穿于政府项目包括中非产能和投融资合作项目的论证、运作、绩效评估等各个阶段;二是加快完善中国特色社会主义市场经济的相关法律法规，规范各类市场主体尤其是企业的市场行为，促使企业将智库咨询包括中非产能和投融资合作项目咨询作为提升其生产经营效率的重要手段和必要环节；三是加快制定《中华人民共和国社会组织法》，放宽民间智库和外资智库注册成社会组织的条件，鼓励成立中外合资合作智库，积极动员非洲智库与国内涉非智库的广泛合作研究。同时对《中华人民共和国公司登记管理条例》等法律法规进行必要的修订，使公司法人型中非合作民间智库，在提供中非产能和投融资合作等公益性决策咨询服务方面享有一定的优惠政策。

中非产能合作中的
集群式投融资

Chapter 10

# 第十章 结 语

中非产能合作是中国倡导实施的国际产能合作的重要组成部分。中非产能合作是一项极具发展潜力的系统工程，但重大机遇和多种挑战并存的客观实际对其投融资提出了新要求，需摒弃传统的对非洲投融资模式，而采取对非洲集群式投融资模式。多元化的对非洲集群式投融资模式具有多重优势和双重效应。应建立一个能够促进与协调其更好合作的双边多边机制。

## 第一节 研究结论

本研究以中国的石化、有色等优势行业和江、浙、粤等中小企业集群发达、对非洲投资较多的地方以及南非、埃塞俄比亚、肯尼亚等非洲国家为重点调研对象，以中国在非洲境外经贸合作区为样本案例，综合运用了中小企业集群、中小企业集群融资、国际经济合作、国际投融资、国际产能合作、集群式对外投融资等跨学科知识和归纳与演绎、理论与案例、调查与对比等多种方法，在综述了国内外关于国际经济合作、中小企业集群融资、对外集群式投融资等问题的研究文献，列举了近些年来我国对非洲投融资实践中出现的几种境外经贸合作区投资模式的基础上，研究了企业包括中小企业对非洲集群式投融资的概念与内涵、性质与特征、优势与条件及其投融资的新机构、新市场和新工具等基础性理论问题，重点探索研究了多元化的企业包括中小企业对非洲集群式投融资的具体新模式，从政府、社会组织和智库等三个方面提出了促进与协调中非集群式投融资合作的双边多边机制，揭示了中国企业包括中小企业对非洲集群式投融资的规律，试图为创新和丰富企业集群式对外投融资理论做出积极的努力，为解决目前中非产能合作过程中的"投融资困境"问题，提供新的思路和政策参考。

通过上述的研究，本研究形成的结论主要有以下几个方面。

1. 中非产能合作有深刻的背景、坚实的基础、强烈的愿望和积极的行动，是一项极具发展潜力、惠及中非发展中国家约 25 亿人口、涉及各方面的系统工程。

中非产能合作有着深厚的国际国内经济背景。在当今世界发生复杂深刻巨变、国际经济格局与多边规则酝酿重大调整、全球价值链的重构和各国依然面临严峻发展问题的大背景下,中国实施的"一带一路"和国际产能合作战略必然带来中国与"一带一路"区域和非洲的兴起,形成新的以亚欧非为核心的全球第三大贸易轴心。作为国际产能合作的重要组成部分的中非产能合作,既有重大机遇,又面临较多挑战,这对中非产能合作中的投融资提出了新的高要求。

中非半个多世纪的政治、经济、文化等各方面的往来为中非产能合作奠定了坚实的基础,中非关系提升为全面战略伙伴关系和中非"合作十大计划"的提出,更加激发了中非双方深化合作的强烈愿望。非洲国家对于实现工业化、产能化发展有极其强烈的愿望,中国对于输出优势过剩产能、发展高层次高水平开放型经济也有极其强烈的愿望。非洲国家要真正实现独立富强,不能没有自身工业化,更不能没有中非产能合作,中非产能合作是非洲实现工业化的"内生+外生"性融合的有效途径,中非产能合作有助于加快非洲工业化的进程。中非产能合作过程中的投融资,不能走其他国家传统工业化投融资的老路,要仔细研究适合于中非产能合作需要的高效投融资方式,中非双方也都正在为此积极努力。

中非产能合作是一项极具发展潜力的、惠及"1+54"个中非发展中国家约25亿人口、涉及各方面的系统工程。中非产能合作不仅是一个单纯的经济发展问题,同时也是一个有关中非国家能力建设、制度完善、教育发展、文化交流、生态改善和社会文明等方面的问题。所以,中非产能合作中的投融资要服务于将中非新型战略伙伴关系提升为全面战略合作伙伴关系,重点在非洲工业化、农业现代化、基础设施、金融、绿色发展、贸易和投资便利化、减贫惠民、公共卫生、人文、和平和安全等中非"十大合作计划"领域中进行集群式投融资,其中仅在经贸领域,中非双方可以通过集群式投融资共同实施中非工业化合作计划、中非农业现代化合作计划、中非基础设施合作计划、中非绿色发展合作计划、中非贸易和投资便利化合作计划、中非减贫惠民合作计划和中非公共卫生合作计划等。

2. 中非产能合作中的投融资要与其巨大的投融资需求和特殊复杂性相适应,大力探索和开拓规模化、集约化、高效化的对非洲集群式投融资合作之路。

中非产能合作是当前中国经济发展和对外开放合作的重大战略行动之一,

在这一战略实施过程中，金融不仅要起到先行的作用，而且更要起到重要的支撑作用。一方面，金融是中非产能合作的主要内容。金融合作本身就是中非"十大合作计划"之一。中非金融合作可以提高机构及资金的聚集度、满足国际产能合作多元化的金融需求，推动跨洲、跨国、跨区域货币流通，降低资金资本跨国交易成本，提高资金资本跨国配置效率，推动中非双多边贸易投资发展，促进中非经济一体化发展。另一方面，金融又是中非产能合作的重要保障。中非产能合作的每个方面均离不开具体项目的落地，通过金融的筹资功能可以有效地动员各类金融资源，拓宽融资渠道，获得资本积累，支撑和保障中非产能合作相关项目的顺利开展。

中非产能合作需要大规模的建设，对资金资本的需求十分庞大，尤其是单个中小企业孤立的对非洲投融资，进行"企对企式"的国际产能合作，势必势单力薄、投融资资金少、建设力量有限、发展速度慢、投融资风险大，显然，这种单个企业的对非洲投融资，不是中非国际产能合作的最理想形式。解决此矛盾，应充分发挥金融在中非产能合作中的主导作用。应放弃或者尽量避免或尽量少的采取单个企业对非洲投融资的模式，而应与中非产能合作强烈的投融资需要和巨大的投融资金额相适应，大力探索、提倡和采取规模化、集约化、高效的对非洲集群式投融资合作的新模式，创新具有多重优势的多种对非洲集群式投融资模式，克服单个企业对非洲投融资的多种劣势，使中非国际产能合作走上集约、健康、快速、安全发展之路。

3. 中国企业包括中小企业对非洲集群式投融资具有多重经济优势和"集群+合作"双重效应。

中非产能合作中的企业包括中小企业对非洲集群式投融资是一种新形式的国际投融资及其合作，中非双方参与到中非产能合作中的集群式投融资的环节中来，首先可以取得国际投融资的极大效应，即可以利用国际国内"两个市场，两种资源"，形成资本形成效应，刺激中非资本需求，实现中非资本的扩大化；可以引进国外先进技术，形成技术进步效应，极大的提高中非生产力；具有经济调节效应，可以加快中非产业结构调整，加快中非经济发展方式的转变；形成引致生产要素跨国移动、促使国际贸易立体扩散和推进传统贸易方式改变等国际贸易效应；产生巨大的就业效应等。总之，通过中非产能合作中的集群式投融资及其合作，有利于中非国家取得经济效益，促进中非生产效率提高和实际收入水平增长，实现中非优势互补、共创福利和共赢发展。

中非产能合作中的中国企业包括中小企业对非洲集群式投融资又是一种介于纯市场投融资与层级投融资两种投融资模式间的第三类模式，具有产业跨国关联性、双向规模经济性与信用增级性、双多边合作协同共生性、系统复杂性与涌现性和全球开放性等特征，可有效地克服市场失灵和内部组织失灵，与单个企业对非洲进行投融资相比，能更充分地发挥规模经济与范围经济优势、资源共享与信用增级优势、降低投融资成本与风险优势、差异化生产与开拓海外市场优势、集群创新与区域品牌优势等诸多集群经济优势。

4. 中国企业包括中小企业对非洲集群式投融资模式是多元化的，必须分类型、分阶段、分领域、分地域、分国别有重点、有顺序地实施和推进。

中国企业包括中小企业对非洲集群式投融资是金融支持中非产能合作的高效投融资新模式，应大力地推广运用。虽然目前已有像境外经贸合作区这样的中国企业对非洲集群式投资模式，但都仍处于初级阶段，还很不成熟，存在许多问题，急需保护、扶持、创新和完善高级形式的中国企业包括中小企业对非洲集群式投融资模式，中非产能合作中集群式投融资的主体与载体、性质与特点、优势与条件、市场与机构等一些基本理论问题。

中国企业包括中小企业对非洲集群式投融资的新模式，可以从多角度进行多元化的创新。就中非产能合作中的一般产业对非洲集群式投融资，可以主要探讨工业、农业、商业、科技服务等产业对非洲集群式投融资的新模式，可以通过从大卖场到境外商业集群、从工业园到境外工业企业集群、从经贸合作区到境外自由贸易与经济合作区以及创建境外科技创新集群和现代服务业集群等多条路径进行对非洲集群式投融资模式创新。

中非产能合作中的基础设施业对非洲集群式投融资是一种跨境基础设施投融资，其与一般基础设施投融资相比具有特殊性。结合非洲基础设施的现状及未来需求，以及中国对非洲基础设施的投融资合作情况、典型模式和现实条件，需要构建中国企业包括中小企业对非洲基础设施集群式投融资合作的"中国在非$PPP_{IC}$"和"中国在非$BOT_{IC}$"等新模式，以此加快非洲工农业现代化所需要的当地基础设施建设步伐。

中非产能合作中的能源矿产业对非洲集群式投融资既是中非国家能源矿

产合作发展战略的要求，也是中非企业互促提高可持续发展能力的选择。应在展现非洲能源产业和矿产业的发展现状、分析未来非洲能源矿产业的发展前景以及中国对非洲能源矿产业的投融资情况和既有模式的基础上，探讨中国企业包括中小企业对非洲能源矿产业集群式投融资合作的"跨境集群式供应链（TCSC）投融资"新模式。

不仅如此，中非产能合作应该始终伴随着非洲工业化的进程而进行，中国企业包括中小企业对非洲集群式投融资及投融资合作要时刻为实现这一个艰巨的历史使命而服务。另外，在实现中非产能合作过程中还很可能遇到包括制度的改进、政局的稳定、法律、金融、汇率、海关等相应配套政策完善、劳动力素质较低等诸多的障碍和挑战。因此，中非产能合作中的中国企业包括中小企业对非洲集群式投融资不可能在短期内就完成，必须要循序渐进、持之以恒，分类型、分阶段、分领域、分地域、分国别有重点、有顺序地实施和推进。

5. 中非产能合作中的集群式投融资之路成功的关键环节是，要建立一个能够促进与协调其更好合作的双多边机制，以充分发挥政府主导、企业主体地位、社会组织助推和智库思想武装等各方力量在其中所形成的"合力"牵引作用。

中非产能合作，采取集群式投融资模式虽然有必要性和紧迫性，但成功的关键环节在于应建立一个能够促进与协调其更好合作的双多边机制。要按照"政府主导、企业主体、社会参与"的原则，建立健全中非产能合作中的集群式投融资的双多边合作与协调机制。首先要构建以中国政府的倡导与推动、非洲合作国政府的配合与支持、国际双多边的合作与协调等为框架的双多边"政府促进与协调机制"，以充分发挥政府在对非洲集群式投融资中的主导作用的。

要提升中国企业包括中小企业对非洲集群式投融资的战略层次。以"基于双边、构建多边、着眼全非"为基准，全面提升对非洲集群式投融资战略，具体地表现为：第一，从目前的自发性企业战略上升到未来的有组织性政府战略；第二，从目前的低端价值投融资战略上升到未来的高端价值投融资战略；第三，从目前的单边独资投资战略上升到未来的双边投融资合作战略；第四，从目前的传统产业领域的一元化战略上升到"传统＋新型"产业的多元化战略。并以此为目标，企业、区域（政府）、国家和非洲层面都应站在更高的起点上，总体谋划中非产能合作中的对非洲集群式投融资布局，在制造业、高新技术产业、绿色经济产业、基础设施建设、新能源开发、现代服务业等方面，制定对非洲投融资战略的相应规划，深化落实和拓展中非"十大合作计划"，推进中非全面合作战略伙伴关系进一步发展。

要从国内社会组织和非洲本地社会组织的二维角度构建对非洲集群式投融资的社会组织力量的双多边"社会促进与协调机制"。从智库角度构建能充分发挥对非洲集群式投融资的学术思想和新闻舆论作用的双多边"智库促进与协调机制"。

## 第二节　政策建议

为此，本研究提出的政策建议是：

1. 重视舆论宣传，提高认识水平。

多方位加强宣传、教育和培训，使相关企业和机构深刻认识到进行中非产能合作中的对非洲集群式投融资、提升对非洲集群式投融资战略的层次、创新对非洲集群式投融资的模式、加强对非洲集群式投融资的合作与协调的必要性和紧迫性。

2. 强调顶层规划，侧重落实行动。

由政府工作人员、企业管理人员、专家学者等组成中非产能合作中的对非洲集群式投融资创新小组，研究、规划、制定对非洲集群式投融资模式创新的方案，并负责对方案进行试点和推广。中非产能合作中的集群式投融资既要有顶层的规划设计，又要有"接地气"的具体落实。行动比规划更加重要。

3. 提升战略层次，改进实施策略。

提升中非产能合作中的对非洲集群式投融资战略，即由企业战略上升为政府战略、由低端价值投融资战略上升到高端价值投融资战略、由单边独资投资战略上升到双多边投融资合作战略、由传统产业领域的一元化战略上升到"传统＋新型"产业的多元化战略，以此来引导中国企业包括中小企业对非洲集群式投融资的行为。

4. 制定优惠政策，鼓励模式创新。

政府制定有关的财政、金融、投资、贸易、海关、外交、人员等优惠政策，大力支持中非产能合作中中国企业包括中小企业进行对非洲集群式投融资模式的创新。

5. 动员多方参与，构建合作机制。

积极与非洲国家和非洲区域组织以及国际社会进行集群式投融资合作，变现在的对非洲单方面投资为主的旧策略为将来的"中非两方＋国际社会"投融资合作为主的新策略，发挥"集群＋合作"双重效应，积极创造建立中非产能和集群式投融资合作的有利基础和条件。

## 第三节　研究不足

中非产能合作中的对非洲集群式投融资是一个新的研究问题，人们对其的认识和研究不足，直接相关文献资料很少，可参考的相关文献资料也不多，同时，由于时间和笔者水平所限，本研究仍有许多不足，一些相关问题需要继续深入讨论研究。

1. 深入实地调查研究不够。

虽然本研究者有意识地采取积极措施加强本选题的实地调查研究，但还是由于种种原因和条件限制，在深入实地调查研究方面显得不够，对国内的对非洲集群式投融资尤其是浙江对非洲集群式投融资情况调查的比较多，而对其他省市区对非洲集群式投融资情况调查的比较少，尤其是没能去非洲当地进行实地调查研究，缺少了中非产能合作和对非洲集群式投融资的"一手资料"。

2. 对其新模式需要细化深入研究。

本研究虽然研究了中非产能合作中的对非洲集群式投融资的三类多种新模式，但这只是一个初步的中非产能合作中的对非洲集群式投融资模式的框架，远远没有达到"多元化的、完善的中非产能合作中的对非洲集群式投融资模式体系"的要求。有一些对非洲集群式投融资新模式，课题组还没有想到；有一些对非洲集群式投融资模式新模式，课题组想到了但由于考虑还不成熟等原因就没有列出来。虽然提出了几种企业包括中小企业对非洲集群式投融资的创新模式及其创新路径，但对每一种新模式都没有进行深入具体的理论论证，分析不够深入，甚或有谬误。总之，对中非产能合作中的对非洲集群式投融资新模式体系的研究还不够全面，比较粗浅，在很多方面有待于进一步细化和深入的研究。

3. 实证分析与定量研究应加强。

本研究虽然在对非洲集群式投融资新模式的基础上，对非洲集群式投融资具体新模式进行了"图表式"模型设计构建，也就某特定对非洲集群式投融资新模式进行了"案例式"实证研究。但没有对非洲集群式投融资的各个新模式进行数量推理或计量建模研究，影响了研究的"精度"和"深度"。如此这些，都是今后在对非洲集群式投融资新模式研究中需要加强和改进的地方。

# 参考文献

[1] 陈元, 钱颖一. "一带一路"金融大战略 [M]. 北京: 中信出版集团. 2016.

[2] 陈建. 国际经济合作教程（第三版）[M]. 北京: 中国人民大学出版社. 2012.

[3] 陈岩, 等. 中国对非洲投资决定因素: 整合资源与制度视角的经验分析 [J]. 世界经济, 2012（10）: 91–112.

[4] 陈晓红, 杨怀东. 中小企业集群融资 [M]. 北京: 经济科学出版社, 2008.

[5] 曹卫东. 中国"一带一路"投资安全报告 [M]. 北京: 社会科学文献出版社, 2016.

[6] 采秀琚. 国际合作理论: 批判与建构 [M]. 北京: 世界知识出版社, 2006.

[7] 代文. 现代服务业集群的形成和发展研究 [D]. 武汉理工大学管理学院, 2007.

[8] 冯晓莹. 基于三种间接融资创新模式探讨中小企业融资创新 [J]. 金融发展研究, 2012（8）: 28–33.

[9] 冯兴艳. 境外经贸合作区与中非投资合作的战略选择 [J]. 国际经济合作, 2011（4）: 25–29.

[10] 关利欣. 商贸企业集群式"走出去"探析 [J]. 国际经济合作, 2011（7）: 9–13.

[11] 郭朝先,等."一带一路"产能合作现状、问题与对策 [J]. 中国发展观察, 2016 (4): 44-47.

[12] 高长元,刘蕾. 基于互助融资基金的高技术虚拟产业集群融资模式设计 [J]. 科技进步与对策, 2010 (05): 60-63.

[13] 高连和. 中小企业集群融资新模式论 [M]. 北京: 中国金融出版社, 2014.

[14] 高连和. 中小企业"集群式"对非洲投融资战略的提升 [J]. 国际贸易, 2016 (4): 21-24.

[15] 高连和. 浙江中小企业"集群式"对非洲投融资模式创新研究 [J]. 非洲研究, 2016 (1): 79-91.

[16] 高连和. 中小企业集群潜在融资优势的发挥机制研究 [J]. 江汉论坛, 2015 (3): 18-22.

[17] 高连和,董倩. 地方金融创新、集群金融生发与财税政策支持 [J]. 社会科学, 2014 (2): 39-46.

[18] 高连和."信贷工厂"与"集合融资"耦合的中小企业集群信贷融资新模式构造 [J]. 海南金融, 2012 (7): 64-66.

[19] 高连和. 国内中小企业集群融资研究综述与展望 [J]. 经济体制改革, 2013 (1): 88-92.

[20] 高连和. 区域金融和谐发展研究 [M]. 北京: 中国经济出版社, 2008.

[21] 高连和,等. 中小企业集群"组团"融资模式设计 [J]. 现代经济探讨, 2012 (5): 31-34.

[22] 高连和. 中小企业集群融资: 模式创新、融资边界与竞争优势 [J]. 经济社会体制比较, 2007 (3): 92-96.

[23] 高连和. 中小企业集群融资模式与交易优势 [J]. 改革, 2008 (03): 107-112.

[24] 高世宪,等. 依托"一带一路"深化国际能源合作 [M]. 北京: 中国经济出版社, 2016.

[25] 郜志雄. 中石油苏丹模式研究 [J]. 国际经济合作, 2010 (7): 20-25.

[26] 黄磊. 浙江民企集群对外投资优势及支持政策研究 [D]. 宁波大学, 2012.

[27] 黄梅波, 卢冬艳. 中国对非洲基础设施的投资及评价 [J]. 国际经济合作, 2012 (12): 17-22.

[28] 郝睿, 等. 中国参与非洲基础设施投资和建设研究 [J]. 国际经济合作, 2015 (11): 34-39.

[29] 韩言虎, 等. 创新集群理论溯源、概念、特征、启示 [J]. 商业时代, 2014 (3): 115-117.

[30] 胡炜. 中国中小企业集群式对外投资研究 [D]. 山东大学, 2009.

[31] 霍伟东, 陈若愚. "一带一路"战略的金融支持研究 [J]. 西南金融, 2016 (5): 9-13.

[32] 孔莉, 冯景雯. 集群融资与云南中小企业融资机制创新 [J]. 思想战线, 2009 (1): 92-97.

[33] 金雪军, 卢绍基, 等. 融资平台浙江模式创新——合政府与市场之力解决中小企业融资难 [M]. 杭州: 浙江大学出版社, 2010.

[34] 金雪军, 陈杭生, 从桥隧模式到路衢模式——解决中小企业融资难问题的新探索 [M]. 杭州: 浙江大学出版社, 2009.

[35] 金雪军, 陈杭生, 等, 桥隧模式: 架通信贷市场与资本市场的创新型贷款担保运作模式 [M]. 杭州: 浙江大学出版社, 2007.

[36] 蒋志芬. 中小企业集群融资优势与融资模式——以江苏省为例 [J]. 审计与经济研究, 2008 (5): 98-101.

[37] 贾儒楠, 韦娜. 金融支持"一带一路"建设的现状、问题与建议 [J]. 国际贸易, 2016 (5): 43-47.

[38] 林毅夫. 新结构经济学 [M]. 北京: 北京大学出版社, 2012.

[39] 林洲钰, 林汉川. 中小企业融资集群的自组织演进研究 [J]. 中国工业经济, 2009 (9): 87-95.

[40] 罗正英. 中小企业集群信贷融资: 优势、条件与对策 [J]. 财贸经济, 2010 (2): 31-36.

[41] 刘强. 追逐非洲梦: 能源、融资和未实现的预言 [N]. 中国石化报, 2015-3-20 (8).

［42］刘贵今. 专访刘贵今：中非合作是小型"一带一路"［N］. 第一财经日报，2015-05-26-1.

［43］刘鸿武，等. 推进中非产能合作的思考［N］. 中国社会科学报，2016-6-2-004.

［44］刘翔峰. 中国对非洲直接投资研究［J］. 全球化，2015（12）：59-70.

［45］刘轶，张飞. 基于社会资本的中小企业集群融资分析［J］. 湖南大学学报（社会科学版），2009（3）：64-67.

［46］李格琴. 西方国际合作理论研究述评［J］. 山东社会科学，2008（7）：134-139.

［47］李开孟. 中非投资合作应实现10突破［J］. 中国投资，2013（3）：50-53.

［48］罗雨泽. "一带一路"基础设施投融资机制研究［M］. 北京：中国发展出版社，2015.

［49］黎继子，刘春玲. 集群式供应链的界定和表征研究［J］. 软科学，2006（5）：4-8.

［50］门洪华. 合法性、有效性、局限性［A］. 局部全球化世界中自由主义、权力和治理［C］. 门洪华，译. 北京：北京大学出版社，2004.

［51］慕怀琴，王俊. "一带一路"战略框架下国际产能合作路径探析［J］. 人民论坛，2016（3）：87-89.

［52］彭佳，吴小瑾. 社会资本、信用合作组织与中小企业集群融资创新——以湖南省汨罗市为案例［J］. 经济体制改革，2008（3）：139-142.

［53］朴英姬. 中国对非洲直接投资的国别、路径及策略选择［J］. 西亚非洲，2009（7）：55-60.

［54］乔慧娟. 中非经贸合作区：对非洲投资合作新模式［J］. 海外投资与出口信贷，2015（5）：30.

［55］曲晓丽. 能源短缺制约非洲各国经济发展［N］. 国际商报，2016-7-11（C01）.

［56］任志安，李梅. 企业集群的信用优势分析［J］. 中国工业经济，2004（7）：57-62.

[57] 孙海泳. 中国对外基础设施投资的社会组织风险及对策 [J]. 现代国际关系, 2016 (3): 49-55.

[58] 孙健, 苏杭. 中非合作论坛框架下中国民营企业的对非洲投资 [J]. 东北财经大学学报, 2013 (3): 21-26.

[59] 孙晓亮, 徐强. 推进企业集群式对外直接投资 [J]. 中国国情国力, 2015 (04): 58-61.

[60] 宋微. 中非产能合作正当时 [N]. 中国贸易报, 2016-5-17-004.

[61] 申万等. 中国对外化石能源投资特征和现状分析 [J]. 亚太经济, 2014 (4): 105-109.

[62] 魏江. 创新系统演进与集群创新系统构建 [J]. 自然辩证法通讯, 2004 (1): 48-54.

[63] 魏守华. 产业集群内中小企业间接融资特点及策略研究 [J]. 财经研究, 2002 (9): 53-59.

[64] 威廉姆森. 企业制度与市场组织 [C]. 上海: 上海三联书店, 1999.

[65] 王勇. "一带一路" 金融支持战略需获全球响应 [N]. 上海金融报, 2015-3-31 (A07).

[66] 王义桅. "一带一路" 机遇与挑战 [M]. 北京: 人民出版社, 2015.

[67] 王长明. 中国有色矿业集团有限公司在非洲投资发展情况概要 [J]. 中国有色金属, 2016 (8): 56-61.

[68] 汪琦. 析我国企业对外直接投资的基础: 集团化和集群化 [J]. 企业经济, 2004 (5): 61-62.

[69] 吴群. 中小企业关系型融资的机制创新与现实意义 [J]. 现代经济探讨, 2009 (10) 29-32：

[70] 吴群. 中小企业集合债券与融资方式创新 [J]. 南京政治学院学报, 2010 (5): 38-41.

[71] 吴磊, 吴西京. 非洲能源形势发展变化与未来前景 [J]. 当代世界, 2013 (3): 16-19.

［72］吴利学，等．中国产业集群发展现状及特征［J］．经济研究参考，2009（15）：2-15．

［73］邢厚媛．把中非基础设施合作的机遇转变为现实［J］．国际经济合作，2012（12）：11-14．

［74］徐秋玲．非洲30%新增装机中国建［N］．中国电力报，2016-8-9-002．

［75］姚桂梅．中国对非洲投资合作的主要模式及挑战［J］．西亚非洲，2013（5）：103-117．

［76］袁新涛．"一带一路"建设的国家战略分析．理论月刊［J］．2014（11）：5-9．

［77］杨立华．中国与非洲经贸合作发展总体战略研究［M］．北京：中国社会科学出版社，2013．

［78］严日旺．浙江民营企业集群式对外直接投资研究［D］．浙江工商大学，2013．

［79］余莹．我国对外基础设施投资模式与政治风险管控［J］．经济问题，2015（12）：9-10．

［80］远海，非洲．矿业投资环境向好［N］．地质勘查导报，2010-6-24（4）．

［81］苑基荣．中国加大对非洲可再生能源投资［N］．人民日报，2013-4-4-003．

［82］阎俊宏，许样秦．基于供应链金融的中小企业融资模式分析［J］．上海金融，2007（02）：14-16．

［83］张捷．中小企业的关系型借贷与银行组织结构［J］．经济研究，2002，（6）：32-37．

［84］张春．2015年后议程建构与中非合作探析［J］．国际观察，2014（5）：25-37．

［85］张苏．国际分工理论流派及其综合［J］．中央财经大学学报，2008（8）：85-90．

［86］张宏明．非洲发展报告（2012-2013）：中国与非洲区域经济合作的机遇与路径［M］．北京：社会科学文献出版社，2013．

[87] 张炳申, 马建会. 改进我国中小企业集群融资的对策分析 [J]. 经济经纬, 2003 (5): 50-52.

[88] 张淑焕, 陈志莲. 基于集群理论的中小企业"融资链"问题探讨 [J]. 商业经济与管理, 2006 (05): 66-69.

[89] 张荣刚, 梁琦. 社会资本网络: 企业集群融资的环境基础与动力机制 [J]. 宁夏社会科学, 2006 (1): 51-54.

[90] 张荣刚. 企业集群的融资机制与社会资本网络实证分析 [J]. 长安大学学报 (社会科学版), 2005 (3): 39-42.

[91] 张卫国, 冉晖. 中小企业团体贷款研究综述与分析 [J]. 经济学动态, 2010 (5): 81-84.

[92] 张其仔. 中国产业竞争力报告 (2015): "一带一路" 战略与国际产能合作 [M]. 北京: 社会科学文献出版社. 2015.

[93] 朱之鑫. 加强 "一带一路" 建设的八大领域合作 [N]. 中国企业报, 2015-4-14 (18).

[94] 朱苏荣. "一带一路" 战略国际金融合作体系的路径分析 [J]. 金融发展评论, 2015 (3): 83-90.

[95] 赵祥. 产业集群与中小企业融资机制 [M]. 北京: 经济科学出版社, 2008.

[96] 赵琪, 等. 中国对非洲矿业投资现状分析 [J]. 资源与产业, 2016 (1): 7-12.

[97] 赵建华. 浙江企业集群式 "走出去" 现状和对策研究 [J]. 对外经贸实务, 2011 (8): 30-33.

[98] Angelina P, Salvo R D, Ferri G. Availability and Cost for Small Business: Customer Relationship and Credit Corporations [J]. Journa of Banking and Finance, 1998, 22: 925-954.

[99] Bester H. Screening versus Rationing in Credit Markets with Imperfect Information [J]. American Economic Review, 1985, 75: 850-855.

[100] Bester H. The Role of Collateral in Credit Markets with Imperfect Information [J]. European Economic Review, 1987, 31: 887-899.

[101] Berger N, Saunders A, Joseph M, Sclise, Gregory F, Udell. The

effects of bank mergers and acquisitions on small business lending [J]. Journal of Financial Economics, 1998, 50: 187 – 229.

[102] Diamond D W. Reputation acquisition in debt markets [J]. Journal of Political Economy. 1989, (97); Boot A. W. A, Thakor A. V. Can relationship banking survive competition? [J]. Journal of Finance, 2000, (2).

[103] Didar Singh. Financing Export Clusters—Options and Implications for strategy Makers [J]. International Trade Centre UNCTAD, 2006.

[104] Ferri G, Messsori M. Bank-firm Relationships and Allocate Efficiency in the Northeastern and Central Italy and in the South [J]. Journal of Banking and Finance, 2000, 24: 1067 – 1095.

[105] Gary A S Cook, Naresh R pandit etc. Geographic clustering and outward foreign direct investment [J]. International business Review, 2012, 21 (6): 1112 – 1121.

[106] Gianluca Baldoni, Carlo Belliti and Lee M Miller. Small-firm Consortia in Italy: An Instrument for Economic Development. UNIDO [J]. New York. March 1998.

[107] Harris M, Raviv A. Capital Structure and the Informational Role of Debt [J]. Journal of Finance, 1990, 45 (2): 321 – 349.

[108] Myers S C. The Capital Structure Puzzl [J]. Journal of Finance, 1984, 39 (3): 575 – 592.

[109] Petersen M A, Rajan, R G. The effect of credit card competition on lending relationships [J]. Quarterly Journal of Economics, 1995, (110); Cole, R. A. The importance of relationships to the availability of credit [J]. Journal of Banking Finance, 1998, (22).

[110] Peek J, Rosengren E. Bank consolidation and small business lending: it's not just bank size that matters [J]. Journal of Banking and Finance, 1998, 22: 6 – 8.

[111] Ray G H, Hutchinson P J. The Financing and Financial Control of Small Enterprise Development [M]. England: Gower Publishing Company Limited, 1983.

[112] Robert Keohane, International Institutions and State Power: Essays in International Relations Theory [M]. Boulder: Westview Press, 1989: 4.

[113] Sven Grimm. China-Africa Cooperation: promises, practice and prospects [J]. Journal of Contemporary China, 2014, 23 (90): 993–1011.

[114] Schiere R, Walkenhorst P. Introduction: China's Increasing Engagement in Africa: Towards Stronger Trade, Investment and Development Cooperation [J]. African Development Review, 2010, 22 (s1): 559–561.

[115] Stephen Krasner. Structural Causes and Regime Consequences: Regimes As Intervening Variables [J]. International Organization, 1982 (36): 18.

[116] Stiglitz J E, Weiss A. Credit Rationing in Markets with Imperfect Information [J]. American Economic Review, 1981, 17 (3): 393–410.

[117] Schmidt – Mohr U. Rationing versus collateralization in the Competitive and Monopolistic Credit Market swith Asymmetric Information [J]. European Economic Review, 1997, 41: 1321–1342.

[118] Steel W F. Changing the Institutional and Policy Environment for Small Enterprise Development in Africa [J]. Small Enterprise Development, 1994, 5 (2): 4–9.

[119] Strahan P E, Weston J P. Small Business Lending and Bank Consolidation: Is there Cause for Concern? [J]. Current Issues in Economics and Finance, 1996, 2 (3): 4–9.

[120] Tembe, Paulo Elicha; Kangning Xu. China-Africa Economic Cooperation: Chinese Companies' to African Development-The Cases of Mozambique and Angola [J]. Research in World Economy. 2013, 4 (2): 61–74.

[121] Williamson S D. Costly Monitoring, Financial Intermediation and Equilibrium Credit Rationing [J]. Journal of Monetary Economics, 1986, (9): 169–179.

# 附录："小市大洲"合作样本
## ——义乌市对非洲经贸投资合作的调研报告

**浙江师范大学、义乌市场经济研究所联合课题组**

近些年来，作为"小商品海洋、购物者天堂"的义乌市，主动创造条件，克服不利因素，积极开展与非洲国家在经贸、旅游、投资、文化等多个领域的广泛交流合作，义乌与非洲经贸合作整体呈现出了良好的发展态势。

### 一、义非经商人员往来日趋活跃与频繁

1. 入境的非洲商人来源国分布广泛。

近年来，越来越多的非洲商人来到义乌从事经商、旅游、投资等活动。据统计，当前入境义乌的非洲商人主要源自埃及、阿尔及利亚、埃塞俄比亚、尼日利亚、肯尼亚、摩洛哥、马里、利比亚、加纳、苏丹、尼日尔、突尼斯、塞内加尔、乌干达、坦桑尼亚、布基纳法索、南非、毛里求斯、安哥拉、贝宁等50多个国家。

2. 入境的非洲商人规模动态扩张。

据统计，登记入住义乌的非洲商人从2011~2015年的短短5年间增长了23.06%。与此同时，常住义乌的非洲人有3000人以上，2015年上半年在义乌就学的非洲留学生也达到了数百人。可见，在义乌的非洲人员规模在持续扩张。

3. 义乌已是非洲商人"圆梦"的理想地。

近年来，越来越多的非洲商人不仅仅来义乌经商，而且在义乌学习中国语言、中国文化、商业经验乃至选择定居义乌，把义乌作为第二故乡来发展自己的事业，建设自己的家庭，联络自己的中非经贸和社会关系。非洲商人通过在义乌开展经贸合作促进了自己"中非梦"的实现。

## 二、义乌成为中非经贸合作的重要窗口

1. 义乌与非洲进出口贸易规模持续扩大。

据统计,近几年来,义乌与非洲之间的进出口贸易规模持续显著扩大,进出口贸易总额从 2010 年的 3.2 亿美元左右上升到 2014 年的 53 亿美元左右,增长了 15.7 倍,年均增长 314.39%,义非进出口贸易总额占同期中国对非洲贸易的 2.5%。此外,从贸易内部结构来看,无论是出口还是进口,除了 2013 年的进口数额有所降低之外,其他年份的出口与进口都是显著增长的,其中 2014 年的出口额在 2010 年的基础上增长了 15.6 倍,而进口额也在 2014 年获得了"井喷式"增长。

2. 义乌成为非洲商品进入中国市场的重要枢纽。

2010 年 10 月,"非洲产品展销中心"在义乌国际商贸城五区进口商品馆授牌设立,并于 2011 年 5 月正式开业。到 2015 年前 10 个月,义乌从非洲国家累计进口 9128 万美元,同比增长 92.58%,其中从尼日利亚、莫桑比克进口商品同比分别增长 223.05%、133.68%。通过近几年的发展,"非洲产品展销中心"逐步成为非洲特色产品进入中国和其他国家市场的枢纽,不仅帮助中国消费者全面了解非洲的商品,促进了中非贸易,而且这些集中亮相的非洲商品还可以通过义乌成熟的市场网络销售到世界各地。

3. 市场采购贸易是义乌与非洲贸易的主要方式。

数据表明,2014 年义乌对非洲出口贸易中,通过市场采购贸易方式实现的数额为 460818 万美元,占比达 86.81%,而一般贸易方式和加工贸易方式所占比例则分别为 13.05% 和 0.14%。这表明,义乌国际贸易综合改革对义非贸易也产生了重要影响,3000 多名非洲商人是市场采购贸易顺利开展的重要力量。

4. 义乌与非洲两地投资助力中非经贸合作迈向新时代。

一方面,非洲在义乌的投资逐步推进。截至 2014 年底,非洲在义乌市投资项目数 70 个,合同利用外资 4954 万美元,占全市合同外资的 1.92%;实际利用外资 2836.57 万美元,占全市实际利用外资的 2.52%;另一方面,义乌在非洲的投资开始步入稳定发展的初始阶段。截至 2014 年底,义乌在非洲的安哥拉、南非等 6 个国家开展了境外合作投资,投资 10 个项目,其中,中

方投资 2554 万美元,占义乌全市境外投资额的 12.2%。

### 三、义乌与非洲经贸合作发展中存在的主要问题

1. 义乌与非洲进出口贸易呈现明显的国别不平衡。

相关数据表明,义乌与非洲进出口占比前十位国家分别是埃及、阿尔及利亚、肯尼亚、利比亚、尼日利亚、南非、安哥拉、加纳、吉布提及坦桑尼亚等非洲经济发展水平相对较高的国家,其中埃及和阿尔及利亚两个北非国家的占比达到 25% 以上。而从占比位次后十位国家来看,圣多美和普林西比、斯威士兰、卢旺达、马里等 10 个国家的占比之和仅 0.065%。由此可见,非洲国家与义乌之间的进出口贸易差异性较大,经济发展水平较低或政局相对动荡的国家与义乌的经贸合作发展仍然处于较低发展阶段。

2. 义乌与非洲出口商品呈现种类不平衡且中低端化。

当前,义乌出口到非洲的商品主要包括贱金属及其制品、机械器具、电器设备、塑料制品、鞋帽、石料、石膏等生活或中间产品。而车辆、航空器、船舶、贵金属等高端产品出口量较少,所占比例不到 15%;食品、饮料、酒及烟草类商品的出口量每年只有两三百万美元;矿产品、艺术品、收藏品等的出口量出现下降。由此可见,义乌出口到非洲的商品仍然是以生活日用品为主,中间产品出口量在不断上升,但高档商品占比偏低。

3. 义乌与非洲双向投资领域较为集中,多元化和宽领域投资合作格局尚未形成。

当前,义乌与非洲双向投资合作领域主要局限在能源、原材料或资源合作,合作领域相对集中,因而也会存在一定的合作风险。随着中非经贸合作的深入发展,非洲将成为义乌企业海外投资的新兴目的地之一,而目前义乌企业在高端制造、商贸、金融、科技、电力供应、现代服务等更多领域在非投资的缺位,尤其是以全球价值链和全球贸易链为纽带的义非贸易金融产业合作尚未进入专家学者和主管部门的视野之中,这不仅影响义务企业在非洲的发展后劲,而且不能广泛积极参与推动非洲工业化进程和为当地直接创造更多的就业岗位,也不能更好助力于中非经贸合作的发展。

4. 义乌与非洲经贸合作存在信息交流障碍。

调研发现,义乌相关部门对非洲商人的行业分布、居住分布、文化生活、

子女教育等方面缺乏相应的信息收集渠道，从而难以全面掌握在义乌的非洲商人的经贸发展全貌；与此同时，从在义乌的非洲商人来看，他们的日常经贸活动、文化生活、居住、子女教育等方面也存在信息"肠梗阻"，非商也缺乏相应的信息传递通道，大多数非洲商人主要通过在义乌的非洲商人的非正式渠道获取信息，政府、行业协会等方面的信息，渠道主要局限在电视新闻传播，缺乏正式的非商信息传播、交流与沟通平台。

5. 人才缺乏是当前义乌与非洲经贸合作发展的一大制约。

从义乌与非洲经贸合作来看，与全国情况类似，无论是在政府层面的管理服务型人才，还是投资机构、金融机构、中介机构或技术服务机构之间的专业性高端人才都是相对缺乏的，这严重制约义非经贸合作从简单的小商品贸易向更丰富的资本、技术、人才等领域的合作升级。

**四、共建"义乌与非洲"经济体，助推中非经贸大发展**

1. 试点商签"义乌与非洲自由贸易与投资协定"。

当前，全球进入新一轮贸易开放期，全球贸易体系正经历新一轮重构，各种区域贸易安排正在酝酿更高水平的自由贸易体系，包括中国上海市、广州市、福建市、天津市在内的新区域和城市正在推动国际商品贸易、服务贸易、资金流动自由化的制度创新。为迎接和适应这种变化，义乌与非洲之间首先应以战略性眼光相互积极主动合作，通过协商与谈判，扩大义乌与非洲贸易与投资的范围和规模，调整优化义乌与非洲贸易及投资的结构和方式，力争在较短的时间内完成义乌与非洲经贸与投资的广泛合作与水平提升。其次，积极对接中国正在试验实施的自贸区改革战略，积极探索在义乌先行试点实施"义乌与非洲自由贸易与投资协定"，加快义乌与非洲贸易投资便利化相关组织机构的建立，为"中非自由贸易与投资协定"的早日签署积累经验。

2. 分步示范建设"义乌与非洲网上商路"。

可考虑在"义乌购"的发展基础上，重点选择和支持与义乌经贸发展水平较高的埃及、尼日利亚、南非等国家示范建设跨境电子商务体系，并逐步扩大实施范围，等到条件成熟时全面合作建设义乌与非洲跨境电子商务服务平台，实现义乌与非洲贸易的数字化、跨境商务的电子化和通关服务的智能化,为义乌与非洲进出口"无纸化贸易"、"网络结算支付"及进出口货物申报、海关监管、货物检验检疫等提供"一站式"的电子化服务。

3. 推进义乌与非洲金融机构间的开放合作。

义乌除了继续大力发展对非洲经贸、投资外,更要积极参与非洲的金融体系建设,开展义乌与非洲间的金融合作。一方面,义乌金融机构尤其是民营民间金融机构应主动"走进"非洲,与非洲金融机构开展合资合营,为义乌与非洲经贸投资合作提供便捷金融服务。另一方面,探索推进非洲金融机构入驻义乌,分步引入非洲金融机构分支机构,首先考虑申请在义乌设立"金砖国家开发银行义乌办事处""中非发展基金义乌办事处"等跨国金融机构,促进义乌与非洲金融的双向开放合作,协助非洲涉外金融体系改革发展,推动非洲及各国资本集聚义乌,促进义乌与非洲经贸投资合作上档次上水平。再一方面,站在全球价值链和全球贸易链的高度认识义乌小商品市场,大力培育和发展以"义乌小商品市场"为核心的线上线下(O2O)融合的义乌全球贸易金融产业,以义乌贸易金融产业的发展促进义乌全球贸易体系的建成。

4. 创新非商管理与信息服务体系。

义乌有关部门应探索从签证、租房、经商、社交、医疗、子女教育等各方面的管理服务体系和机制,采取落地后定向定期联系机制,降低非商在义经商和生活中的困难,创造良好稳定的非商管理服务环境;鼓励非商建立风险资金池,鼓励国内保险公司开发面对在义乌非洲商人的财产、人身保险险种,降低非洲商人在义乌生活经商的风险;积极与浙江师范大学"非洲商讯"等正式传播渠道开展合作,加强非商信息传播体系建设。

5. 多方式弥补义非经贸合作人才短板。

充分利用和发挥浙江师范大学非洲研究院、经济与管理学院、中非国际商学院等学术研究机构的学术资源和智力优势,开展多层次多种类涉非人才培养和培训合作,探索和实施人才培训的项目制,积极筹建浙江师范大学义乌非洲学院,联合培养中非合作发展人才,为中非人才合作积累经验,逐步解决中非经贸合作人才短缺的后顾之忧。

# 后　记

国家主席习近平在2015年12月中非合作论坛"约堡峰会"上提出中非关系提升为全面战略伙伴关系，并实施中非"十大合作计划"。此时，国家提出和倡导国际产能合作，国际产能合作是推进"一带一路"的重大举措，中非产能合作又是国际产能合作的重要组成部分，而实施中非产能合作需要更大规模、更好质量、更高效率的中非投融资合作。恰逢其时，浙江省重点建设高校浙江师范大学确定重点突破方向之一的中非经贸学科研究全面布局和展开，本研究也是其中之一。

本著作是本人主持的浙江省软科学重点项目"战略性新兴产业培育机制研究：以义乌贸易金融产业为例"（项目编号：2017C25017）的阶段性研究成果之一和作为成员参与的2016年度浙江省哲学社会科学研究基地（浙江师范大学非洲研究中心）规划课题"浙江涉非企业跨国经营风险预警机制、模式与对策：基于60家制造企业的调研"（项目编号：16JDGH135）的阶段性研究成果之一。

感谢课题组成员的集思广益和辛勤劳动！感谢浙江省科技厅、浙江省社科规划办公室和浙江师范大学非洲研究中心给予立项资助！感谢本课题评审专家的宝贵意见！感谢浙江师范大学、浙江师范大学经济与管理学院和中非国际商学院提供出版补贴！感谢所在学院现任和曾任领导以及同事们给予的各种形式的大力支持！感谢为本课题调研提供机会和帮助的所有单位和个人！感谢书中列出和未列出姓名的所有参考文献作者！感谢经济科学出版社及责任编辑！感谢关注本课题的其他所有同仁和朋友！

高连和于启明湖畔"书东坡"旁

2017年元月3日